수배 중인 광우병대책회의 행진팀장이 쓴
촛불항쟁과 저항의 미래
— 마르크스주의적 분석 —

수배 중인 광우병대책회의 행진팀장이 쓴

촛불항쟁과 저항의 미래

마르크스주의적 분석

김광일 지음

책갈피

수배 중인 광우병대책회의 행진팀장이 쓴

촛불항쟁과 저항의 미래
― 마르크스주의적 분석 ―

The South Korean Candlelight Movement and the Future for Resistance
by the Street March Organizer of People's Conference Against BSE
: A Marxist Analysis

지은이 · 김광일
초판 1쇄 발행 2009년 5월 30일

펴낸곳 · 도서출판 책갈피 I 주소 · 서울특별시 중구 필동 2가 106-6 2층(100-272)
전화 · (02) 2265-6354 I 팩스 · (02) 2265-6395 I 등록 · 1992년 2월 14일(제18-29호)
값 10,000원 I ISBN 978-89-7966-058-6 03300

본문의 사진 중에서 저작권자를 찾지 못해 계약을 체결하지 못한 사진이 있습니다.
저작권자를 확인하는 대로 계약을 체결하겠습니다.
잘못된 책은 바꿔 드립니다.

촛불항쟁과 저항의 미래 • 차례

머리말 · 9

1장 촛불시위의 등장과 특징 · 15
- 촛불시위의 등장 · 17
- 촛불시위의 특징 — 새로운 저항 세대의 출현 · 21
- 경계할 것 · 31

2장 2008년 촛불시위의 성격 · 35
- 정치투쟁과 계급투쟁 · 41
- 반신자유주의 투쟁 · 45
- 이중권력 또는 촛불 봉기? · 52

3장 이명박 정부의 등장과 사회운동의 대응 · 59
- 이명박 정부의 등장과 사회운동 단체들의 반응 · 61
- 다른 그림들 — 저항의 발판 · 68

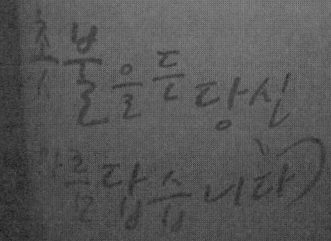

4장 폭풍의 나날들 — 2008년 촛불의 궤적 · 71

- 전략과 전술의 개념 · 74
- 청계광장 — 저항의 초점이 되다(5월 2~23일) · 80
- 촛불, 거리로 나서다(5월 24~28일) · 92
- 정점을 향하여(5월 29일~6월 10일) · 104
- 팽팽하고 혼란스러운, 그리고 이명박의 반격(6월 11일~7월 5일) · 114
- 7월 5일 이후 — 탄압과 경제 위기 심화 · 130
- 2008년 촛불시위 대차대조표 그리기 · 134

5장 2008년 촛불시위를 둘러싼 논쟁 · 139

- 운동과 리더십 · 141
  지배계급의 '리더십' · 141 / 마르크스주의와 리더십 · 143 / 2008년 촛불시위와 자발성주의 — 자발성, 집단지성, 인터넷 · 149 / 자발성주의의 약점 · 161
- 광우병국민대책회의에 대하여 · 166
- 개혁주의와 계급투쟁 · 174
- 어떤 민주주의인가 · 185
  2008년 촛불시위와 민주주의 · 185 / 마르크스주의와 민주주의 · 189 / 한국의 민주주의 · 195

- 2008년 촛불시위와 조직 노동계급 · 198
  마르크스주의와 노동계급 · 198 / '계급환원론', 노동자주의, 그리고 '인민의 호민관' · 201 /
  2008년 촛불시위와 조직 노동계급 · 204
- 폭력·비폭력 논쟁 · 209
  2008년 촛불시위와 폭력 · 211 / 마르크스주의와 폭력 · 216

6장 또 다른 저항을 위하여 · 223

- 공동전선과 계급투쟁 · 225
  공동전선이란 무엇인가? · 226 / 공동전선의 형태들 · 231 / 공동전선에 관한 논쟁 · 234
- 무엇을 위해 싸울 것인가? · 238
- 쟁취해야 할 세계 — 근본적 사회변혁을 위하여 · 247

후주 · 250

찾아보기 · 264

일러두기
1. 인명과 지명 등의 외래어는 외래어 표기법에 맞춰 표기했다.
2. [ ]는 지은이가 다른 글을 인용하는 과정에서 독자들의 이해를 돕고 문맥을 매끄럽게 하기 위해 덧붙인 것이다. 단, 인용문 자체가 [ ]를 사용해 부연 설명을 하는 경우에는 그 출처를 표시해 구분했다.
3. 단행본은 ≪ ≫로, 신문, 인터넷신문 등은 〈 〉로, 논문, 신문 기사 제목은 " "로 표시했다.

머리말

1.

프랑스 대혁명 때 프랑스에 들른 영국 낭만주의 시인 워즈워스는 혁명을 찬미하며 이런 시구詩句를 남겼다.

"그 새벽에 살아 있다는 건 축복이었나니 거기다 젊기까지 했으니 정말이지 천상의 행복이었다."

우리에게는 2008년 촛불이 그랬다. 싱싱하고 펄떡거리는 젊은 저항이 광화문과 서울시청 광장 "그 새벽에 살아" 서로를 "축복"했다. 그것은 "정말이지" 지상에서 느낄 수 있는 최고의 "행복"이었다. 그곳에는 이명박 정부가 강요하는 이윤 지상주의와 경쟁이 아니라 피 끓는 인간의 얼굴과 우애, 연대가 있었다. 생생하게 숨 쉬는 피억압자들의 웃음과 재치가 있었고, 머리를 맞대는 열정이 넘쳐났다. 그때 우리는 "작은 공"을 쏘아 올리는 "난장이"가 아니라 거대한 저항의 공을 굴리는 거인들이었다. 우리는 그곳에서 해방된 사회의 미래를 언뜻 볼 수 있었다.

그 위대한 저항의 한복판에 있는 것 자체가 축복이었고, 행복이었고, 영광이었다.

2.

촛불이 잦아들기 시작했고, 나는 수배자가 되어 조계사 농성장에 있었다. 더는 그 새벽을 함께할 수 없었다. 그때부터 촛불에 대한 기록을 남겨야 한다는 생각이 들기 시작했다. 잦아들긴 했어도 촛불은 계속됐고, 조계사 농성 생활도 무척 바빴다. 그러나 농성장을 찾는 그 많은 지지 방문자들을 맞으면서 저항에 대한 열의와 지지를 확인했고, 다음번 저항을 위해 2008년 촛불시위를 기록해야 한다는 생각을 더욱 굳혔다.

조계사를 빠져나오고 불안정한 수배 생활을 하느라 기록을 시작하는 것이 쉽지 않았다. 자료를 수집하는 것도 어려운 일이었다. 경찰의 추적 때문에 인터넷 사용에 제약이 있었고, 책을 구하기도 쉽지 않았다. 초기에는 수배 생활에서 오는 고립감, 외로움과도 싸워야 했다.

게다가 함께 활동했고, 수감됐다가 석방된 '광우병 위험 미국산 쇠고기 전면 수입을 반대하는 국민대책회의'(이하 광우병국민대책회의) 주요 조직자들의 재판이 여전히 진행 중이다. 그래서 법적으로 민감한 문제에서 정확한 사실을 밝히는 데 어려움도 있었다.

그런 어려움 속에서도 최대한 사실을 있는 그대로 쓰려고 노력했다. 진실을 밝히는 것 자체가 혁명적 활동일 수 있기 때문이다. 이 일 또한 나의 의무이리라.

나의 기록은 지금까지 나온 2008년 촛불시위를 다룬 글들과 차이가 있을 것이다. 나는 광우병국민대책회의 행진팀장으로 그 운동의 한복판에 있었기에 더 많은 경험을 할 수 있었다. 운동을 조직하는 과정과 공개되지 않은 운동 내부의 논쟁에 직접 참여했다. 그래서 나는 관찰자의 프리즘이 아니라 당사자의 언어를 사용할 수 있었다. 마르크스주의의 장점인 총체성의 시각으로 다양한 현상을 분석하려 한 것도 다른 점이라 할 수 있겠다. 촛불 운동의 성과와 위대함을 돌아볼 뿐 아니라 다음 저항을 위해 운동의 약점도 살펴볼 것이다.

3.

글을 쓰면서 나는 다시 기억 속의 2008년 청계광장과 광화문, 서울시청 광장을 더듬어 찾아갔다. 아직 촛불 수배가 내 삶의 많은 부분을 규정하는 데다 한동안 2008년의 경험을 적고 있으니 어쩌면 나는 여전히 2008년을 살고 있는지도 모르겠다. 그때의 환희와 해방감, 아쉬움과 탄식이 나를 오랫동안 지배했다. 나에게 2008년의 저항을 기록하는 것은 2008년에서 빠져나오는 과정이기도 했다. 그 과정은 나 자신에게 그 위대한 저항의 나날로부터 새로운 저항의 원천과 미래로 나아가자고 제안하는 것이었기 때문이다.

우리가 못다 이룬 열매를 위해, "2008년 저항의 나무로부터 새로운 저항의 나무에로."

4.

진을 치고 감시하는 경찰을 피해 조계사를 빠져나오는 일은 보안이 필요했기에 그동안 도와주신 분들께 감사 인사를 전하지 못했다. 이번 기회를 이용해 내내 마음에 걸린 숙제를 해결해야겠다.

저항의 거리에서, 조계사에서 나에게 힘을 주고 지지해 준 분들. 이름을 밝힐 수 없는 것이 못내 아쉽지만 조계사를 빠져나올 때나 그 후에도 불이익과 탄압의 위험을 감수하면서 나를 도와준 그 고마운 분들. 5월 6일부터

10월 말까지 다섯 달 넘게 손발을 맞추며 함께 활동한 광우병국민대책회의 상황실 활동가들. 탄압에 굴하지 않고 함께 싸우다 옥고를 치른 박원석, 한용진, 김동규, 권혜진, 백성균, 이석행, 백은종.

나와 함께 광우병국민대책회의에서 활동하며 훌륭한 활약상을 보여 준 다함께 파견자들.

언제나 넓은 시야를 잃지 않도록 자극과 격려를 준 최일붕 동지.

나를 잡으려는 경찰에게 자신의 병원까지 수색당하는 모욕을 겪은 우석균 선생님. 병환으로 아버님이 누워 계신 집에 경찰이 들이닥치는 봉변을 당한 변혜진 씨. 그 외에도 경찰들이 괴롭힌 친구와 후배와 동료들.

변함없이 수배자 아들을 자랑스러워하시며 잡히지 말라고 당부하시고 주말마다 아들과 수배자들을 위해 조계사로 손수 만드신 음식을 싸오셨던, 아직도 아들 걱정에 밤잠 설치실, 아, 나의 어머니, 나의 동지이신 안명례.

신병교육대 퇴소식 때 가족 면회를 와서 군인 머리에 홀쭉해진 까만 얼

맨 왼쪽부터 이 책의 지은이, 권혜진, 한용진, 박원석, 백성균, 백은종, 김동규(이석행 위원장과 정보선 단장도 조계사 농성단의 일원이었으나 다 함께 찍은 사진을 구하지 못해 부득이 위 사진을 이용했다. 두 분의 양해를 구한다). ⓒ 월간 말

굴의 삼촌 손을 붙잡고 씻어 준다고 집에 함께 가자고 울며 떼쓰고, 무시무시한 경기도경 대공분실에 국가보안법으로 수감된 삼촌에게 왜 고무신을 신었냐고 대답하기 어려운 질문을 던지던, 지금은 나의 동지인 사랑하는 조카 김이랑.

그리고 장남의 삶을 지지하며 묵묵히 돌봐 주신 존경하는 아버지.

무엇보다 2008년 거리를 가득 채웠던, 지금은 저항에 목말라하고 있을 촛불들에게 이 책을 바친다.

5.

랭보의 시구詩句와 같이 다시 2008년 그날들처럼,

"여명이 밝아올 때 우리는 불타는 인내로 무장하고 찬란한 도시들로 입성하리라."

2008년 촛불 시작 1주년을 앞둔 2009년 4월 어느 날에
김광일

1장

촛불시위의 등장과 특징

모든 의심 가운데 가장 훌륭한 것은 그러나
겁 많고 허약한 사람들이 머리를 쳐들고 일어나
그들을 억압하는 자들의 강력한 힘을 이제는 더
믿으려 하지 않는 것이다.
— 베르톨트 브레히트, '의심을 찬양함'

    2008년 5월 2일 청계광장에서 저항이 점화됐다. 분노와 환희, 저항이 예상하지 못한 규모로 쏟아져 나왔다. 그리고 이 저항은 청와대 앞 거리에서, 서울시청 광장에서, 광화문 네거리에서 타올랐다. 6월 10일에는 전국에서 100만 명이 거리로 나왔고, 저항은 100일이 넘도록 지속됐다.
    촛불시위는 2002년 여중생 압사 항의 운동 이후 최근 용산 철거민 참사 시위에 이르기까지 한국 운동의 전통으로 자리 매김 하고 있다. 우선 촛불시위의 등장과 그 특징을 살펴보겠다.

촛불시위의 등장

    저항은 여러 수단을 발전시킨다. 저항의 얼굴은 각양각색이다. 때로는 거리 항쟁으로, 때로는 바리케이드 전투로, 동맹휴업과 점거와 파업으로. 이런 저항의 수단들은 서로 연결되고 결합하기도 한다. 그리고 저항의 폭발과 응축이 최고조에 이르면 봉기로도 연결된다.

원래 촛불집회candlelight vigil는 일반적 전통으로 봤을 때 종교적 색채가 짙은 행사였다. "크리스마스 이브에 많은 교회들이 촛불집회를 개최한다."[1] 또, 각종 단체들은 촛불집회를 전쟁, 학살, 재난에 희생당한 이들을 추모하는 행사로 이용한다.

그러나 촛불시위가 한국에서는 중요한 저항 수단으로 자리 잡았다. 한국에서 촛불시위라는 독특한 방법이 등장한 계기는 2002년 6월 의정부에서 두 여중생이 미군 장갑차에 압사당한 사건이었다. 그해 11월, 인터넷에서 '앙마'라는 닉네임으로 활동하던 김기보 씨가 두 여중생을 추모하고 미군 당국과 한국 정부에 항의하는 촛불집회를 제안했다. 이 호소에 11월 30일

미군 장갑차에 치여 사망한 여중생들을 추모하고 한미주둔군지위협정 개정을 요구한 촛불집회(2002년 12월).

수천 명이 광화문에 모였고, 순식간에 항의 운동이 확대됐다. 이는 6월부터 '미군장갑차 고故 신효순·심미선 살인사건 범국민대책위'(이하 여중생범대위)가 의정부를 중심으로 벌인 항의 운동과 확연히 달랐다.✦ 항의의 폭발은 여중생의 죽음에 대한 분노 때문만은 아니었다. 그랬다면 왜 6월 13일 참사 이후 거의 반년이 지나 그해 연말에 가서야 시위가 폭발했는지 설명할 수 없다. 당시 부시의 일방주의가 북핵을 빌미로 한반도를 위험에 빠뜨릴지 모른다는 위기감, 대선에서 이회창이 당선할지 모른다는 우려가 결합돼 시위가 분출한 것이다.

여중생범대위가 호소한 12월 6일 서울 집회에서 참가자들은 경찰 방어선을 뚫고 미 대사관 앞까지 진출했다. 광화문에 미 대사관이 들어서고 처음 있는 일이었다. 12월 14일에는 서울시청 광장 시위를 비롯해 전국에서 30만 명이 거리로 나왔다. 이날 시위는 한국 반제국주의 운동의 중요한 이정표였던 동시에, 위대한 정치투쟁의 면모를 보여 줬다. 이 때문에 당시 우파 대선 후보 이회창조차 한미주둔군지위협정SOFA 개정 국민 서약에 서명해야 했다. 심지어 천주교정의구현사제단의 여중생 추모 미사에 참석했다가 퇴짜를 맞기도 했다. 유약한 자유주의자 노무현은 당시 서약을 거부했다. 그리고 노무현은 당선 직후 "촛불시위 자제"를 요구했다. 여중생 압사 항의 시위의 성공과 그 파장으로 촛불집회는 종교적 색채와 추모를 넘

✦ 당시 여중생범대위의 활동을 폄훼하려는 뜻은 전혀 없다. 주요 활동가들은 매우 헌신적이었다. 이들은 사건 직후부터 5개월이 넘도록 끈질기게 활동했다. 나와 다함께도 여중생범대위에서 함께 활동했다. 다만 당시 다함께는 지역 사안이 아니라 정치적 중요성이 있는 사건이므로 시위의 중심이 의정부가 아니라 서울이어야 한다고 주장했는데 이 의견은 받아들여지지 않았다. 11월 30일 이후에야 여중생범대위는 활동 중심을 서울로 변경한다.

어 저항의 상징이라는 권위를 획득했다. 그 뒤 2003년과 2004년 파병 반대 시위, 2004년 한나라당의 노무현 탄핵 시도를 좌절시킨 시위 등도 촛불을 밝혔다. 그 뒤 많은 항의 운동은 그 규모와 성격에 관계없이 촛불시위를 수단으로 삼고 있다.

촛불시위는 시위 참가자나 주최 측에게 몇 가지 이점이 있다. 촛불시위는 저녁 때 열리기 때문에 일을 마친 청년과 수업을 마친 대학생, 청소년이 참가하기 쉽다는 것도 그중 하나다. 2008년 촛불시위뿐 아니라 이전에 벌어진 거대한 촛불시위의 출발점은 대개 청년과 대학생, 청소년들의 참가였다.

한국은 부르주아 민주주의조차 충분히 발전하지 못해서 집회·시위의 자유가 완전히 보장되지 않는다. 야간 집회 금지도 집회·시위의 기본권을

노무현 탄핵에 반대한 촛불집회(2004년 봄).

제약하는 대표적 사례다. "[야간] 집회를 제한하는 나라는 미국(일부 도시), 프랑스, 러시아, 중국 등에 한하고, 영국, 독일, 오스트리아, 일본의 경우 등은 아예 야간 집회를 제한하고 있지 않다. 그리고 프랑스, 러시아, 중국의 경우도 우리나라와 같이 야간 집회를 일절 금지하는 것이 아니라 주로 심야 시간대의 집회만을 금지하고 있어 우리나라와 같이 포괄적으로 금지하고 있는 나라는 없는 것으로 보인다."[2]

주최 측은 '촛불문화제' 형식을 빌어 야간 집회 금지 조항을 피해 집회를 할 수 있다. 물론 이것은 불안정하다. 시위의 자유를 얻어 내고 탄압을 좌절시키는 것은 당시의 정치적·이데올로기적 지형, 시위의 규모와 영향력, 그리고 시위대의 용기와 자신감 등에 달려 있다.

촛불시위의 특징 — 새로운 저항 세대의 출현

그동안 일어난 촛불시위의 중요한 특징을 살펴보는 것은 2008년 촛불시위를 이해하는 데도 도움이 될 것이다.

대규모 촛불시위의 중요한 특징은 청년층의 참가가 두드러졌다는 것이다. 이 청년들은 사회운동 단체나 노동조합, 학생회 같은 단체에 속하지 않은 경우가 많다. 그래서 '미조직 청년'이라는 표현을 사용하고자 한다. 이 청년층에는 비정규직 노동자, 청년 실업자, 대학생 등이 포함된다.

2000년대 이후 미조직 청년들이 주요 운동에 두드러지게 참가한 것은 몇 가지 요인이 맞물린 결과로 보인다. 이 청년들은 한국 자본주의 체제가 만든 고용 불안정 때문에 불만이 쌓여 왔다.

"비정규직은 2001년 8월 737만 명에서 2007년 3월 879만 명까지 꾸준히 증가하다가 2007년 8월부터 감소세로 돌아서 2008년 8월에 840만 명으로 소폭 감소했다."[3] 2008년 8월에 소폭 감소한 이유는 경제 위기 때문에 일자리 자체가 줄었고, 비정규직 일자리 일부가 '무기 계약직'이라는 '무늬만 정규직'으로 바뀌었기 때문이다.

그런데 그림 1을 보면 청년층의 비정규직 비율은 매우 높다. 특히 여성들의 비정규직 비율은 더 높다. 이것은 지난해 촛불시위에 젊은 여성들이 대거 참가한 배경이기도 하다. 게다가 저항 자체가 피억압자들의 축제이기 때문에 차별과 천대에 시달려 온 여성들의 시위 참가는 매우 자연스러운 일이기도 했다. 경제 위기가 심화하면서 고용 상황은 더욱 나빠질 것이고, 이로 말미암아 청년들의 미래는 더욱 어두워질 것이다.

그림 1 : 성별·연령 계층별 비정규직 비율(2008년 8월)[4]

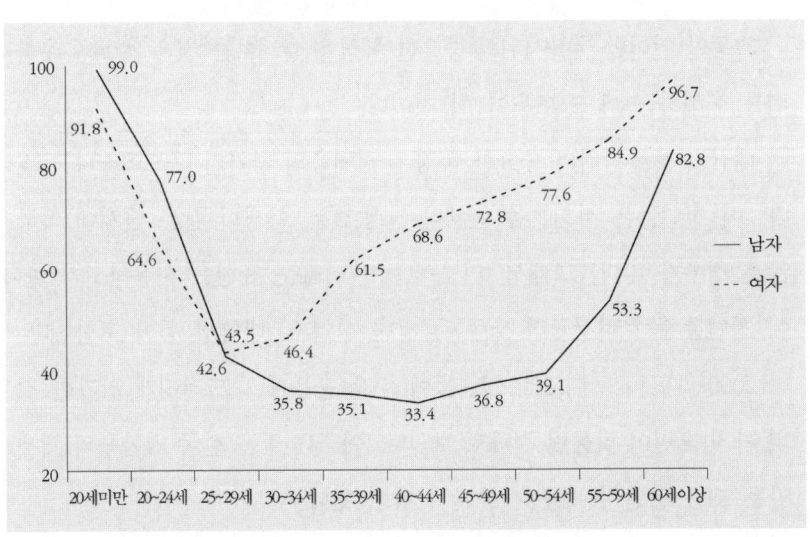

우석훈·박권일의 책 ≪88만원 세대≫가 히트한 것도 바로 이런 불안정한 고용 상황에 대한 청년층의 반감을 보여 준다.

비정규직 고용과 청년실업이 함께 늘어났을 뿐 아니라, 노동조건도 매우 나쁘다.

2008년 9월 국제노동기구ILO가 발표한 '노동시장 핵심 지표' 보고서에 따르면 52개 회원 국가 가운데 한국의 노동시간이 가장 긴 것으로 나타났다. 또 아시아 6개국(한국, 방글라데시, 스리랑카, 홍콩, 말레이시아, 태국) 가운데 한국의 노동시간이 가장 긴 것으로 나타났다. 이들 아시아 6개국의 1인당 연간 노동시간은 2200시간을 초과하는 대표적인 장시간 노동 국가다. 이 가운데 한국 노동자들의 주당 노동시간은 45시간을 넘으며 주5일제가 시행되고 있는 것을 고려할 때 1일 8시간 이상의 노동을 하고 있는 것으로 추산된다.[5]

그런데 법정 초과 근로 한도인 주 56시간을 넘겨 일하는 장시간 노동자 중 비정규직과 임시직, 시간제가 78.5퍼센트다.[6]

임금 상황을 보자.

저임금 계층으로 분류하면, 전체 노동자 1610만 명 가운데 432만 명(26.8퍼센트)이 저임금 계층이고, 정규직은 49만 명(6.4퍼센트), 비정규직은 383만 명(45.6퍼센트)이 저임금 계층인 것으로 나타났다. 정규직은 16명 중 1명, 비정규직은 2명 중 1명이 저임금 계층인 것이다.[7]

정규직 대비 비정규직의 월평균 임금 총액은 49.9퍼센트고, 시간당 임금은 50.6퍼센트다. 임금 불평등은 5.14배로, OECD 국가 중 임금 불평등이 심한 것으로 알려진 미국(2005년 4.5배)보다 심하다. …… 법정 최저임금 미달자는 175만 명(10.8퍼센트)으로, 정규직은 9만 명(1.2퍼센트)이고 비정규직은 165만 명(19.7퍼센트)이다. 이상은 기간제 보호법이 시행된 이후에도 비정규직 차별은 거의 개선되지 않고 있음을 말해 준다.[8]

게다가 비정규직 청년들은 노동조합에 가입해 자신의 조건을 방어할 수도 없다.

지난[2008년] 3월 현재 비정규직 노동자의 노조 가입률은 3퍼센트. 전체 858만 명 중 25만 7000여 명만 노조에 가입되어 있다. 정규직 노조 조직률의 7분의 1도 안 되는 수준이다. 사회적으로 최대 다수 집단이지만 조직 규모로는 '소수자'의 위치에 머물러 있는 것이다.[10]

이런 조건은 곧바로 대학생들의 처지와도 연결된다. 대학생의 다수는 졸업 후 고용 시장에 뛰어들어야 하기 때문이다. 그래서 대학 생활 자체가

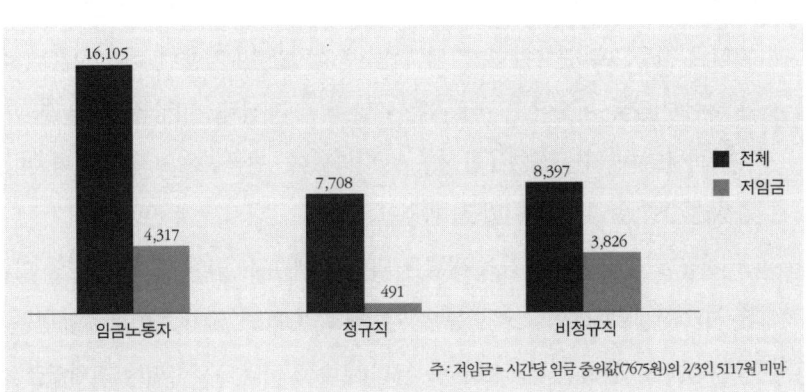

그림 2 : 고용 형태별 저임금 노동자 규모(2008년 8월, 단위 : 1000명)[9]

취업의 압력에 짓눌리게 된다. 게다가 대학들의 등록금 인상은 대학생과 그 가족에게 큰 고통과 시련을 주고 있다.

대학 등록금이 매년 폭등해 급기야 2007년 4년제 사립대의 등록금은 700만 원에 육박하게 됐고, 의과대의 경우 등록금 1000만 원 미만 대학은 찾아보기 힘들다. 대학 당국들은 올해[2008년]에도 등록금을 대폭 인상했다. 대학생 중 15퍼센트가 등록금 때문에 휴학한 경험이 있고, 27.8퍼센트의 학생들이 등록금 대출을 받고 있다. 정부 보증 학자금 대출금리가 시중은행 금리와 똑같이 높아서 대출받은 학생들 중 20퍼센트가 이자를 갚지 못해 신용 불량 상태다.[11]

이것이 오늘날 대학생들의 처지다.

이 때문에 미조직 청년들 중 비정규직 청년 노동자들은 착취·차별·소외로, 청년 실업자와 대학생은 차별과 소외로 고통받는다. 청년들은 체제가 가하는 차별과 소외에 평소에는 컴퓨터 게임, 음주, 스포츠 등 수동적이고 현실도피적인 방식으로 대응한다. 그러나 이런 차별과 소외의 경험이 특정 시점에는 기존 사회 질서에 맞서는 거대한 저항의 불쏘시개 구실을 한다.

대학생의 경우, "학생과 상이한 사회 계급들 사이의 과도기적 관계라는 요인이 매우 중요해질 수 있다. 사회 안에 존재하는 이데올로기 혼란의 요소들은 대개 학생 사회에서 증폭돼 나타난다. 학생 전체가 지배 이데올로기를 받아들이고 사회로 진출한 후 다른 사람들에게 그것을 전파할 것이다. 그런데 만약 그런 이데올로기가 그들이 경험한 현실과 확연하게 동떨어져 있다면, 그들 자신이 지적 혼란에 빠지고 도덕적 분노를 표출할 수도 있다."[12]

이런 점들 때문에 대규모 촛불시위에 미조직 청년들의 진출이 두드러졌다.

무릇 진정한 대규모 운동의 분출에는 미조직 부문의 진출이 있기 마련이지만, 최근 촛불시위에 미조직 청년들이 대거 참여한 배경에는 그들의 객관적 처지와 더불어 기존 조직 좌파의 취약성도 어느 정도 작용했다. 이것은 비단 한국만의 특수한 현상은 아니다. 1999년 11월 시애틀 WTO 반대 시위 이후 확산된 국제적 반反자본주의 운동과 9·11 테러 이후 시작된 국제적

1999년 11월 미국 시애틀에서 벌어진 WTO 반대 시위.

반전운동에서 청년들의 참가가 두드러졌다. 가장 최근 사례는 2008년 말 그리스에서 벌어진 대규모 항쟁이다. 1968년도 그렇고, 2000년대 대안세계화 운동과 국제 반전운동에서도 미조직 부문의 두드러진 진출은 조직 좌파의 취약성이 그 배경이었다. 그래서 이 운동이 조직 좌파를 각성시키는 효과를 내기도 하지만, 그 못지않게 조직 좌파와 분리 현상을 빚기도 한다.

청년들의 저항은 조직노동자들을 움직이는 지렛대 구실을 할 수 있다. 2003년 한국의 반전시위는 일부 조직노동자들을 반전운동이라는 정치 운동으로 끌어들였고, 그해 5월 화물연대 노동자들이 강력한 봉쇄 투쟁을 하는 데 자양분을 제공했다. 2004년 이라크에서 김선일 씨가 납치당했을 때 반전시위는 항공노조와 화물연대가 파병 물자 선적·운송 거부 선언을 할 수 있는 토양을 만들었다.

미국의 이라크 전쟁에 반대하는 국제 반전의 날에 한국에서 벌어진 반전시위(2003년 2월 15일).

새로운 저항 세대의 특징 중 하나는 반권위주의와 개인주의다. 이들은 정치권력에도 저항하지만 모든 조직과 집단에 반대하는 야성野性도 지녔다.

'지속가능사회를 위한 경제연구소ERISS'가 한국의 성인, 대학생, 고등학생을 대상으로 '국가 지속가능성 의식조사'(2008년 11~12월)를 했는데, 의미를 둘 만한 결과가 나왔다.

국가 발전을 위해 주도적 역할을 해야 하는 인물을 꼽으라는 질문에 대통령, 정당·정치 지도자라고 응답한 비율은 일반인, 대학생, 고교생 모두 20퍼센트를 약간 넘거나 밑돌았다. 특히 젊은 세대는 종교 단체와 정치인·기업 등 사회적 집단에 대한 불신이 팽배했다. 정치인을 신뢰한다는 응답률은 고교생 3.3퍼센트, 대학생 1.6퍼센트여서 성인보다 신뢰도가 현저히 낮았다. 기업에 대한 신뢰도는 고교생 7.4퍼센트, 대학생 9퍼센트였다. 전통적으로 신뢰받는 집단이던 종교·시민단체의 신뢰도 역시 20퍼센트대로 조사됐다. 반면 가족이나 친구에 대한 신뢰도는 모든 집단에서 70퍼센트를 훌쩍 넘었다.[13]

그림 3 : 국가 지속가능성 의식조사 결과 I [14]

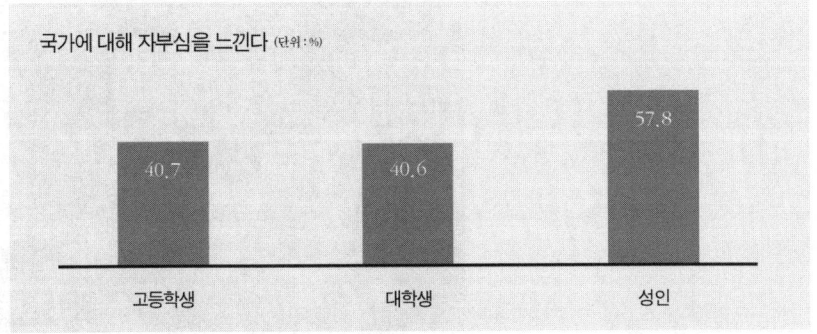

그림 4 : 국가 지속가능성 의식조사 결과 II[15]

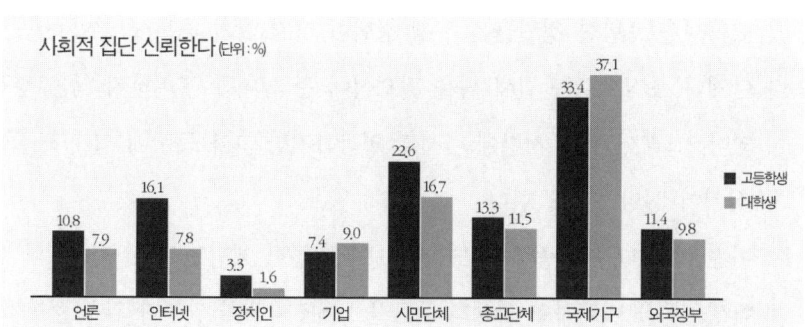

물론 고등학생과 대학생이 모두 시민단체를 두 번째 신뢰하는 사회적 집단으로 꼽았다. 그러나 전체적으로 볼 때 큰 신뢰를 받지는 못했다.

이런 반권위주의적 특성은 그 청년들의 처지에서 비롯한다. 비정규직 청년 노동자들은 이직률도 높고 고용 자체가 불안정하다. 게다가 노동조합으로 조직돼 있지 않아 파업 같은 집단적 투쟁 경험이 없다. 단결된 투쟁의 경험은 노동자들에게 매우 중요한 교육 효과가 있다.

고용주에 대항하여 그들이 가지고 있는 공동의 이해가 그들을 저항, 곧 단결이라는 하나의 동일한 사상으로 결집시킨다. 그리하여 단결은 항상 노동자들 사이의 경쟁을 지양하고 그럼으로써 자본가들에 대해 전체로서 경쟁을 수행할 수 있도록 한다는 이중의 목적을 가진다. 저항의 최초의 목적이 단지 임금의 유지였을 뿐이라 해도 자본가 쪽이 억압이라는 하나의 사상으로 결집함에 따라 처음에는 고립되어 있던 단결이 집단을 형성하게 되고, 끊임없이 결합하는 자본에 맞서 노동자들에게는 연합의 유지가 임금의 유지보다 더 중요한 것으로 된다(강조는 원문).[16]

반면 대학생들은 하나의 계급으로 생산 규율에 얽매여 있지 않다. 게다가 대학생을 포함한 청년들은 투쟁 경험이 많지 않기 때문에 열의는 높으나 단체나 조직으로 단결해 싸울 필요성에 큰 의미를 부여하지 않는 경향이 있다. 그래서 쉽게 저항에 나서고 열광하지만 그와 동시에 쉽게 좌절하고 심지어 절망하기도 한다.

이런 현상 때문에 종종 '청년들의 보수화'론이 제기된다. 1980년대와 현재 학생운동을 비교하며 학생회 투표율 저하, 학생회 활동가 감소 등을 그 예로 들기도 한다. 그러나 1980년대에도 대부분의 시기에 활동가 수는 많지 않았다. 1987년 6월에 가서야 학생들의 대중투쟁이 폭발했고, 그 여파가 1990년대 초·중반까지 지속됐다.

청년들은 그 사회적 처지와, '사회주의'를 자처했던 일당 독재 체제(소련·중국·북한 등)에 대한 반감 때문에 급진적이긴 하지만 정치적으로는 개인주의와 개혁주의를 추구할 가능성이 높다. 그래서 미조직 청년들에게 진중권, 박노자, 우석훈 같은 개인주의적이며 개혁주의적인 급진 지식인들이 인기가 높다. 청년들 중 일부는 급진적 반자본주의 지향을 가지기도 한다.

각종 사회단체에 대한 신뢰가 높지 않은 것은 부분적으로 기존 사회운동(정치운동까지 포함한) 단체들의 관성이나 약점과도 연관이 있다. 청년들의 관심사와 열망, 정서를 흡수하려는 노력이 없었던 것이다.

NGO는 제도 개혁에 중점을 두고 활동가 중심 단체였으므로 회원들을 회비만 내는 수동적 존재로 여겼다. 새로운 청년층을 끌어들이고 활동가로 양성하는 것에 큰 의미를 두지 않았다. NL 경향은 대학 학생회를 별문제로 하면 권위주의적 조직 방식 때문에 청년들의 다양한 관심사를 흡수하거나 개방적 태도를 취하지 못했다.

물론 대규모 촛불시위의 여파와 부양력 때문에 기존 사회운동 단체들이 성장하고 위상이 높아지기도 했다.

사회운동 단체의 새로운 노력이 이 청년들을 끌어들인 경우도 있다. 예컨대 2003년 반전운동 분출기 때 다함께는 기존 규모의 세 배 이상으로 성장했다. 그해 7월 26일 연세대에서 열린 한반도평화포럼에서 동국대 박순성 교수는 "처음에 다함께가 반전운동을 일으킨 것이 기적"이라고 말한 바 있다. 다함께는 당시 반전운동에 참가한 청년들의 일부를 노동운동과 반反신자유주의 등 좌파적 활동으로 끌어들였다. 급진적이고 개방적인 그들의 분위기를 흡수한 것이다.

대규모 촛불시위들에 미조직 청년이 대거 참가하면서 한 가지 중요한 논쟁점이 형성됐다. 특히 2002년 말과 2008년 촛불시위에서 중요한 논쟁이 있었다. 바로 '운동과 리더십'의 관계 문제다. 2002년 말 여중생 압사 항의 시위 때 '깃발 논쟁'과 2008년 '확성기 논쟁'이 그것이다. 이 문제는 4장과 5장에서 자세히 다룰 것이다.

경계할 것

위대한 저항으로 새로운 저항 세대를 창출한 촛불시위에서도 경계할 점이 있다.

우선, 경험 없는 미조직 청년들이 대거 참가했다는 특징 때문에 '정치색 배제'나 '순수 시민' 등을 내세우는 비정치적 분위기가 조장되기 십상이다. 2002년 여중생 압사 항의 시위 때, 단체 깃발을 들고 나오면 안 된다는 '깃발 논쟁'이 그랬다. 2004년 탄핵 반대 시위 때는 이를 주도하던 NGO들이 '정치색 배제'를 명분으로, 탄핵에 반대하면서도 노무현을 비판하려는 다함께 같은 좌파*에게 재갈을 물리려 했다. 예컨대, 다함께가 발행한 신문 판매를 금지하려 했고 연단의 연설자에서 배제하려 했다.

정부와 보수 언론은 운동이 더한층 정치화하는 것을 가로막는 데 '순수 시민' 논리를 이용한다. 그러나 현실에서는 '정치색'이 배제된 '순수'한 운동이란 존재하지 않는다. 계급 적대에 기초한 이 체제의 정치 영역에서 '순수'라는 개념은 허구다. 하워드 진의 훌륭한 에세이집 제목처럼 "달리는 기차 위에 중립은 없다."

둘째, 어떤 경우에는 시위를 넘어서는 행동으로 나아갈 필요가 있다. 대학생들의 동맹휴업과 대학 건물 점거, 노동자들의 파업과 공장점거 등으로 말이다. 2008년 촛불시위에서는 이 점이 명백했다. 시위의 정점은 6월 10일이었다. 그러나 이명박은 시위의 요구를 수용하지 않았다. 그렇다면 다른 저항 수단을 이용해야 했다. 2008년 촛불시위를 되돌아볼 때 가장 아쉬운 점이다.

셋째, 촛불집회가 전통적으로 지닌 종교적 이미지 때문에 '평화주의'가 지나치게 강조되고, 그것이 저항의 원칙으로 굳어질 위험이 있다.

"촛불항쟁은 그 평화적 시위 양태로 볼 때 68혁명과 비교할 것도 없이 이미 놀랍고도 새로운 세계적 사건"[17]이라거나 "언제부터인가 한국에서 촛불은 평화적 저항의 상징이 되었다"[18]는 식의 평가가 많다. 그러나 운동은

---

* 당시 노동자의힘, 사회진보연대 같은 극좌파들과 지금은 진보신당으로 분당한 민주노동당 내 평등파는 탄핵 반대 운동이 노무현을 구출하는 운동이라며 이 운동에 참가하기를 거부했다.

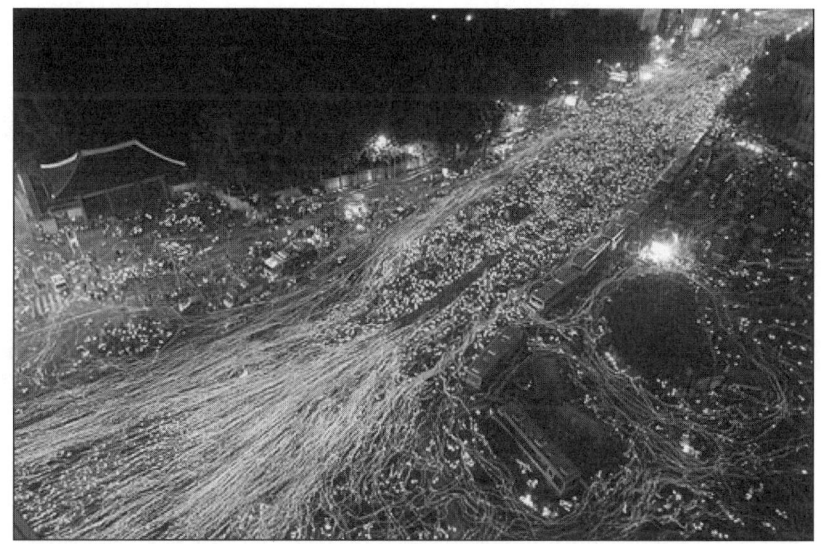

2008년 촛불시위의 정점이었던 6월 10일 집회. 서울에서 70만 명, 전국에서 100만 명이 모였다. ⓒ 남소연.

특정한 상황과 필요 때문에 "평화적 저항"을 넘어서야 할 때가 있다.

체제에 대한 체계적인 반대를 유지하려면, 사람들이 착취당하고 억압당하는 체제 내 모든 곳에서 자본주의적 세계화에 맞서 일어나는 일상 투쟁들과 거리에 나와 항의 행동을 하는 반자본주의 소수파의 주동성·행동력·이상주의를 서로 연결시킬 필요가 있다.

그런 연결을 만드는 일에 소수 전위의 폭력 행동은 거의 도움이 되지 않는다. 그런 행동은 체제의 수호자들이 자기 적들을 상대로 훨씬 더 큰 수준의 공식 폭력을 사용하는 데 편리한 구실을 제공한다. 흔히 규율 있는 대중운동의 비폭력 행동은 다국적기업들과 국가의 본질적으로 폭력적인 성격이 얼마나 심각하고 중요한지 사람들에게 이해시키는 데 이바지할 수 있다. 그러나 그렇다고 해서 비폭력만으로 체제를 깨뜨릴 수 있는 것은 아니다. ……
체제의 폭력에 대한 해답이 소수 전위의 폭력에 있지 않은 한편, 비폭력 원
칙에도 있지 않다. 오히려 그 해답은 반대편의 폭력에 대항하는 데 필요한
수단을 모두 사용할 필요를 이해하는 대중운동이 발전하는 데 있다.[19]

2008년 촛불시위에서 제기된 '폭력 / 비폭력 논쟁'은 5장에서 더 자세히 다룰 것이다.

지금까지 촛불시위의 등장과 특징을 살펴봤다. 이제부터 본격적으로 2008년 촛불시위의 성격과 양상 등을 살펴보겠다.

2장

2008년 촛불시위의 성격

지금까지 모든 사회의 역사는 계급투쟁의 역사다.
― 칼 마르크스, ≪공산당 선언≫

이 장에서는 2008년 촛불시위의 성격을 살펴보려 한다. 저항의 본질을 명확하게 분석하고 규정하는 것은 사태를 이해하고 대처하는 데 중요한 출발점이다. 내 분석의 방법론은 마르크스주의적 관점이다. 마르크스주의적 방법의 핵심 요소는 변증법으로, 현상을 시간과 공간의 맥락에서 이해하지만, 또한 현상들이 상호 연관성을 가진 것으로, 그리고 현상들을 발전 과정으로 이해하는 것이다.

마르크스주의는 현상들을 분절된 것으로 보는 게 아니라, 총체적 관점으로 접근한다. 그리고 자본주의에 대한 마르크스주의적 분석의 핵심에는 자본가계급의 노동계급 착취가 있다. 따라서 계급 적대와 계급 대립이라는 핵심 개념이 나의 중요한 분석 틀이다.

러시아 혁명의 지도자 트로츠키가 말한 것처럼 "신비적인 자연 발생성 이론"은 현상을 전혀 설명하지 못한다. 2008년 촛불시위는 어느 날 갑자기 하늘에서 뚝 떨어진 것이 아니다.

한편, 마르크스주의적 분석을 바탕으로 상이한 세력의 정치적 주장과 전략·전술의 타당성 여부를 확인할 수 있다.

예컨대, 1917년 러시아 혁명 당시 레닌과 트로츠키는 특정한 상황에 대한 제 이름 짓기를 중요하게 생각했다.

1917년 차르를 타도한 2월 혁명부터 소비에트가 임시정부를 타도한 10월 혁명 사이에 몇 차례 중요한 대중 분출이 있었다. 4월에는 임시정부 외무장관 밀류코프의 전쟁 지속 각서가 공개되면서 갑작스럽게 대중의 항의가 분출했다. 항의의 주된 요구가 '밀류코프 해임'이었는데 상당수 무장 병사와 수병 들은 '임시정부 타도'를 주장했다. '임시정부 타도' 요구에는 무장봉기라는 함의가 있었다. 7월에 다시 한번 항의가 분출했다. 무장한 병사와 노동자들은 "모든 권력을 소비에트로!"를 외치며 시위를 벌였다.

트로츠키는 러시아 혁명기에 시위가 분출한 각 상황에 대해 "4월에는 반半봉기, 아니 좀 더 정확하게 말하자면, 4분의 1 봉기가 일어났으며, 7월에 가서야 반봉기가 일어난다"[1]고 지적했다.

7월의 분출 직후, 레닌은 이 운동을 이렇게 평가했다. "이 사건들을 반反정부 시위라고 부르는 것이 형식상 가장 정확한 표현이 될 것이다. 그러나 이것은 보통 시위가 아니었다. 시위보다는 훨씬 더 거대했으며 다만, 혁명에는 미치지 못했다."[2]

이처럼 레닌과 트로츠키는 사태를 구체적으로 분석해 전략과 전술을 발전시켰다. 혁명의 진전을 가로막고 있던 사회혁명당과 멘셰비키가 노동자·농민·병사의 대중 기관인 소비에트에서 아직까지는 다수파이므로 섣부른 무장봉기는 효과적이지 않다는 것이 구체적 분석에 따른 실천적 결론이었다.

그래서 볼셰비키는 4월 위기 때 '밀류코프 해임'이라는 제한된 요구를 임시정부 일반에 반대하는 슬로건으로 보완했다. 설익은 봉기가 일어나

1968년 5월 프랑스에서 벌어진 시위에 참가한 사람들.

운동이 궤멸될 수도 있는 7월 위기 당시 볼셰비키는 무장 시위에 참가했지만, 봉기에는 반대했고 임시정부에 포함된 자본가 각료들의 사임을 요구했다. 8월 말 러시아 총사령관 코르닐로프가 쿠데타를 일으켰고, 볼셰비키가 주도해 이 쿠데타를 물리쳤다. 그 효과로 9월에 볼셰비키는 소비에트에서 다수파가 됐고, 마침내 10월 소비에트를 통해 봉기를 승리로 이끌 수 있었다.

사태의 성격을 정확히 규정하는 것의 중요성에 대해 한 가지 사례를 더 들 수 있다. 흔히 1968년 5월 프랑스의 거대한 반란을 '68혁명'이라고 느슨하게 부른다. 예컨대 한 진보적 지식인은 이렇게 평가한다.

이 혁명은 주동자가 없는 시위로서 실패한 혁명이라고 한다. 68혁명은 체계적이고 조직적으로 운동을 전개해 나가지 못했고, 개혁의 청사진을 뚜렷하게 제시하지도 못했다. 68혁명이라는 커다란 위기가 있었음에도 1981년까지 우파 정권이 계속 집권하였다. 이런 면에서 68혁명은 실패한 운동이다. ……
진보적 입장에서 68년 5월은 정치혁명이라기보다 억압적이고 고루한 사회 관습을 뒤바꾼 문화혁명의 분수령으로도 기억된다.[3]

1968년 5월 프랑스의 반란은 이후 벌어진 세계적 저항 시리즈의 신호탄이었다. 그 저항 시리즈는 어떤 곳, 예컨대 1974년 포르투갈에서는 옛 지배 분파를 타도하는 정치혁명을 수행하고 새로운 사회혁명의 싹을 틔우기도 했다. 그러나 냉철히 보면 1968년 5월 프랑스의 반란이 혁명 수준까지 도달한 것은 분명 아니었다.

프랑스의 68년은 실패한 혁명도 아니었다. 그 당시에 '혁명'에 관한 많은 말이 나왔는데, 특히 파리의 라탱 지구와 외국의 언론에서 그랬다. 하지만 국가권력을 장악하려는 어떠한 시도도 없었다. 그래서 이 시기의 역사를 일종의 해프닝으로 치부하거나 역사책의 각주에나 나올 법한 하찮은 일로 제쳐 놓는 과정이 보통 때보다 훨씬 더 빠르게 진행됐다. 이제 20년이 지난 지금 사람들은 대개 1968년이 '학생들의 해'였다고 말하면서, 마치 사상 최대의 총파업이 일어나지 않았던 것처럼, 그리고 서방 세계에서 가장 강력한 정부 중 하나가 자체 붕괴의 기로에서 일주일 동안 갈팡질팡하지 않았던 것처럼 말하고 있다(강조는 필자).[4]

프랑스 5월에 관한 이 상반된 두 평가를 보면 반란을 어떻게 규정하는지에 따라 그 평가가 달라진다는 것을 발견할 수 있다. 그 평가와 분석은 해당 상황에서 운동의 전진을 위해 무엇이 필요한지를 결정하는 매우 중요한 요소다. 이런 점에 비추어 2008년 촛불시위의 성격을 살펴보겠다.

정치투쟁과 계급투쟁

촛불시위의 출발점인 광범한 온라인 이명박 탄핵 서명과 5월 2일 청계광장에서부터 이 저항의 표적은 바로 이명박 정부였다. 즉, 촛불시위는 이명박 정부에 맞선 반정부 시위였다. 촛불시위 참가자들은 미국산 광우병 위험 쇠고기 수입뿐 아니라 의료 민영화, 대운하 건설, 공교육 양극화 정책

5월 2일 광우병 위험 쇠고기 수입에 반대하는 첫 집회에서 한 참가자가 촛불과 "이명박 탄핵" 손팻말을 들고 있다.

에 분노를 터뜨렸다. 그래서 첫날부터 "이명박은 물러나라", "탄핵"이 주요 구호였다. '이명박탄핵을위한범국민운동본부'라는 인터넷 커뮤니티가 시위의 최초 제안자였다. 인터넷에서 진행된 '이명박 탄핵 국회 청원'이 엄청나게 지지받는 것을 보면서 5월 2일 시위의 규모가 꽤 클 것임을 예상할 수 있었다. 시위가 커질수록, 이명박 정부의 탄압이 거세질수록 정부에 대한 분노도 더 커져 갔다.

요컨대, 2008년 촛불시위는 정치권력에 맞선 정치투쟁이었다.

매우 간단하고 당연한 것처럼 보이는 이 규정은 중요하다. 이후 사태 전개에서 전술을 둘러싼 중요한 논쟁들의 근본 쟁점 구실을 하기 때문이다. 그리고 이 저항이 정치투쟁이었다는 것은 이 투쟁이 자본주의적 정치권력에 맞선 **계급투쟁**의 성격을 일부 지녔다는 점을 의미한다.

엥겔스는 계급투쟁을 이렇게 정의한 바 있다.

역사의 거대한 운동 법칙을 발견했던 것은 다름 아니라 마르크스였다. 그 법칙에 의하면 모든 역사상의 투쟁들은, 이 투쟁들이 이루어지는 영역이 정치건 종교건 간에 철학이건 그 밖의 이데올로기건 간에, 실제로는 많든 적든 사회적 계급들이 수행하는 투쟁들의 명백한 표현일 뿐이다.[5]

또한 엥겔스는 계급투쟁을 경제투쟁과 정치투쟁과 이데올로기 투쟁이라는 세 영역으로 구분한 바 있다.

노동자 운동이 성립한 이래 처음으로, 투쟁은 그 세 가지 측면 — 이론적 측면, 정치적 측면, 실제적·경제적 측면(자본가에 대한 저항) — 에 걸쳐서

단일한 음조와 연관을 유지하면서 계획적으로 수행되고 있다.[6]

어떤 투쟁을 분석할 때, 계급 관계에서 그 투쟁의 객관적 성격을 규정하는 것이 과학적 방법이다. 마르크스는 의식을 계급 구분의 기준으로 삼지 않았다. 생산관계에서 처한 객관적 위치를 계급 구분의 기준으로 삼았다. 비록 5월 말까지 당시 민주노총 지도부가 조직노동자를 개별화시키고 집단적 힘을 제대로 발휘하지 못하게 하는 방침 — 한 사람의 시민으로서 시위에 참가하라는 — 을 유지해 "촛불시위 과정에서 노동자들은 한 사람의 노동자로서 또는 한 사람의 시민으로 참여했"[7]지만, 시위대의 중요한 세력은 바로 비정규직이나 청년 실업자를 포함하는 미조직 청년 노동자들이었다. 그리고 촛불시위의 의제들은 모두 노동계급과 피억압자들의 삶과 관련 있는 것들이었다.

박성인 노동자의힘 전 중앙집행위원도 "2008년 촛불은 '민주주의'와 '민주공화국'으로 호명된, 조직화되지 않고 자각되지 않은 계급투쟁의 맹아였다"[8]고 지적한다. '민주주의'로 호명된 데다 조직된 노동계급 참가가 저조했고 투쟁 참가자 의식이 '자각되지 않'았다는 점에서 계급투쟁 자체는 아니지만, 그 "맹아"였다. 아쉽지만, 조직된 노동조합원들이 하나의 계급으로서 행동하지 않았던 것이 촛불시위의 최대 약점이었다.

사실 2008년 촛불시위가 맹아적 계급투쟁이었다는 것은 지배계급의 거의 모든 기구들이 촛불을 끄려고 갖은 애를 다 쓴 데서도 드러났다. 청와대와 경찰과 검찰이 촛불시위에 강경하게 대응했고, 대법관 신영철의 촛불재판 개입에서 드러난 것처럼 사법부까지 나섰다. '조중동' 같은 우파 언론은 물론이고 전경련, 경영자총협회, 한국무역협회, 대한상공회의소, 중소기업중앙회 등 모든 주요 자본가 단체들도 "시위와 총파업 주장은 경제를 더욱 어렵게 할 것"[9]이라며 시위를 비난했다. 한국경제연구원은 촛불시위 때문에 "직접 피해 비용이 6685억 원에 달하고, 국가적 손실이 1조 9228억 원"[10]에 이른다는 터무니없이 부풀린 '분석'을 내놓으며 시위를 비난했다.

이 모든 요소들, 즉 한국 자본주의 체제의 주요 지배 성분들은 대부분 촛불시위를 억압하고 공격하기 위해 하나의 계급으로 중앙 집중적으로 나섰다. 그렇다면 지배계급에 어떻게 맞서야 할 것인가? 촛불시위에는 이에 관한 몇 가지 중요한 물음이 던져졌다.

'운동과 리더십', '조직노동자들의 동원과 파업', '정치권력 문제를 어떻게 처리할 것인가', '어떤 종류의 민주주의인가' 등이다. 이런 문제들은 자본주의 체제 분석을 통해 훨씬 효과적으로 접근할 수 있고, 그 대안을 마련할 수 있다. 촛불시위가 쏟아 낸 이 문제들은 5장에서 자세히 다룰 것이다.

마지막으로, 2008년 촛불시위가 분명한 정치투쟁이었다는 사실은 이 운동의 역사적 궤적을 설명해 준다. 역사가 단순하게 반복되거나 일직선으로 발전하는 것은 아니지만, 일정한 흐름을 나타내는 것도 사실이다. 또한 역사적 운동은 그 나름의 퇴적물을 남긴다.

마르크스는 《독일 이데올로기》에서 "역사란 개별 세대들의 연속에 불과한 바, 이 개별 세대들은 각각 앞선 모든 세대들로부터 물려받은 재료들, 자본들, 생산력들을 이용하고, 따라서 한편으로는 전래된 활동을 완전히 변화된 환경 밑에서 계속 수행해 나가고, 다른 한편으로는 완전히 변화된 활동으로써 낡은 환경을 변모시킨다"[11]고 말한다. 예컨대, 12년이라는 시차가 존재했지만, 러시아의 1905년 혁명은 1917년 혁명의 '예행 총연습'이었다. 1905년 혁명의 경험은 1917년 혁명이 승리하는 데 매우 중요한 구실을 했다.

촛불시위의 정점인 6월 10일의 위대한 거리 시위에 참가한 사람들은 바로 전두환 군사독재에 맞서 싸운 위대한 1987년 6월 항쟁을 떠올렸다. 비록 시위 참가자의 다수가 1987년 6월 항쟁에 직접 참가한 경험이 없었지만, 그들은 1987년 6월 위대한 정치투쟁의 용기와 희생을 재현해 냈다.

그리고 새 천년이 시작되고 벌어진 거리의 대중적 정치 운동들 — 2002년 말 여중생 압사 항의 운동, 2003년과 2004년의 반전운동, 2004년 우파의 노무현 탄핵에 반대하는 운동 등 — 은 2008년 촛불시위의 중요한 연료였다.

반신자유주의 투쟁

촛불시위를 분석한 필자들의 상당수가 대체로 이 시위의 성격을 반신자유주의 운동으로 옳게 규정한다. 신자유주의 정책은 기업 이윤과 부자들의 소득에 대한 세금 감면, 국유 산업과 서비스의 민영화, 사기업 규제 폐지, 금융자본의 국내외 이동 규제 폐지 등을 추진하며 빈곤을 확대하고 경제적 양극화를 가속화했다.

촛불의 외침은 지난 10년간 신자유주의 경제의 부식扶植과 그 결과로 나타난 경제와 사회의 양극화로 인해 배제되고 주변화된 사람들의 분노입니다.[12]

지금의 이 항쟁은 정부의 신자유주의적 시장화와 일방적인 성장 중심의 정책 기조에 대항하는 국민의 진보적 민생 민주주의 확보를 추구하는 항쟁의 의미도 갖고 있다.[13]

2008년 쇠고기라는 '먹을거리의 정치화'는 신자유주의 지구화, 세계화가 드디어 우리의 일상의 '밥상' 위에 올라왔음을 뜻한다.[14]

촛불시위는 이명박 정부의 신자유주의 공세에 맞선 저항이었다. 그리고 이명박 정부가 추진하려는 신자유주의 정책 다발에 대한 비교적 일반화된 반대 투쟁이었다.

이명박 정부는 취임 직후부터 공세를 강화했다.

- [이명박 정부는] 민영화하기로 발표한 산업은행을 비롯해, 60~70개 공기업에 대해 경영권만 넘기거나 일부 자산만 매각하는 방식까지 포함해 민영화를 추진하겠다고 밝혔고 20~30개 공기업은 통폐합할 것으로 알려졌다. 민간기업에 팔지 않는 공기업에 대해서는 강력한 구조조정을 추진하기로 했다.[15]
- [이명박 정부의 정책은] 기업주·부자들에게는 법인세 인하, 종부세 감면, 상속세 폐지 등 특혜를 아끼지 않으면서도 노동자·서민의 연금은 대폭 삭감하려는 것이다. 이명박 정부는 기초연금으로 받는 액수만큼 국민연금 수령액을 삭감하는 개악안을 준비하고 있다. …… 이명박 정부는 그렇게 삭감된 국민연금과의 '형평성'을 핑계로 공무원연금을 삭감하려 한다. …… 공무원연금 개악을 필두로 대대적인 공공부문 구조조정도 계획하고 있다. 특히 공무원연금 개악은 사학연금 개악으로 직결될 가능성이 높다.[16]
- 이명박 정부는 지난 3월 10일 '7퍼센트, 성장능력을 갖춘 경제 ― 2008 실천계획'을 발표했다. 이 계획에서 기획재정부는 영리병원 도입 방안을 마련하고 민간의료보험 활성화를 추진해 건강보험공단의 질병 정보를 민영 보험회사에게 넘기는 방안을 추진하겠다고 밝혔다. 이명박 정부가 발표한 의료 산업화 방안은 2005년 삼성경제연구소에서 낸 "의료산업 고도화의 과제"

라는 보고서를 그대로 베낀 것처럼 그 내용과 시장화 단계가 거의 똑같다.[17]
- 이명박 정부의 '4·15 학원 자율화' 조처에 대한 분노는 광우병 쇠고기 수입 반대 촛불집회에서 쉽게 느낄 수 있는 정서다. 김영삼 정권 때부터 본격적으로 시작된 교육 시장화 정책들을 한꺼번에 실행해 청소년들을 사상 최악의 경쟁 지옥으로 내모는 게 이명박 정부의 교육 정책이다.[18]
- [물 민영화 계획은] 세금으로 만든 상하수도 관련 인프라를 국내외 기업들의 돈벌이를 위한 놀이터로 만들자는 것이다. 이를 위해 이명박 정부는 민간 위탁뿐 아니라 법인화(지방 공기업화), 외국 자본을 포함한 민간기업의 주식회사 설립 등을 모두 허용하는 '물산업지원법'을 통과시킬 태세다.[19]
- 노무현 정부는 한미FTA 협상에서 미국 다국적기업 GE의 요구를 수용해 발전소 유지·보수 업무를 시장화하는 데 합의했다. 이명박 정권은 한술 더 떠 아예 에너지 공기업 민영화를 핵심 과제로 선정해 전기·가스의 민영화와 구조조정 작업에 본격적으로 돌입하려고 한다.[20]
- 이명박은 엄청난 적자를 갖고 있는 철도공사를 직접 민영화하기보다 철도공사의 자회사 매각, 노동자 구조조정과 요금 인상 등으로 국가 지원을 줄이고 그 부담을 고스란히 노동자·서민에게 돌리려 한다. 철도공사가 수익을 높이려고 철도 요금을 시장가격으로까지 올리면 최소 40퍼센트 인상해야 한다.[21]
- 이명박은 족벌 독과점 신문들이 방송도 겸업할 수 있도록 하는 방안도 추진할 계획이다. 신문·방송 겸영이 허용되면 재벌의 든든한 후원으로 자금이 풍부하고, 이미 미디어 사업에 진출해 있는 조중동은 방송으로 진출할 것이다.[22]

촛불시위의 촉발점이 된 이명박 정부의 광우병 위험 쇠고기 수입 결정

자체가 신자유주의 정책의 일환이다. 한미FTA 반대 운동과 2008년 촛불시위에서 중요한 구실을 한 우석균 보건의료단체연합 정책실장은 광우병 위험 쇠고기 수입을 둘러싼 이해관계를 다음과 같이 분석했다.

미국에서 쇠고기 협상 타결 소식이 전해지자 이명박이 한미FTA의 최대 걸림돌이 치워졌다고 환호한 것에서 보듯 이번 쇠고기 전면 개방은 한미FTA를 위한 것이다. 그런데 그 한미FTA는 무엇인가? 약값과 의료비를 폭등시키고, 공기업을 민영화하고, 학생평가시스템을 전면적으로 도입하고, 방송을 민영화하며 기업에 정부의 모든 공적 규제를 거부할 수 있는 권한을 주는 기업-정부 제소제도ISD를 도입해 기업에게는 특혜를 주고 국민에게는 교육, 의료, 물, 전기, 가스 공영방송에 대한 권리를 박탈하는 것을 그 본질로 하는 협정이다. 한미FTA도 광우병 쇠고기 수입처럼 국민의 생명보다 이윤을, 국민의 권리보다 자본의 이익을 위한 협정이다. 그리고 그 이윤은 단지 미국 자본의 것만이 아니다. 미국산 쇠고기를 수입했을 때 이익을 보는 집단이 미국의 카길이나 콘아그라만은 아니다. 한국의 급식업체와 유통업체, 외식업체가 '값싸고 질 좋은' 미국산 쇠고기 수입을 목 놓아 기다리고 있다. 3조 4000억 원(2006년) 규모의 한국 최대 급식업체들은 다름 아닌 LG아워홈, 삼성에버랜드, CJ푸드 등이다. 쇠고기 유통업체가 이마트, 홈플러스, LG마트 등인 것은 굳이 말할 필요도 없다. 미국산 쇠고기 전면 개방을 통해 떼돈을 버는 세력들은 미국 자본만이 아니라 국내 재벌과 그 언론사들이다. 재벌 프렌들리를 선언한 이명박 정부가 미국산 쇠고기 수입을 강행하는 이유이다.[23]

그런 면에서 조희연 교수의 다음과 같은 평가는 다소 엉뚱한 것이다.

촛불의 근저에는 만연한 신자유주의적 주체성이 깔려 있었다고도 할 수 있다. 한반도 운하, 민영화, 비정규직 등 공적인 문제에 대해서는 꿈쩍도 하지 않던 사람들이 결국 광우병 쇠고기에 대해서는 폭발적으로 반응한 것은 앞의 것들이 공공의 문제로 받아들여진 반면 쇠고기 수입은 개인의 이해로 인식된 것이 아니겠는가?[24]

광우병 위험 쇠고기 수입은 시위의 중요한 촉발점이었지만 시위는 당시에 주로 부각되던 이명박 정부 주요 정책 일반을 반대했다. 이 모든 정책의 입안자이자 집행자는 바로 이명박 정부였다.

흔히 신자유주의 정설은 '생산과 판매의 세계화' 때문에 국민국가의 구실이 축소·약화했다고 주장한다. 이런 정설은 일부 좌파도 받아들인다. 예컨대, "존 홀러웨이의 유명한 책 ≪권력을 잡지 않고 세계를 바꾸기≫[25] 제목에 요약된 자율주의 이데올로기는 …… 국가를 잊어야 하고, 신자유주의의 지역적 대안들을 발전시켜야 한다는 것이다."[26]

이런 견해들은 국가의 구실을 과소평가하는 것이다. 그러나 신자유주의 정책이 활개 칠 때조차 국가의 구실은 중요했다. 신자유주의 정책을 시작한 것은 1976년 영국의 노동당 정부와 이후 대처 정부, 그리고 미국의 레이건 정부였다. 게다가 최근 경제 위기 때문에 세계적으로 국가들이 경제 개입을 더욱 강화하고 있다. "정부 정책으로써 경제를 부흥시키겠다는 이명박의 공언은 신자유주의보다는 개발독재 시대의 국가자본주의를 연상시킨다."[27]

지금까지 살펴본 바를 종합해 말하면, 촛불시위는 국가권력에 맞선 반신자유주의 정치투쟁이었던 것이다. 경제 위기와 지배계급의 공세 때문에 앞으로 벌어질 중요한 저항과 투쟁도 국가적·전국적 정치투쟁일 가능성이 높다.

촛불시위가 반신자유주의 투쟁이었다는 점에서 몇 가지 더 살펴볼 것이 있다.

이명박 정부는 신자유주의 정책을 강화했지만, 사실 이 정책들의 기반은 지난 10년 동안 '국민의 정부'와 '참여정부'가 닦아 놓았다. 미국산 쇠고기 수입 자체가 노무현 정부가 체결한 한미FTA의 선결 조건이었다. 노무현 정부는 신자유주의 정책을 추진하며 이에 저항하는 노동자들을 역대 어느 정권보다 많이, 심지어 군사독재 때보다 더 많이 구속했고, 비정규직 고용을 확대했다. 이는 전임 정부인 김대중 정부의 정리해고 법제화와 파견 노동 확대의 연장선이라 할 수 있다. 앞서 언급한 이명박 정부의 민영화 계획들도 이미 김대중 정부와 노무현 정부가 계획하거나 시작한 것이다.

지배계급의 신자유주의 공세가 연속성을 지닌다면, 반신자유주의 저항의 연속성도 살펴봐야 한다. 예컨대, 1998년 여름 정리해고에 맞서 36일간 영웅적으로 공장점거 파업을 벌인 울산 현대자동차 노동자들은 정리해고 문제의 심각성을 부각시켰고, 경제 위기 상황에서도 전투적으로 싸울 수 있다는 것을 보여 줬다. 그리고 2000년 겨울 국민·주택 은행 노동자들의 합병 반대 파업은 IMF의 주요 요구인 금융 구조조정을 저지하는 구실을 했다. 2002년 발전 노동자들의 파업은 민영화의 폐해를 폭로하고 정부의 계획에 제동을 걸었다. 파업 당시 여론조사에서 86.2퍼센트가 발전소 매각 계획에 반대했다.[28]

2007년 여름 뉴코아·이랜드 여성 조합원들의 매장 점거 투쟁도 높은 지지 속에 비정규직 고용의 문제점을 전 사회적 쟁점으로 끌어올렸다. 한미FTA 반대 투쟁은 공공서비스 문제와 광우병 위험 쇠고기 수입 등 식품 안전 문제를 제기한 중요한 투쟁이었고 신자유주의 정책 일반에 반대하는

1998년 사측의 정리해고에 맞서 공장점거 파업을 벌인 현대차 노동자들.

운동의 토양을 마련했다.

요컨대, 전임 정부가 추진한 신자유주의 정책에 대한 환멸, 그것에 맞선 저항과 투쟁이 2008년 촛불시위의 또 다른 자양분이라고 말할 수 있다.

과거의 저항이 대중의 기억에 흔적을 남겼다는 것은 한미FTA 반대 운동의 상징처럼 여겨지던 민주노동당 강기갑 의원이 촛불시위 내내 참가자들의 지지를 받았던 반면 민주당은 그런 지지를 누리지 못했거나 심지어 항의를 받아야 했던 데서도 드러난다.

그러나 2008년 촛불시위가 이전 정부 아래에서 벌어진 반신자유주의 운동과 구분되는 점이 있다. 개별 정책이 아니라 당시에 부각되던 주요 신자유주의 정책 일반을 반대하는 시위였다는 점이다. 특히, 운동의 근저에 깔린 정신은 분명히 반신자유주의적이었다. 박원석 광우병국민대책회의 공동상황실장이 정확하게 지적하듯이 "촛불의 외침은 모든 것을 상품으로 대체하려는 탐욕스러운 시장만능주의에 대한 거부"[29]였다. 이것은 더 깊은 차원에서는 1999년 11월 미국 시애틀에서 벌어진 WTO 반대 시위 이후 지속된 국제 반자본주의 운동의 대표적 구호인 '이윤보다 인간이 우선이다', '우리의 세계는 상품이 아니다' 등에 담긴 정신과도 일치한다. 교육, 민영화, 식품 안전, 대운하 건설 등 이명박 정부의 주요 정책 전반에 대한 반대가 대세였다. 따라서 운동의 의제를 광우병 위험 쇠고기 수입 반대로만 제한하는 것은 운동 참가자들의 요구를 제대로 반영하는 것이 아니라 축소하는 것이었고, 그래서 운동을 축소시킬 위험마저 있었다. 이 쟁점은 뒤에서 더 자세히 다룰 것이다.

자본주의적 세계화 때문에 오늘날 세계 곳곳의 피억압자들은 비슷한 고통을 강요받는다. 이는 자본주의 체제의 착취와 소외, 천대 때문이다. 마르크스는 일찍이 ≪공산당 선언≫에서 이 점을 간파했다. "부르주아지는 세계 시장 개발을 통해서 모든 나라들의 생산과 소비를 범세계적인 것으로 탈바꿈시켰다."[30] 오늘날 각국 정부는 민영화, 노동조건 후퇴 등 비슷한 양상으로 공격을 감행하고 있다.

이중권력 또는 촛불 봉기?

촛불시위에 대해 일부 필자들은 서술이라기보다는 은유에 가까운 분석을 내놓는다. 이병천 강원대 교수와 오건호 사회공공연구소 연구실장은 이렇게 평가했다.

> 촛불 연대가 6·10 대행진을 성공적으로 이루어 냄으로써 이명박 정권과 '시민 권력' 간에 일종의 '이중권력' 상황이 만들어진 것이 아닌가 싶다. 이명박 정권의 신뢰와 정당성은 회복하기 쉽지 않게 추락했다. 그러나 집권한 지 100일 정도밖에 되지 않았고 여전히 국가권력을 틀어쥐고 있다. 반면 촛불 연대는 소통과 자발적 참여에 기반한 정당성 확보라는 점에서 일종의 시민 권력을 확보했다 하겠다. 양자 간의 대치 상황은 어떤 정치적 결말political settlements을 보게 될 것인가.[31]
>
> 항의로 시작했던 촛불에서 국민들은 어느새 '거리 권력'을 체험하고 있다. …… 민주공화국인 대한민국 권력이 행정부, 의회가 아닌 서울광장에도 존재하고 있다. …… 이렇게 2008년 6, 7월, 한국 사회엔 '이중권력'이 형성되었다.[32]

물론 촛불시위의 규모와 파급력은 매우 컸다. 그러나 시위가 권력을 형성했다고 보는 것은 과도한 분석이다. 엄밀한 용어 사용의 관점에서 보면 촛불시위에서 이중권력을 언급하는 것은 턱없는 것이다. 이는 권력의 개념을 느슨하게 사용하는 데서 비롯한다. 오건호 실장이 같은 글에서 밝히고 있듯이 그는 "'타인의 의사에 반하여 자신의 의지를 관철시킬 수 있는 것이 권력'이라는 막스 베버의 정의"[33]를 따랐다. 그러나 베버식 개인주의 관점이 아니라 마르크스 계급론의 관점에서 보면, 권력이란 국가권력이나 자본가들의 경제권력처럼 지배계급이 피지배계급을 착취하고 억압하는 폭력 수단을 동반한 것이다. 그래서 이중권력은 오직 계급 갈등이 매우 첨예해지는 혁명기에만 등장할 수 있다.

이중권력은 계급 갈등이 화해할 수 없을 때에만 등장한다. 따라서 혁명기에만 등장할 수 있으며, 혁명의 기본적 구성 요소의 하나가 된다. 혁명이란 한 계급에서 다른 계급으로 권력이 이전되면서 정치적으로 작동하는 것이다. 무력을 동반한 권력의 타도는 보통 짧은 시간 안에 이루어진다. 그러나 역사상에 존재한 그 어떤 계급도 하룻밤 사이에, 심지어는 하룻밤 혁명으로 피지배계급에서 지배계급으로 격상되지는 않았다. 이 계급은 혁명 이전부터 구舊지배계급에 대해 아주 독자적인 태도를 취하고 있어야 한다. …… 새로운 사회체제를 수립하도록 부름 받은 계급은 준혁명적 시기에 사회의 주인은 아니지만 국가권력의 상당 부분을 실질적으로 장악하고 있어야 한다. 이렇게 해서 혁명이 준비된다. 물론 이때 공식 국가기구는 여전히 구지배계급의 손아귀에 있다. 이것이 모든 혁명에서 나타나는 이중권력 초기 모습이다.[34]

역사적으로 자본주의하의 위대한 사회혁명들에서만 이중권력이 형성됐다. 예컨대 1917년 러시아 혁명과 1918~1920년 독일 혁명, 1936년 스페인의 카탈루냐와 1956년 헝가리 혁명, 1978~1979년 이란 혁명 등에서 이중권력 상황이 나타났다. 혁명은 쓰라리도록 냉정해서 이중권력 상태를 오랫동안 허용하지 않는다. 지배계급의 권력이나 피지배계급의 권력 중 하나는 패배해야 한다. 안타깝게도 피지배계급의 권력이 승리한 경우는 1917년 10월 러시아에서 노동자·농민·병사 소비에트가 임시정부를 타도한 경우뿐이다. 2008년 한국의 촛불시위는 위대한 정치투쟁이었지만 자본주의 국가권력을 대체할 노동자 평의회나 코뮌 등 대체 권력이 등장하지는 않았기에 이중권력 상황은 명백히 아니었다. 그 수준에 이르려면 투쟁이 더 심화, 발전해야 했다.

한편 조정환 다중네트워크 공동대표는 촛불시위를 "촛불 봉기"로 부른다. 이 또한 부풀려진 명명이다.

> 나는 '촛불 봉기'라는 용어를 집회, 시위, 거리 행진, 도로 점거, 광장 점거, 계단 점거, 축제, 오프라인 토론, 온라인 토론, 펌질, 생중계 등등의 다양한 형태로 이루어지는 촛불들의 벌떼식 운동을 지칭하는 용어로 사용한다.[35]

조정환 공동대표는 안토니오 네그리와 마이클 하트의 자율주의 관점에서 촛불시위를 "다중"의 "벌떼식 운동"이라며 쉽사리 "봉기"로 규정한다. 그러나 엄밀한 의미에서 봉기는 군사적 무장 행동 개념이고 혁명의 최고 순간에 조직된다. 봉기를 위해서는 무장과 적절한 조직도 필요하다. "사회문제에 대한 다른 해결책이 없을 때에만 혁명이 일어난다. 산맥 위에 우뚝 솟은 봉우리처럼 봉기는 혁명의 최고점이다."[36] 촛불은 물론 매우 격렬한 시위였지만, 봉기에는 한참 못 미쳤다. 너무 느슨하게 봉기라는 표현을 남발하는 것은 진짜 봉기의 필요성과 중요성을 흐리는 효과를 낼 것이다.

특히, 봉기는 일면적으로 자발성만 강조하는 "벌떼식 운동"으로는 성공할 수 없다. "벌떼"라는 용어를 쓴 가장 유명한 사람은 ≪No Logo≫라는 저서로 유명한 나오미 클라인인데, 반신자유주의 운동의 분산을 주장할 때 강조하는 용어였다. 그러나 재미있게도, 나오미 클라인조차 "벌떼식 운동"의 약점을 지적한다.

물론 사공이 많은 이런 체계는 약점도 지니고 있다. 그리고 그 약점들은 반세계화/IMF 시위 동안 워싱턴 거리에서 완전히 드러났다. …… 모든 교차로를 봉쇄하는 데 참가한 관련 단체들의 대표자 회의가 소집됐다. …… 대표자 회의가 도달한 타협은 의미심장했다. …… "각 교차로는 자율권을 가지고 있습니다. 교차로가 계속 봉쇄를 원한다면, 그건 근사한 생각입니다. 교차로가 일립식공식 행진이 열리는 장소로 가기를 원한다면, 그것도 근사한 생각입니다. 어떻게 하든 여러분 마음입니다." 이런 일은 나무랄 데 없이 공정하고 민주적이지만, 딱 한 가지 문제가 있었다. 그런 일은 전적으로 사리에 맞지 않는다는 것이었다. 접근 지점을 봉쇄한 것은 조정된 행동이었다. 이제 일부 교차로는 열리고, 일부 교차로는 계속 장악된 상태라면, 회담장에서 나온 대표들은 왼쪽으로 가는 대신에 오른쪽을 이용해 마음껏 집으로 돌아갈 수 있을 터였다. 물론 이것은 정확히 실제로 일어난 일이었다.[37]

봉기의 궁극적 목표대로 지배계급을 타도하고 권력을 장악하려면 "노동자계급은 자연 발생적인 봉기 이상이 필요하다. 즉, 적절한 조직, 계획, 음모◆ 등이 필요하다."[38] 1848년 독일 혁명을 분석한 글에서 엥겔스는 봉기에

◆ "음모"라는 표현이 거슬릴 수도 있겠다. 그러나 레닌과 트로츠키는 다수 대중의 지지 없이 소수가 음모적 봉기를 추구한 '블랑키주의'에 반대했다. 그래서 레닌과 트로츠키는 선진적 노동계급에 의지해야 한다고 강조했다. 레닌은 "봉기가 성공하기 위해서는 [소수의] 음모나 당이 아니라 선진적 계급에 의지해야만 한다"고 했고, "전권을 가진 위원회는 노동자와 병사들의 모든 부위와 연결된 비당파적 봉기 기구여야 하며, 군사혁명위원회에 대한 [볼셰비키당] 군사 조직의 독재라는 기색을 조금도 주어서는 안 된"다고 강조했다. 실제로 1917년 러시아 혁명에서 봉기는 페테르부르크 소비에트의 군사혁명위원회에 위임됐다. 이 위원회에는 위원 66명이 있었는데 48명이 볼셰비키, 14명이 사회혁명당 좌파, 4명이 아나키스트였다. "음모"는 바로 봉기가 혁명의 승리를

대해 다음과 같이 일반화한다. 봉기의 엄중함을 담고 있고, 후대의 고전 마르크스주의자들에게 중요한 교훈을 제시하기에 좀 길더라도 인용한다.

봉기는 전쟁 혹은 그 밖의 기술과 마찬가지로 하나의 기술이며 일정한 규칙들 아래에 있다. 이 규칙의 무시는 무시한 측의 파멸을 가져온다. …… 첫째, 당신들이 건 승부의 결과들을 맞아들일 각오를 확실히 하고 있지 않다면, 봉기를 일으키지 마라. 봉기는 극도로 일정하지 않은 양을 다루는 계산이며, 이 양의 가치는 매일 변할 수 있다. 당신들과 맞서고 있는 세력은 조직, 훈련, 전통적 권위 등 모든 점에서 유리한 위치에 있다. 극히 우세한 병력을 가지고서 이들과 맞서지 않는다면, 당신들은 패배하고 파멸한다. 둘째, 일단 봉기의 길을 걸었으면, 최고로 단호하게 행동하고 공세를 취하라. 수세는 모든 무장봉기의 죽음이다. 그런 식의 무장봉기는 적과 겨루어 보기도 전에 패배한다. 적의 세력이 분산되어 있을 때 그들을 급습하라. 아무리 작은 승리라도 매일 새로운 승리를 거둘 수 있도록 진력하라. 봉기의 최초의 승리에 의해서 획득한 정신적 우위를 유지하라. 그리하여, 항상 가장 강한 유인을 따르고 항상 더 안전한 쪽의 편을 드는 동요 분자들을 끌어들여라. 적들이 당신들에게 대항하여 병력을 결집시킬 수 있기 전에, 그들을 몰아대어 퇴각시켜라. 지금까지 혁명 정책의 최고 대가로 알려진 당통의 말을 빌자면, **대담하라, 대담하라, 다시 한번 대담하라!**(강조는 원문)[39]

좌우하는 결정적 군사행동이기 때문에 불가피하게 필요한 것일 뿐이다.

3장

이명박 정부의 등장과 사회운동의 대응

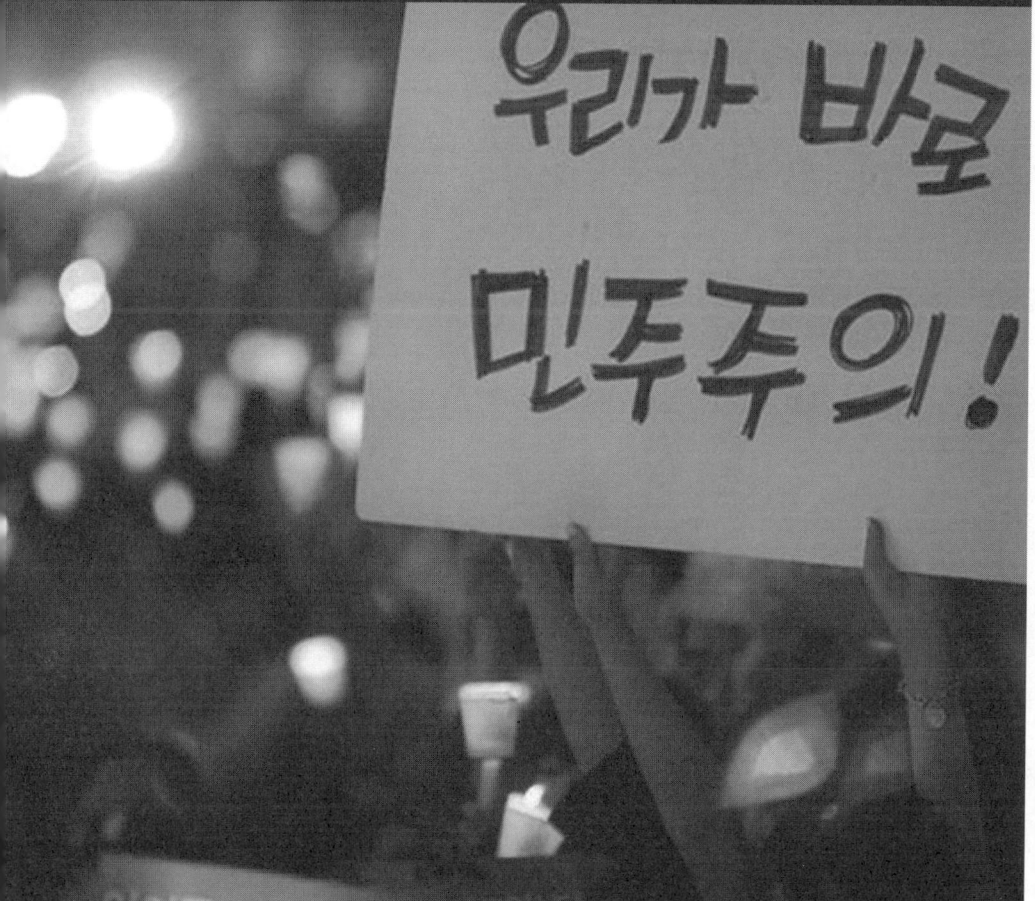

소비에트는 공장위원회에 뒤처졌다. 공장위원회는 대중들에게 뒤처졌다. 병사들은 노동자들에게 뒤처졌다. 더욱이 지방은 수도에 뒤처졌다. 이것이 혁명의 불가피한 역동성이다. 이 역동성은 다수의 모순들을 우연히 만들어 내는 동시에 해결한다. 또한 새로운 모순들을 마치 장난치듯이 즉시 만들기도 한다. 볼셰비키당 역시 혁명의 역동성을 따라잡지 못하고 뒤처졌다. 그런데 당은, 특히 혁명기에는 사태에 뒤처질 권리가 없다.
― 레온 트로츠키, ≪러시아혁명사≫

이 장에서는 이명박 정부의 등장 배경과 이에 대한 사회운동 단체들의 반응과 대응을 살펴보겠다. 이것은 사회운동 단체들이 촛불시위에 대응한 방식의 배경을 이해하기 위해 필요한 예비적 분석 작업이다.

이명박 정부의 등장과 사회운동 단체들의 반응

2007년 대선 직후였던 12월 22일 대선 평가 토론회에서 최일붕 다함께 운영위원은 이명박 당선의 배경과 전망에 관해 이렇게 말했다.

노골적인 친미주의자이자 시장주의자인 이명박이 대통령 당선자가 됐다. 이명박이 당선되리라는 것은 뻔한 게임이었다. 노무현 정권에 대한 대중의 반감이 하도 커서 대선은 치르나 마나 한 상황이 지난해 6월 여당의 지방선거 참패 이후 지속됐다. 이명박의 BBK 동영상 공개도 당락을 좌우할 정도는 전혀 되지 못했다.

터무니없이 '진보'로 분류되는 노무현 정권에 대한 대중의 환멸과 냉소가 진보에 대한 반발로서 이명박 같은 보수(우파) 정치인 지지로 한동안 나타날 수도 있다. 하지만 이것이 결코 대중 자신의 보수화(우경화)를 뜻하는 것은 아니다.

평범한 대중은, 자신이 신자유주의자이긴 하지만 '좌파'("좌파 신자유주의자")라는 등 말로만 진보적인 체하고 실천은 보수 반동적이었던 노무현 계승 세력보다는 중앙 1차로에 버스 전용차로를 만들고 청계천을 복원시킨 추진력을 보인 "불도저" 이명박을 선택했다. …… 도대체 노정권에 대한 냉소가 얼마나 크면 저러랴 싶다. …… 한국 경제가 지금보다 훨씬 더 심각한 위기에 처하리라는 것은 거의 시간문제라고 할 수 있다. 그때는 성장률 7퍼센트, 1인당 국민소득 4만 달러, 7대 경제 강국 도약 등 이명박의 너무도 '야심찬' 공약은 개발독재 시절 KDI(한국개발연구원) 등 군사정권 산하의 국책 연구소들이 내놓은 장밋빛 환상처럼 끝날 공산이 크다. …… 또한, 노무현 정권 자신이 부패와 비리에서 자유롭지 못하다는 것을 대중이 잘 알고 있었기에 BBK만으로는 이명박이 후보에서 낙마하지 않았다. 사실, 수십 년에 걸쳐 부패 스캔들에 신물이 난 많은 사람들이 이제는 부패가 사회구조의 논리적 산물임을 알고 있었다. 부패에 분개하는 것이 새삼스러운 일로 치부될 정도이다. 그러나 대중이 부패에 둔감하다며 좌절감이나 절망감을 느낄 필요가 없다. 대중의 이런 보수성은 때에 따라서는 매우 가변적이 되기 쉽다. …… 지난 몇 년 사이에 라틴아메리카 등을 비롯한 세계 곳곳에서 부패 스캔들로 정부가 퇴진한 사례는 부지기수이다(강조는 필자).[1]

이와 대조적으로, 진보진영에서는 대선 결과를 두고 대체로 우울한 분석과 예측들이 제기됐다.

우선, '진보·개혁 세력의 패배'라는 평가가 그것이다. 이것은 운동의 가장 오른쪽에서 제기된 평가다. 즉, '진보·개혁 세력의 패배'라는 관점은, 김대중·노무현 정부 10년을 일종의 개혁 기간으로 보고 당시 집권 세력과 자신을 동일시하는 것의 반영이다.

대통합민주신당에 몸을 담았던 정대화 교수는 "'잃어버린 10년'의 회복이 곧 민주주의의 위기로 전환되었으니 역설적으로 그들이 부르짖던 '잃어버린 10년'이야말로 민주화의 10년이었음이 결과론적으로 입증된 셈"[2]이라고 평가한다.

시민단체들도 마찬가지였는데, 이들은 '개혁 정부'와 모종의 끈을 유지하고 있었다.

사실 민주개혁 정권임을 자처하는 정권과의 관계 설정은 여러모로 미묘한 문제였다. 노무현 정부는 스스로를 '참여정부'라 명명했고, 시민운동이 요구하고 주장해 오던 것 역시 '참여 민주주의' 혹은 '거버넌스governance'였다는 점에서 대다수 시민운동 단체들은 사안별 비판, 사안별 참여라는 접근 방법을 취했다.[3]

2007년 대선뿐 아니라 2008년 4월 총선 결과에 대해서도 비판적 평가가 많았다. 소설가 김형수는 민주당 김근태의 낙선을 어처구니없게도 1980년 5월 전남도청 진압에 비유하며 절망감을 표현했다.

한국 민주주의에 절망하던 날, 아니 김근태가 신지호에게 패하던 날, 세상인지 역사인지로부터 받은 타격을 견딜 수 없었다. 마치 1980년 5월 도청 진압 직후의 공황 상태로 돌아가 버린 것 같았다.[4]

1948년 남한의 단독정부 수립 이후 50년 동안 정권을 장악한 보수 우파들은 자유주의 세력에게 권력을 내준 뒤 절치부심했다. 그래서 2004년 봄에 한나라당은 노무현 탄핵을 시도했지만, 대규모 거리 시위와 항의 운동으로 좌절됐다.

그러나 한나라당과 보수 우파가 '잃어버린 10년' 운운하는 것은 절반만 맞다.

김대중·노무현 정부가 한나라당과 우파의 가치에 근본으로 도전한 것은 전혀 아니었기 때문이다. 행정부를 제외한 나머지 권력, 특히 경제권력에서 전혀 변화가 없었다. 김대중·노무현 정부의 고위 관료들은 거의 다 한국 지배계급의 일원으로, 개혁을 배신하고 신자유주의 정책과 친제국주의 정책을 충실히 수행했다.

김대중 정부는 한국이 IMF 경제공황을 겪은 1998년에 구조조정을 강행하고 정리해고를 법제화하는 등 노동자들에 대한 공격을 강화했다. 김대중은 '민주주의와 인권을 향상시킨 공로'로 노벨 평화상을 받았지만, 대표적 반민주·반인권 악법인 국가보안법을 이용해 저항운동을 탄압했다. 그리고 김대중은 미국이 아프가니스탄을 침공한 직후 아프가니스탄 파병을 시작했다.

노무현 정부도 마찬가지였다. 노무현이 취임하자마자 처음 한 일은 바로 이라크 파병이었다. 집권 내내 이라크와 아프가니스탄에 군대를 보냈고,

김대중 정부 때인 2001년 4월 10일에 경찰이 대우자동차 노조원들을 폭력 진압하고 있다.

2007년에는 레바논에도 특전사를 파병했다. 노무현 정부는 신자유주의 정책도 밀어붙였다. 한미FTA를 체결하려고 저항운동을 탄압했다.

한나라당이 얘기하는 '잃어버린 10년'은 오히려 피억압자들의 '상실의 시대'인 것이다. 물론 저항의 10년이기도 했지만 말이다.

또 다른 우울한 평가는 '보수화론'인데, 특히 청년들의 보수화를 지적한다. 이제 막 급진화하기 시작하는 청년용 사회 비판서 ≪88만원 세대≫의 저자 우석훈 교수는 17대 대선 직전 인터뷰에서 "장기적으로 본다면 20대의 보수화가 바람직하다고만 보이지는 않는다"[5]면서 20대의 보수화를 걱정한다.

참여연대 홍성태 교수는 "임계점에 오기야 하겠지만 그 전까지 상당 기간 동안에는 현 상황(청년층의 보수화 경향)이 유지된다고 봐야 하고 사회나 학교가 이런 상황을 바로잡아 줄 수 있는 기회도 없을 것으로 본다"[6]고 우울한 전망을 내놓았다.

대체로 많은 사회운동 단체들이 '진보·개혁 세력이 패배했다'는 좌절감과 '대중이 보수화했다'는 비관론과 사기 저하, 또는 '대중의 보수화'에는 동의하지 않더라도 새로운 우파 정부 등장에 대한 일종의 두려움 때문에 주춤거리고 있었다.

그러나 이명박은 역대 가장 낮은 투표율(63퍼센트)로 치러진 대선에서 당선해, 전체 유권자 대비 득표로 볼 때 1987년 대선에서 노태우가 얻은 득표율보다 낮은 30퍼센트 득표율밖에 얻지 못했다. 대선 결과 자체가 정권의 불안정성을 보여 주는 것이었고, 그의 앞날에는 가시밭길이 있었다.

세계경제 위기와 연동된 한국 경제의 위기, 한반도 불안정 지속 가능성, 신자유주의 공세에 맞선 저항 가능성 때문에 이명박 정부는 매우 불안정한 처지였다.

촛불시위 직전 4월 총선에 대해서도 사회운동 단체들은 "대통령 선거 이후에 이야기됐던 진보의 위기라는 것들이 오히려 이번 총선을 계기로 해서 대단히 폭발적으로 드러나는 것이 아닌가 하는 생각"[7]을 하며 "진보적 정치 세력이 참패한"[8] 것으로 평가하고 패배감에 젖었다. 선거에서 한나라당 같은 우파의 승리가 곧 대중의 보수화를 뜻하는 것은 아니었고 배신감과 환멸 때문에 공식 정치에 대한 무관심이 커졌을 뿐인데도 말이다.

유럽에서도 '사회적 자유주의'* 중도좌파 정부의 배신과 무능 때문에 우파가 반사이익을 얻는 경우가 있다. 이탈리아와 프랑스가 대표적이다. 이탈리아에서는 중도좌파 정부의 무능과 배신에 대한 반감 때문에 베를루스코니가 다시 총리로 복귀했다. 프랑스도 사회당 정부에 대한 반감이 기

---

* 개혁주의 정당들의 신자유주의 정책을 뜻한다.

성 정치 안에서 우파들에게 유리한 토양을 만들었고, 시라크와 사르코지에게 권력을 넘겨주는 결과를 낳았다. 그러나 이탈리아와 프랑스에서 저항은 계속되고 있다.

주요 사회운동 단체들이 주춤하는 사이 이명박의 공세에 대한 대중의 분노가 켜켜이 쌓여 갔다. 인수위 시절의 '어륀지', '고소영·강부자' 내각에 대한 반감이 쌓여 대중은 싸울 태세를 갖춰 갔다.

당시 대중의 정서는 기존 주요 사회운동 단체 지도부보다 명백히 왼쪽에 있었던 것이다.

이것이 바로 촛불시위가 분출한 5월 2일 직전의 주요 사회운동 단체들의 상황이었다. 그래서 주요 사회운동 단체들은 **단체로서*** 뒤늦게 운동에 참가했고 중요한 논쟁에서 시위 참가자들의 뒤를 좇기 급급했으며, 운동이 일정한 범위를 넘지 못하도록 애쓰기도 했다. 사실 이런 것이 바로 촛불시위 때 광우병국민대책회의를 둘러싸고 벌어진 논란의 배경이다.

대중의 정서는 조직된 운동 세력보다 훨씬 앞서 나아갈 수 있다. 혁명이라는 훨씬 더 격렬하고 훨씬 거대한 반란과 직접 비교하는 것이 적절치 않을 수 있으나, 1917년 레닌은 "노동자와 빈농은 …… 체르노프[사회혁명당 지도자]나 체레텔리[멘셰비키 지도자] 같은 자들보다는 천 배, 우리보다는 백 배나 더 왼쪽으로 향해 있다"[9]며 대중 정서의 급격한 변화를 말했다. 그래서 트로츠키는 "혁명 지도력의 10분의 9는 대중의 정서를 감지하는 데 있다"[10]고 강조했다.

그러나 '보수화론'에 대한 가장 확실한 반박은 현실에서 벌어진 촛불시

---

* 내가 알기로 많은 활동가들이 시위 초기에는 '시민'으로서 시위의 분위기와 상황을 파악하기 위해 참가했다.

위다. '보수화론'은 현실의 검증을 이겨 내지 못했다. 이 문제는 4장 2절에서 자세하게 다루겠다.

다른 그림들 — 저항의 발판

이명박 당선 직후 다른 대응을 보여 준 그림도 있다. 이명박의 당선으로 운동이 후퇴해서는 안 되며 저항을 계속해야 한다는 것을 보여 준 정치적으로 중요한 시위가 이어졌다. 규모와 파급력에서 이후 벌어진 촛불시위와는 비교가 되지 않을지라도 말이다. 인터넷에서 이명박탄핵을위한범국민운동본부 같은 커뮤니티가 생겨나 폭로와 항의를 했다. 이런 활동 덕분에, 주요 사회운동 단체들이 주춤할 때 이 커뮤니티들은 운동을 주도할 수 있었다(예컨대, 5월 초 촛불집회와 5월 25일 거리 행진).

그리고 조직된 저항들이 이후 저항의 발판을 차근차근 마련하고 있었다. 먼저 극좌파들이 치고 나갔다. 이명박 당선 직후 첫 번째 열린 시위는 1월 26일 세계사회포럼 국제공동행동이다. 세계사회포럼 조직위원회가 호소한 국제 행동이었고, 다함께·사회진보연대·노동자의힘·전국빈민연합 등을 주축으로 한 수백 명 규모의 시위였지만 그 시위는 이명박 정부하에서도 투쟁은 계속될 것이라는 강력한 메시지를 줬다. 2월 말에는 여수 외국인수용소 참사 1주기 집회가 열렸다. 한국 사회에서 끔찍한 착취와 천대에 시달리는 이주 노동자들과 극좌파들이 시위를 벌였다.

3월 16일에는 파병반대국민행동이 개최한 이라크 개전 5주년 규탄 시위가 열렸다. 이 시위에는 1000여 명이 참가해 친미주의자 이명박 정부의 전

첫 촛불시위 하루 전날 열린 2008년 5월 1일 메이데이 집회. 민주노총 노동자 2만여 명이 참가했다.

쟁 지원 정책에 맞서 싸울 것을 결의하고 거리 행진을 했다.

그러자 다른 연합체들도 서서히 움직이기 시작했다. 이명박 정부가 체포전담반을 투입하며 위협했지만 3월 28일 '등록금넷'이 주최한 등록금 문제 해결 전국 집회에 대학생 1만여 명이 참가했다.

첫 촛불시위가 열리기 하루 전날인 5월 1일 메이데이에는 민주노총 노동자 2만여 명이 집회에 참가해서 거리 행진을 했다. 이날 거리 행진에 대한 시민들의 지지 분위기를 보면서 5월 2일 시위의 성공을 예감할 수 있었다. 심지어 대개 시위에 우호적이지 않던 종묘공원의 할아버지들까지 시위대에게 박수를 치며 호응했다. 그렇게 폭풍은 다가오고 있었다.

4장

폭풍의 나날들 — 2008년 촛불의 궤적

역사가 항상 같은 속도로 진행되는 것은 아니다. 때로는 사소한 변화조차도 수십 년 또는 수백 년이 걸린다. 때로는 하룻밤 사이에 그 전 10년 동안 일어난 것보다 더 많은 일들이 일어나기도 한다.
― 크리스 하먼, ≪세계를 뒤흔든 1968≫

이 장에서는 촛불시위의 궤적을 살펴볼 것이다. 중요한 국면 변화를 중심으로 시기를 구분해 봤다.

우선, 촛불이 시작돼 양적 성장을 거듭하던 제1시기(5월 2일~23일), 거리 행진이라는 양질 변화로서 또 다른 국면이 시작된 제2시기(5월일 24~28일), 5월 31일 청와대 앞 시위를 비롯해 6월 10일 정점으로 치달은 제3시기(5월 29일~6월 10일), 운동은 분명한 전망을 갈망했고 이명박은 웅크리고 꼼수를 부리다 마침내 대대적 반격에 나선 제4시기(6월 11일~7월 5일), 그리고 7월 5일 이후다.

안타깝게도 이명박 정부의 탄압 때문에 나는 수배 상태고 촛불시위의 다른 주요 조직자들은 석방됐지만 여전히 재판 중이다. 그래서 실명과 단체를 직접 거론하는 것에 어려움이 있다. 이 점을 고려하면서도 최대한 사실관계를 정확히 밝히려고 노력할 것이다. 이는 공功과 과過를 분명히 하는 작업이다. 언젠가 "이제는 말할 수 있"는 때가 오면 그런 어려움을 보완한 제대로 된 기록을 쓰려 한다.

그리고 나는 그저 단순히 시위 상황만을 나열하진 않으려 한다. 대중투쟁을 되돌아보는 것이므로 당시 상황에서 올바른 전략과 전술이 무엇이었는지 살펴봐야 한다. 그래야 다음번 저항에서 우리는 2008년 촛불시위의 교훈을 적용할 수 있을 것이다. 그래서 먼저 전략과 전술의 일반적 개념으로 이 장을 시작한다.

전략과 전술의 개념

한국 사회운동에서 전략과 전술을 이해하는 방식은 대체로 두 가지인 듯하다.

첫째는 전술을 그저 거리 시위의 특정한 기술로 이해하는 것이다. 사회운동에서 '택tact'(tactics, 즉 전술의 준말)은 거리 시위 방법을 가리키는 은밀한 약어로 사용된다. 예컨대, 경찰이 봉쇄한 상황에서 시위를 조직할 때 그 시위 전술을 '택'이라 부른다. 거리 시위에서 특정한 기술과 방법이 때로는 중요하고, 이런 전투에 전술 개념이 적용될 수 있다.

그러나 전술을 특정 투쟁 또는 특정 부문 운동의 **전반적** 방향과 방법이라는 측면에서 보면, 그런 이해는 협소하다. 물론 어떤 거리 시위는 전술에서 매우 중요한 지위를 점하지만 말이다.

두 번째 경향은 전략, 전술의 중요성을 회피하거나 부정하는 것이다. 대표적 사례가 '그저 투쟁이면 된다'는 생각이다.

촛불의 내일에 노심초사하지 말자. 가라앉는 것을 두려워 말자. 떠오른 무엇이든 가라앉을 운명이 물질세계 철의 법칙이다. 이기지 못해 안달하지도 말

자. 당장 이길 힘이 없으면 상대를 흔들어 놓는 것도 훌륭한 방책이다.[1]

이재영 〈레디앙〉 기획위원은 위의 글을 운동 상승기가 아니라, '정점' 이후 운동의 진로를 놓고 참가자들이 고민하던 6월 19일에 발표했다. 당시 촛불시위의 진로를 진지하게 고민한 참가자라면 이런 주장이 얼마나 무의미한지 알아차릴 수 있을 것이다.

물론 투쟁과 운동은 매우 중요하다. 그러나 투쟁과 전략·전술을 완전히 분리해 대립시키는 것은 변증법적이지 않다. 투쟁이 성장을 거듭할 때 전략과 전술 문제는 마치 중요하지 않은 것처럼 보인다. 왜냐하면 투쟁 자체가 꾸준히 성장해서 운동의 목표를 달성할 것처럼 보이기 때문이다.

그러나 이런 시기는 대체로 예상치 못한 기습에 상대방이 당황했을 때, 운동이 걷잡을 수 없이 성장해 상대방이 잠시 사태를 관망하며 반격을 준비하는 것이 공격보다 유리하다고 생각할 때나 가능하다.

어떤 투쟁이든 — 거대한 정치투쟁인 2008년 촛불시위뿐 아니라 개별 작업장의 노동조건을 둘러싼 투쟁이나 개별 대학의 등록금 인상 반대 투쟁이라 하더라도 — 투쟁은 모순을 빚는 두 세력의 대결이다. 이 대결은 상대의 강점과 약점을 고려하면서 공격, 일시적 퇴각, 대반격 등 시기에 맞는 대응을 결정하게 만든다. 이런 문제를 회피하는 것은 운동이 직면한 문제를 회피하는 것이다.

운동에 필요한 전략과 전술의 중요성을 기각하거나 회피하는 데는 몇 가지 배경이 있다.

우선, 개혁주의* 문제다. 개혁주의는 19세기 말 마르크스주의의 근본적

---

* 개혁주의란 자본주의 체제의 근본적 변혁이 아니라 체제 내 개혁을 통해 사회를 바꿀

요소들을 부정하며 등장한 베른슈타인의 수정주의가 그 원조다. 베른슈타인은 자본주의가 점진적 개혁을 통해 사회주의에 이를 수 있다고 생각했다. 철학적으로 볼 때 숙명론이었고, 정치 실천에서는 개혁주의였다. 그래서 베른슈타인은 운동에 목적은 필요 없고 운동 자체만이 중요하다고 강조했다.

베른슈타인에게 강령 첫 부분에 명시된 혁명이라는 궁극 목적은 "아무 의미도 없었다." 점진적 개혁을 위한 운동이 "가장 중요한 것이었다." 그의 메시지인즉 다음과 같은 것이었다. '개혁을 성취하는 데 노력을 집중하고 혁명 따위는 잊어버려. 역사에 궁극 목적 따위는 없잖아. 역사는 변화가 누적돼 나타나는 결과일 뿐이야.'[2]

두 번째는 네그리와 하트의 자율주의 사상을 비롯한 자발성주의다. 자율주의 사상은 '다중'의 분산된 투쟁으로 사회를 바꿀 수 있다고 생각한다. 그래서 조정환 공동대표는 전략과 전술 문제에 대해 이렇게 주장한다.

단일한 전략, 단일한 전술이라는 관념은 위험하다. 개인들, 소모임들, 단체들 각각이 각기의 생각과 필요에 따라 자유롭게 전술들을 구사할 수 있는 분위기와 문화의 조성이 단일한 전략, 전술의 설정보다 훨씬 더 중요하며 촛불의 잠재력을 살려 나가는 길이다.[3]

세 번째는 운동을 학술적으로 접근하는 것이다. 마르크스는 "포이어바

수 있다는 것인데, 5장 3절에서 자세히 다룰 것이다.

흐에 관한 테제"에서 이론이 오로지 실천 속에서만 검증될 수 있다고 지적한다. 이와 대조적으로, 대학 교수들이 촛불시위를 분석한 글 대다수는 전략·전술 문제가 빠져 있다.

전략과 전술이라는 개념은 원래 전쟁에 관한 이론이다. 프로이센의 위대한 전쟁 철학자 클라우제비츠는 전략을 "전쟁의 목적을 달성하려고 전투를 사용하는 것에 관한 이론"으로, 전술은 "전투에서 군사력을 사용하는 것에 관한 이론"으로 정의했다. 이런 클라우제비츠의 전략·전술 개념을 계급투쟁에 적용해 가장 정교하게 발전시킨 것은 바로 레닌이었다. 팔레스타인 출신으로 영국에서 활동한 사회주의자 토니 클리프(본명은 이가엘 글룩스타인)가 레닌의 전략과 전술에 관해 쓴 내용을 인용해 보겠다.

레닌은 혁명 전술과 전략의 관계를 클라우제비츠와 매우 비슷하게 규정했다. 전술 개념은 계급투쟁에서 하나의 과제나 하나의 부문에 해당하는 조치들에 적용된다. 그래서 레닌은, 예컨대 1905년 1월 투쟁 기간에, 또는 가퐁[◆]과 관련해 필요한 전술에 관해 말하는 것이다. 또한, 그는 노동조합 전술, 의회 전술 등에 관해 말하고 있다. 혁명 전략은 노동계급이 권력을 장악할 때까지 결합돼 사용되고 발전하는 전술들의 조합을 뜻한다.

자본주의와 노동운동이 완만하고 유기적이고 체계적으로 발전하던 시기에 등장한 제2인터내셔널은 실천에서는 전술 문제, 즉 노동조합, 의회, 지방정부 기구들, 협동조합들에서 개혁을 위한 일상 투쟁의 과제들에 머물렀다. 사태의 방향이 급격히 바뀌는 격동기에 발전한 러시아 혁명 운동은 전략 그

◆ 러시아 보안경찰이 주도한 노동조합운동, 즉 주바토프 운동의 지도자였고 피의 일요일 시위를 주도했다

리고 전략과 전술의 관계라는 더욱 커다란 문제에 직면해야 했다. 이러한 문제를 레닌보다 더 잘 발전시킬 수 있는 사람은 아무도 없었다. 왜냐하면, 레닌은 마르크스주의를 과학의 수준에서 기예의 수준으로 끌어올리는 방법을 어느 누구보다도 더 잘 알고 있었기 때문이다.

마르크스주의는 항상 과학으로서 언급된다. 그러나 행동 지침으로서 마르크스주의는 또한 기예임이 틀림없다. 과학은 존재하는 것을 다루는 반면 기예는 우리에게 행동하는 방법을 가르쳐 준다. 레닌의 주된 공헌은 마르크스주의를 기예로까지 발전시켰다는 것이다. 마르크스가 제1인터내셔널 창건에 참여하지 않고 죽었더라도 그는 여전히 마르크스일 것이다. 그러나 레닌이 볼셰비키당을 건설하지 않고, 1905년 혁명과 뒷날 1917년 혁명을 지도하지 않고, 공산주의 인터내셔널을 창건하지 않고 죽었더라면 그는 레닌이 되지 못했을 것이다.

이론에서 실천으로, 과학에서 기예로 나아가기 위해서, 레닌은 그것들 사이의 변증법적 관계 — 양자의 공통점과 차이점 — 를 설명해야 했다.

"마르크스와 엥겔스는, 기껏해야 역사 과정에서 각각의 특수한 시기의 구체적인 경제·정치 조건들 때문에 반드시 바뀔 수밖에 없는 일반 과제들을 알 수 있게 해 줄 뿐인 '공식들'을 단순히 암기하거나 반복하는 것을 비웃으면서, 언제나 '우리 이론은 교조가 아니라 행동 지침이다' 하고 말했다"(Lenin, V I, Collected Works, 러시아판 제4판 번역본, Vol. 24, p. 43).

사회운동의 일반 법칙과 현실의 구체적인 역사 조건들 사이에는 굉장한 차이가 있다. 왜냐하면, 분명히 삶은 어떤 추상 이론보다 더 복잡하기 때문이다. 아주 많은 요인들이 상호작용하기 때문에 책에서 얻는 지식만이 현실을 직시하는 바탕인 것은 아니다. 레닌은 "내 친구인 이론은 회색이지만, 푸르른 것은 저 영원한 생명의 나무다"라고 말하기를 좋아했다. 사태 발전에서, 어떤 일들이 일어남직한 상황에서, 그리고 복잡한 상황에서는 언제나 살아 있는 현실이 어떤 이론적 개념이나 진단보다 더 풍부한 법이다. …… 레닌은 임기응변을 신뢰했다. 그러나 이것이 단순히 그때그때 바뀌는 인상으로 전락하지 않기 위해서, 그것은 정밀하게 다듬은 이론에 바탕을 두는 일반적 전망 속에 통합돼야 했다. 이론 없는 실천은 불확실함과 오류를 낳을 수밖에 없다. 다른 한편으로, 마르크스주의를 투쟁과 분리해 연구하는 것은 마르크스주의를 그 주축 ― 행동 ― 에서 분리하는 것이고, 그리하여 쓸모없는 공부벌레를 낳게 된다. 실천은 혁명 이론을 통해 명백해지고, 이론은 실천을 통해 검증된다. 마르크스주의 전통은 오직 투쟁을 통해서만 인간의 심장과 뇌로 흡수된다(강조는 원문).[4]

이에 비춰 보아, 전략과 전술이 현실성을 얻으려면 우선, 이론에 기초해 일반적 전망과 분석을 하는 단계를 거쳐야 한다. 그러나 전략과 전술은 강령이나 원칙과 달리 노동계급의 역사적·일반적 구실에서 출발하지 않는다. 노동계급과 투쟁 대중의 정서에서 출발해야 한다. 이 점은 레닌이 대단히 강조한 것이다. 그래서 트로츠키가 "혁명 지도력의 10분의 9는 대중의 정서를 감지하는 데 있다"고 말했던 것이다.

그래서 운동의 전망을 제시하고 대중의 정서에 걸맞은 구호를 내놓는 것이 중요하다. 그리고 전략과 전술은 반드시 실천 속에서 검증하고, 올바르지 않다면 곧바로 수정해야 한다.

투쟁 속에서만 전략과 전술을 배울 수 있다. 레닌은 "일단 해 보면 알 수 있다"는 나폴레옹의 말을 거듭 인용했다. 편하게 번역하면 이런 뜻이다. "먼

저 전심전력으로 전투에 참여하라. 그러면 어떤 일이 일어나는지 알게 된다"(강조는 필자).⁵

또 다른 중요한 문제는 타이밍이다.

혁명의 삶에서는 정확하게 때를 맞추는 게 중요하다. 혁명이 발전하는 속도를 될 수 있는 대로 정확하게 재야 한다. 그렇게 하지 않으면 현실주의 전술은 있을 수 없다. 사실 사건들의 전개에 관한 우리의 전망은 결코 완벽하게 정확할 수 없다. 따라서 우리는 때를 정확히 맞추어 필요한 교정을 해야 한다.⁶

청계광장 — 저항의 초점이 되다(5월 2~23일)

2008년 5월 2일 청계광장 촛불시위는 억눌린 피억압자들의 '기습'이었다. 소수 게릴라 부대의 기습 같은 것이 아니었다. 대규모 기습이었고, 성공을 거뒀다. 인터넷 커뮤니티들이 시위를 제안한 이날, 약 2만 개의 촛불이 청계광장을 비롯해 파이낸스 빌딩 앞 인도를 가득 메웠다. 주최 측도, 시위 참가자들도, 이를 지켜본 사회단체 활동가들도, 언론도, 심지어 경찰도 이날 시위의 규모와 자신감, 과감함에 기습당했다. 이제 청계광장은 이명박 치적의 상징에서 저항의 상징으로 역사적 의미가 바뀌었다.

이것은 저변에 형성되고 있던 분노에 이명박 정부가 기름을 부은 결과였다. 이명박 정부는 4월 15일에 0교시, 강제 보충수업, 우열반 편성 등

이명박 정부의 '학교 자율화'에 반대해 열린 청소년들의 촛불문화제(4월19일).

교육 시장화와 입시 경쟁을 강화하는 '학교 자율화' 조처를 발표했는데, 이는 시위 초기에 청소년들이 중요한 구실을 한 원인이 됐다. 아울러 교육 시장화는 청소년만의 문제가 아니었기에 학부모 등 성인들의 분노도 끌어올렸다.

결정적으로 이명박은 4월 18일 미국에서 한미 쇠고기 협상 타결을 발표했다. 그때부터 이명박에 대한 반감이 치솟았다. 부글부글 끓고 있던 대중의 분노에 불을 지핀 셈이었다. 4월 29일 미국산 쇠고기의 광우병 위험성을 알린 〈PD수첩〉 보도는 분노를 부채질했다. 그래서 인터넷에서 진행되던 이명박 탄핵 국회 청원은 하루 10만~20만 명씩 서명해 사흘 만에

폭풍의 나날들 — 2008년 촛불의 궤적 **81**

60만 명을 돌파했다.

응축된 분노가 촉발한 5월 2일 시위는 이전 촛불시위의 특징을 간직하고 있었다. 무엇보다 시위대가 매우 젊었다. 대다수가 청년이었고, 청소년 참가가 두드러졌다. 특히 청소년들은 매우 억압적인 교육 제도 — 그래서 시위에 참가한 청소년들의 구호는 그들의 처지를 반영하는 "잠 좀 자자, 밥 좀 먹자"였다 — 때문에 징계 등 탄압의 부담이 있었는데도 저돌적이고 용감하게 시위에 참가했다. 청소년들의 이런 용기는 다른 사회집단들에게 일종의 자기반성과 용기를 제공했다.

그러나 청소년들의 두드러진 참가는 전 사회적 요인과 분리될 수 없다. 역사의 통시성通時性과 반이명박 정서라는 당시의 공시성共時性이 결합한 것이다. 청소년이 대거 참가한 직접적 배경은 앞서 언급한 대로 이명박 정부가 추진하는 교육 시장화에 대한 분노와 반감이다. 그러나 다른 요인도 있다. 김호기 교수는 "촛불집회의 주축을 이루고 있는 '2.0세대'는 부모인 386세대로부터 비판 의식을 학습하고 …… 개인주의적이면서도 소통을 중시"[7]한다고 지적한다. 바로 이전 투쟁의 역사와 경험이 청소년들에게 반영된 것이다. 그리고 이명박 정부에 대한 전 사회적 분노가 청소년들의 자신감을 북돋웠다. 가족을 신뢰하고 그 영향을 크게 받는 청소년들에게, 가족의 만류가 없을 것이라는 판단이 안심하고 시위에 참가할 수 있는 이유였을 것이다('국가 지속가능성 의식조사'에서 청소년의 가족에 대한 신뢰도는 70퍼센트가 넘었다).

청소년들을 촛불시위로 이끈 것은 비단 광우병에 대한 두려움만이 아니라 이명박 정부의 정책 전반에 대한 분노였다. 당시 시위의 정서를 적절히 반영한 풍자적인 촌철살인 유행어가 있다. "0교시 수업으로 밥 못 먹고 대학 가서 등록금 때문에 골병들면 의료 시장 개방으로 의료보험 혜택도 못 받고, 10년 뒤에 광우병 걸려 죽으면 뼛가루를 대운하에 뿌려 달라." 김철규·김선업·이철이 촛불집회에 참가한 청소년들을 대상으로 여론조사를 한 결과를 보면, 청소년들이 "집회에 처음 참여하게 된 핵심적 동기는 분노가 공포를 압도한다. 과반수 이상이(56.1퍼센트) 정부 정책에 대한 분노를 들고 있으며, 광우병에 대한 두려움 자체는 14.0퍼센트 정도이다."[8] 이 조사는 대단히 유용한 정보를 담고 있다. 촛불시위에서 하나의 신화가 된 온라인 커뮤니티나 온라인 생중계의 구실은 사실은 미미했다. 이는 5장에서 자세히 다루겠다.

청소년들의 두드러진 참가를 20대 대학생들의 미진한 참가와 대비해 전자를 배타적으로 강조하는 주장이 있다. 그렇지만 이것은 사실이 아닐 뿐더러 '20대 보수화론'이라는 잘못된 관념을 바탕으로 하고 있다.('20대 보수화' 주장은 새로운 것이 아니다. 1990년대 초 옛 소련 블록의 몰락 후 포스트모더니즘 유행의 영향을 받은 이들이 '신세대론', 'X세대론' 등을 내놓았다. '보수화론'의 역사를

표 1 : 처음 촛불집회에 나오게 된 가장 중요한 이유[9]

이유	비율(퍼센트)
광우병에 대한 두려움 때문에	14.0
이명박 정부의 정책에 대한 분노 때문에	56.1
친구의 문자 메시지를 받고	2.5
TV, 신문 등 매체의 정보를 접하고	13.7
온라인 생중계를 보고(아프리카, 〈오마이뉴스〉 등)	4.0
온라인 커뮤니티의 권유로	0.9
구경 삼아서	4.4
기 타	4.4
계	100

돌이켜 보면 현실에서 진실은 바로 역사 발전의 전망을 잃어버린, 그런 이론을 내놓는 이들 자신의 보수화다.)

누군가를 대변하기 이전에 스스로 자신의 목소리를 낼 때 더 큰 울림으로 타자와 공명할 수 있다는 평범한 진리는 쇠고기 파동으로 촉발된 촛불시위가 전국으로 확산될 무렵 대학가에서는 잊혀지는 것처럼 보였다. 연예인을 보기 위해 몰려들다 사고가 났다던 어느 대학 축제의 해프닝은 이를 웅변적으로 보여 주는 일종의 상징적인 퍼포먼스였다.[10]

대학생 참가가 미진했다는 것은 사실이 아니다. 시위대의 압도 다수가 대학생 등 미조직 청년이었다. 그래서 기존 좌파 경향이 아닌 총학생회조차 거리 시위에 동참해야 한다는 압력을 받았다. 총학생회는 선거로 선출된 기구이기 때문에 학생들의 압력에 대체로 민감하게 반응한다. '비운동권'으로 분류되던 연세대, 고려대, 서울대, 성균관대, 숙명여대 등의 총학생회들이 시위에 참가했다.*

대학생들의 촛불시위 참여는 그들의 의식에도 중요한 영향을 끼쳤다. 2008년 말 각 대학 총학생회 선거의 중요 변수는 바로 촛불시위였다.

올해[2008년] 대학 총학생회 선거에서 '운동권'이 부활하고 있다. …… 일부 대학에서 비운동권 후보들의 강세는 여전하다. 하지만 이들은 정치 문제를 도외시하던 과거 '반운동권'과는 다르다. 촛불시위 지지와 등록금 투쟁을 내

---

* 나는 당시 자기 대학 총학생회 깃발이 집회 현장에 없으면 해당 총학생회 게시판에 항의 글들이 올라온다는 말을 학생 단체 간부에게 들었다.

건 '정치적 비운동권'이라는 특징이 두드러지고 있다. …… 운동권의 강세는 촛불시위의 영향과 경제난으로 가중된 대학 등록금 문제 때문인 것으로 풀이된다. 촛불시위 당시 '비정치적 학생회'를 표방하며 참여를 거부한 몇몇 비운동권 총학생회는 학생들의 거센 비난을 받았다.[11]

그리고 2008년 가을에 성신여대와 연세대에서 비정규직 노동자들의 투쟁이 승리했는데, 학교의 주요 구성원인 학생들의 지원이 결정적 요인이었다. 촛불시위가 학생들의 의식에 영향을 미친 것이다.

위에서 나는 5월 2일 첫날 촛불시위가 과거의 촛불시위들과 비슷한 점으로 참가자들이 매우 젊다는 점을 지적했는데, 다른 점도 있었다. 촛불이라는 역사적 저항 수단을 사용했지만, 정서는 꽤 달랐다. 시위대의 구호를 보면 매우 공세적이었다. 시위 참가자들은 이명박이 치적의 상징으로 삼는 청계광장에서 "이명박 너나 처먹어 미친 소", "쥐새끼는 물러나라", "이명박을 탄핵하자" 하고 이명박 정부에 대한 분노를 표현했다. 이런 분노가 이후 경찰과 충돌하는 것도 회피하지 않는 거리 시위와 100일 넘는 기나긴 저항의 연료였다.

5월 2일 금요일 밤의 성공 — 이명박에게 악몽이었을 것임이 분명한 — 은 곧바로 토요일 저녁으로 이어졌다. 이날도 2만여 명이 촛불시위에 참가해 자신감을 이어 갔다.

촛불시위에 자극받아 주요 사회단체들이 나서기 시작했다. 모든 사회단체들이 뒤늦게 이 운동에 뛰어든 것은 아니었다. 오랫동안 청소년 운동을 조직한 활동가들이 인터넷 커뮤니티 '미친소닷넷'을 통해 매우 신속하게 운동에 뛰어들었다. 베테랑 청소년 조직가들답게 청소년들의 정서를 대단히 신속하게 파악한 것이다. 다함께도 5월 2일 저녁 유일하게 단체로서 시위에 참가했다. 이것은 이명박 정부 아래에서 불만이 대중행동으로 촉발할 가능성이 높다는 전망과 예측을 해 왔기 때문에 가능했다. 그리고 전략과 전술의 첫걸음대로 그 운동에 처음부터 뛰어들었다. 레닌이 "먼저 전심전력으로 전투에 참여하라"고 말한 것처럼 말이다. 또, 전략과 전술의 중요한 출발점인, 대중의 분노와 자신감을 확인했다. 초기 집회들의 자신감을 흠뻑 흡수한 다함께는 5월 5일 발행한 신문에서 "5월 2일 촛불집회와 같은 거대한 대중행동과 서울 도심에서의 위력적인 거리 행진 등이 계속 확대 발전되면서 강력한 노동자 파업으로 연결된다면 고장난 불도저 이명박은 '다우너' (광우병 걸린 소)처럼 맥없이 무릎을 꿇을 수 있다"[12](강조는 필자)는 낙관적 주장을 폈다.

이런 이니셔티브 덕분에 초기에 다함께는 시위 참가자들에게 마치 시위 주최 측인 양 비쳤다. 사실은 아니었지만 매우 영예로운 일이었다. 그래서 촛불시위를 이끈 '미친소닷넷'을 다함께가 조직했다는 낭설이 언론에 보도됐고, 인터넷 게시판에 떠돌기도 했다.✝

이것이 다함께에 대한 첫 번째 낭설이었다. 앞으로 살펴보겠지만, 다함께에 대한 낭설이나 비방은 당시의 모순된 상황과 관련이 있었다. 다른 좌파 단체들이 굼뜨게 움직이는 상황에서 다함께가 대중의 이니셔티브를 바탕으로 치고 나갈 때 낭설이나 비방이 뒤따랐다. 그러나 다함께는 이를 두려워하지 않았다. 오히려 대중투쟁에서 대중에 뒤처지는 것이 진정한 문제이기 때문이다.

✝ 조계사에서 함께 농성한 '미친소닷넷' 백성균 대표에게서 당시 빗발치던 언론사의 문의 등 더 자세한 이야기를 들을 수 있었다. 이 이야기를 나누며 우리는 많이 웃었다.

다함께 비판자들이 운동 단체 간 차이를 보지 못한 점, 또는 그 차이가 충분히 드러나지 않았다는 점도 다함께가 오해와 비방을 받은 또 다른 요인이었다. 예컨대, 광우병국민대책회의에 대한 불만이 종종 다함께 비난으로 연결됐다. 이는 단체 간 차이가 대중에게 충분히 입증되지 않았기 때문이다.

혁명적 시기에도 이런 일이 생겨난다. "절대 다수의 노동자, 멘셰비키, 사회혁명당, 무당파 대중은 차르 체제와 직접 투쟁할 당시 볼셰비키를 지지했다. 그러나 볼셰비키당이 다른 사회주의 정당들과 다르다는 사실을 인식한 노동자는 극소수에 불과했다."[13] 다함께보다 조직 규모와 영향력이 비할 데 없이 훨씬 컸던 볼셰비키조차 혁명적 상황에서 그랬을 정도다.

특히, 대다수 개혁주의 단체들이 자신의 견해를 분명히 내놓지 않아 차이가 드러나기 쉽지 않았을 것이다. 그러나 시일이 지나면서 일부 진지한 시위 참가자들에게는 이런 차이가 입증됐다.

사기 저하해 있던 터에 자발성의 대규모 분출에 약간은 당황했음에도 시위의 규모와 자신감이 결국 주요 사회운동 단체들을 움직이게 했다. 5월 6일 1700여 개 사회단체가 모여 광우병국민대책회의를 결성했고 촛불집회 조직에 나섰다. 이것은 당시에 매우 필요한 일이었다. 운동이 지속적이 되려면 조직이 필요하다.

1987년 6월 항쟁 이후 가장 많은 단체들이 광우병국민대책회의 참가 의사를 밝혔다. 광우병국민대책회의는 중요한 정치적 상징 구실을 할 수 있을 터였고 실제 그런 구실을 했다. 광우병국민대책회의에 속한 단체들의 경험과 정치적 능력은 운동을 확대하는 데 필요한 것이었다.

당시에는 광우병 문제를 초점으로 한 전술이 대체로 크게 문제되지 않았다. 그 이유는 시위의 가시적 촉발점이 광우병 문제였고 그것이 공분을 모으고 있었기 때문이다. 이명박 정부도 이 문제에 대한 대중의 우려·불만·분노를 가라앉히기 위해 전력을 다하고 있었다. 그러나 시위 참가자들의 정서를 반영하고 투쟁을 효과적으로 만들려면 이명박 정부에 대한 일반화된 반대가 필요했다. 광우병국민대책회의는 "이명박 정부에 반대하는 다양한 쟁점과 운동들 — '학교 자율화', 대운하, 공기업 민영화, 의료 시장화, 파병 정책 등 — 을 [하나로 꿰어] 연결시키려 노력"[14]했어야 했다.

그러나 5월 6일 광우병국민대책회의 결성 회의에서 가장 아쉬운 점은 민주노총의 입장이었다. 이석행 민주노총 위원장은 "민주노총이 선동한다고 할까 봐 이번 촛불문화제에는 나서지 않을 것 …… 시민들이 연 촛불문화제에 열심히 참여하고, 시민들 속에서 촛불 들고 함께하겠다"[15]고 말했다. 뒤늦게라도 운동을 조직하는 데 적극 나서야 할 상황에서 그런 방침은 조직노동자들의 힘을 원자화하는 것일 뿐이었다. 시위 참가자들도 민주노총 참가를 환영할 일이라고 생각했지, 부담스러워하지 않았다. 5월 6일 운수노조가 미국산 쇠고기 운송·하역 거부 투쟁을 선언하자, 운수노조 웹사이트가 지지 글 폭주 때문에 다운될 정도로 큰 호응을 얻었다. 촛불시위 현장에서 운수노조 간부가 연설할 때 청소년들은 "운수짱"을 외치며 운수노조를 응원했다.

첫 시위의 자신감과 활력, 광우병국민대책회의 결성과 노력이 결합하면서 시위 규모를 계속 키워 나갈 수 있었다. 이 과정에서 정부의 '괴담론'에 맞선 이데올로기 투쟁도 중요했는데, 우석균(보건의료단체연합), 박상표(국민건강을위한수의사연대), 우희종(서울대 교수) 같은 전문가들이 TV 토론회 등에서 두드러진 구실을 했다. 이 전문가들은 운동의 정당성을 옹호했고, 운동

5월 14일 집회 참가자들. 이날 집회에는 3만 명이 참가했다.

에 자신감을 불어넣는 이데올로기를 제공했다.

5월 14일, 시위대는 3만 명으로 늘었다. 촛불시위가 규모를 키우며 지속되자 이명박 정부는 애초 5월 15일에 강행하려던 장관 고시를 연기해야 했다.

이명박 정부가 시위대를 물리적으로 공격할 수 있다고 위협했지만, 들불처럼 번진 시위는 이를 완전히 무력화시켰다. 5월 14일 경찰청이 "광우병 괴담 유포자 및 촛불집회 주모자"를 사법 처리하겠다고 위협했지만, 경찰청 웹사이트에 "내가 주모자"라는 글이 폭주해 다운됐다.

5월 17일에는 장학사들을 풀어 집회에 참가하려는 청소년들을 위축시키려 했으나 이 또한 실패했다. 오히려 규모가 6만 명으로 늘었다. 특히 이날은 광우병국민대책회의와 '4·15공교육포기정책반대연석회의'가 연합 시위를 개최해 운동의 결합을 꾀했다.

이명박 정부는 탄압을 위한 명분과 시간 벌기에 들어갔다. "눈이 많이 올 때는 빗자루로 쓸어 봐야 소용없다. 일단 놔두고 처마 밑에서 생각하는 게 맞다"(이명박, 5월 10일 청와대 국무회의). 5월 20일 통상교섭본부장 김종훈은 미국과 추가 협의를 해서 "광우병 발생 시 미국산 쇠고기 수입을 중단하도록 명문화했다"고 발표했고, 드디어 5월 22일 이명박이 나서 대국민 담화를 발표했다. 이명박은 "국민에게 송구스럽다"고 말했다. 그러나 이것은 5월 29일 장관 고시를 향한 전주곡이었을 뿐이다. 이명박이 대국민 담화를 통해 재협상 요구를 무시하자 평일 저녁인데도 2만여 명이 모여 항의했다. 그날 집회에서 한 의사는 연설을 통해 "대국민 담화가 아니라 대국민 염장질"이라고 표현했는데, 그것이 바로 촛불의 정서였다. 그리고 촛불은 더욱 커져 갔다.

조정환 공동대표는 5월 말 거리 시위의 구호를 문제 삼으며 광우병국민대책회의와 다함께를 싸잡아 비판한다.

[광우병국민]대책회의와 그 내부의 주요한 동력인 다함께는 '고시 철회, 협상 무효'라는 구호에 집중했고 퇴진 구호를 장식적 요구로 밀어냈다. 이것이 5월 말 촛불 봉기 내부에서 점화된 지도 논쟁의 맥락이다. 대책회의와 다함께는 거리 시위대의 선두에서 현재의 핵심 쟁점을 단일 쟁점으로서의 쇠고기 협상에 모으기 위한 구호들을 선창했다.[16]

첫째, "[대책회의] 내부의 주요한 동력"이란 표현은 다함께가 촛불시위에서 중요한 구실을 했다는 것이므로 그에게는 비난의 표현이겠으나 다함께에겐 찬사나 다름없다. 그러나 공동전선이 무엇인지 이해하지 못하는 조정환 공동대표는 다함께와 광우병국민대책회의를 구분하지 않는다. 다함께는 광우병국민대책회의에 가입하고 상근자들을 파견해 다른 단체들과 함께 적극적으로 활동했지만 동시에 다함께 자신의 신문과 유인물, 팻말, 펼침막 등으로 독자적 선전과 선동을 했다. 광우병국민대책회의는 당시에도, 그 후에도 '퇴진'을 내걸지 않았다(이에 관한 광우병국민대책회의 내부 논쟁은 뒤에 살펴보겠다). 그러나 다함께는 시위 초기부터 '퇴진'을 내걸었다. 촛불시위에서 가장 인기 있는 구호가 된 '이명박 OUT'은 다함께의 슬로건이었다.

'이명박 OUT' 펼침막을 들고 행진하는 집회 참가자들

둘째, 조정환 공동대표의 비판은 구체적 상황에 적합한 요구를 효과적으로 제기해야 한다는 전술적 측면을 무시하는 것이다. 5월 말에 '고시 철회, 협상 무효'는 중요한 구호이긴 했다. 이명박의 대국민 담화가 분노를 더욱 키웠고, 5월 29일 장관 고시 발표는 시위가 확대되는 데 중요한 사건이었기 때문이다.

촛불은 양의 증가가 질의 변화를 가져오는 변증법적 도약의 시기를 기다리고 있었다. 더는 청계광장에 만족하지 않았다.

촛불, 거리로 나서다(5월 24~28일)

5월 22일 이명박의 대국민 담화에 분노한 촛불은 주말에 격정적 시위로 응답했다. 청계광장을 넘어 거리로 나선 것이다. 이렇게 국면이 바뀐 데는 이명박의 대국민 담화와 임박한 장관 고시에 대한 분노가 깔려 있었다.

5월 24일 거리 행진 시작 과정을 구체적으로 살펴볼 필요가 있다. 거리 시위는 두 차원에서 시작됐다.

5월 24일경 300여 명의 전대협 출신 386과 젊은이들이 광화문 동화면세점 앞에 모였다. 이들은 청계광장에 들어가 일제히 구호를 외치며 시위와 행동을 촉구했다. 시민들도 순식간에 따라 일어섰다. 아고라가 최초의 가두 행진을 주도한 것이다.[17]

이런 평가는 그림의 작은 일부를 전체로 묘사한 것이다.

이미 일부 인터넷 커뮤니티에서는 거리 시위가 필요하다는 주장이 제기됐고, 광우병국민대책회의가 촛불문화제 중심으로 활동하는 것에 대한 비판이 있었다. 그 비판자들의 일부인 소규모 시위대가 동화면세점 앞에서 집회를 열었다.

5월 24일 낮에 나를 비롯해 광우병국민대책회의 상황실 소속 몇몇 단체의 책임자들은 거리 행진을 하기로 결정하고 준비에 들어갔다. 광우병국민대책회의에 속한 많은 단체들의 의견을 충분히 수렴하지 않은 것은 아쉬운 점이지만, 거리 행진의 시작이 지니는 결정적 중요성이 절차상의 아쉬움을 충분히 보상하고도 남을 것이라 생각한다. 무엇보다 행진 결정은 자신 있는 시위 대중의 정서에 꼭 들어맞는 것이었다.

5월 24일 거리로 나온 시위대를 경찰이 막고 있다. 이날부터 거리 행진이 시작됐다.

동화면세점 앞 집회를 마친 그룹이 소규모 행진을 시작했다. 거의 동시에 청계광장 촛불집회가 끝났고 연단에서 집회 사회자인 박원석 공동상황실장이 청계광장 집회 참가자들의 거리 행진이 시작됐다는 것을 알리고 참가를 호소했다. 집회 참가자들의 반응은 뜨거웠다. 행진 준비팀이 선두가 돼 영풍문고 앞길을 지나 광화문 네거리로 진출했다. 행진은 순식간에 5000명으로 불어났다. 애초 행진을 계획할 때 영풍문고 앞 도로에서 경찰에 막힐 것으로 예상했으나 그렇지 않았다. 이 상황은 촛불시위 국면에서 역사적인 순간이었다. 5월 2일이 중요한 '기습'이었던 것처럼 5월 24일도 중요한 '기습'이었다. 경찰도 거리 행진을 예상하지 못해, 광화문 대로를 시위대에 내줄 수밖에 없었다.

그러나 거리 행진 이튿날인 5월 25일, 촛불이 첫 번째 기로에 선다. 운동 전체가 분열할 위험에 빠진 것이다.

전날 거리 행진에서 자신감을 얻은 시위가 인터넷 커뮤니티 등이 주도한 또 다른 거리 행진으로 연결됐고, 이 시위대는 경복궁역까지 진출하며 서울 도심을 휩쓸고 다녔다. 그리고 새벽에 신촌에서 20여 명이 연행됐다. 그러나 광우병국민대책회의는 이날 청계광장에서 촛불집회를 개최하고 있었고 행진 없이 집회를 종료하려 했다.

다함께는 이렇게 시위대가 갈라져서는 안 된다고 봤기 때문에 행진을 하자고 주장하며, 운동이 단결할 수 있도록 집회 참가자 전체에게 청계광장에서 집회를 지속할지 아니면 거리 행진으로 나아갈지 묻자고 제안했다. 그러나 이 주장은 광우병국민대책회의 소속 단체들의 논의 안건도 되지 못하고 묵살당했다. 한국진보연대 박석운 상임운영위원장은 거리 행진이 운영위원회에서 결정된 바 없다는 형식 논리를 대며, 현장에서 새로운 논의 자체를 거부하고 집회를 종결했다. 상황이 변하면 구체적 상황에 적합한 논의와 결정을 매우 유연하게 해야 하는데 말이다. 다함께는 행진 여부를 참가자들에게 묻지도 않고 집회를 종결하는 것을 지지하지 않았지만 어쩔 수 없었다.

5월 26일 오전에 열린 광우병국민대책회의 운영위원회에서 거리 행진 문제는 매우 중요한 쟁점이 됐다. 참여연대를 비롯해 대다수 단체들은 광우병국민대책회의가 거리 행진을 조직하는 것에 반대했다. 상황 변화를 인정하지 않는 보수적 태도였다. 시위 초기에 뒤늦게 대응한 것처럼, 거리 행진이 본격적으로 시작된 상황에서 다시 한번 주요 단체들이 대중보다 보수적인 태도를 드러낸 셈이다.

대다수 단체들이 거리 행진 조직에 나서기를 머뭇거린 데는 몇 가지 요인이 있었다. 첫째는 거리 행진을 주도하는 세력과 그 '정체'를 판단해 봐야 한다는 것이었다. 박석운 상임운영위원장은 5월 25일 거리 행진에 대해 경찰 개입 의혹을 제기했다. 사실상 경찰이나 불순세력이 행진을 배후 조종하고 있다는 것이었다. 이는 대중의 정서를 제대로 파악하지 못한 데서 비롯한 것이었다. 또, 현실과 맞지 않아 쉽사리 반증되는 주장이기도 했다. 5월 24일에 이어 25일에도 경찰은 사실상 '기습'당해 경복궁역 입구까지 시위대에게 내줬다가 가까스로 시위대를 신문로 방향으로 밀어 냈다. '경찰 개입 의혹'은 25일 거리 행진 참가자들도 제기했는데, 한동안 인터넷 게시판 등에 경찰 프락치가 시위대를 신촌 방향으로 이끌어, 그곳에서 진압을 했다는 '괴담'이 떠돌았다. 나는 그것이 진실이라고 보지 않지만, 그만큼 25일 거리 행진이 혼란스러웠다는 사실의 반영이라고 생각한다.

둘째 이유가 좀 더 주된 것일 텐데, '자발적 흐름'에 사회운동 단체들이 개입해서는 안 된다는 것이었다. '운동과 리더십' 문제는 5장에서 자세히 살펴보겠지만, 당시 상황과 논란의 맥락에서 자발적 운동을 강조한 것은 대중의 거대한 분출에 눈치를 보는 듯한 측면이 강했다. 처음부터 개혁주의적 사회운동 단체들은 엄청난 자발성에 주눅 들어 있었다. 개혁주의적 리더들은 자신들이 통제할 수 없는 거리 행진이 분출하자 두려움을 느꼈고, 그 두려움은 리더십을 회피하는 것으로 나타났다.

그러나 운동이 자발성만으로 국가 탄압에 맞설 수는 없다. 대중운동의 국면 변화는 상대방의 대응 방식에도 변화를 불러온다. 거리 시위가 시작되자 경찰은 시위를 탄압하기 시작했다. 계속 연행자들이 생겨났다. 자발성만 믿고 나선 거리 행진이 자칫 탄압에 짓눌려 후퇴한다면 전체 운동이 후퇴할 수도 있는 상황이었다.

결국 격론 끝에 타협안이 결정됐다. 광우병국민대책회의가 공식적으로 거리 행진을 조직하지는 않지만, 열의 있는 소속 단체들이 행진을 이끌고 광우병국민대책회의는 이를 묵인한다는 것이었다. 중요한 책임을 사실상 일부 단체들에게 떠넘기는 것이었다.

이 결정이 5월 26일과 27일, 28일 거리 행진의 구체적 배경이었다.(광우병국민대책회의는 5월 29일이 돼서야 공식적으로 거리 행진을 조직하기로 결정한다. 사흘 동안 거리 행진의 규모가 매우 커졌고, 29일 정부가 장관 고시를 강행했기 때문이다.) 촛불시위 초기 국면 같은 상황이 다시 도래했다. 대중은 나아가길 원했고, 개혁주의적인 주요 사회단체들은 주춤했다. 이때 다시 다함께가 쟁점이 됐다. 다함께는 온갖 중상과 비방에 시달렸음에도 기꺼이 '총대를 멨다.' 투쟁하는 대중과 함께 운동의 단결을 꾀하면서 운동을 확대하기 위한 전술적

촛불집회를 마치고 거리 행진을 하는 집회 참가자들(5월 26일).

고리가 필요했다. 그 고리는 바로 효과적이고 위력적인 거리 행진이었다.

5월 26일 촛불집회를 마친 후 주최 측은 평소와 달리 노래를 틀지 않고 아예 음향 시스템을 껐다. 집회 참가자 내부에서 행진 선동을 할 때 방해되지 않도록 내가 무대팀에 요청한 것이다.

이때 다함께 여성 회원들이 확성기로 "행진! 행진!"을 외쳤고, 대열을 돌며 집회 참가자들을 거의 모두 광교 방향으로 이끌었다. 시위 참가자들의 정서에 꼭 들어맞는 선동이었다. 경찰은 주최 측이 행진 호소를 하지 않고 집회 종료를 선언했기 때문에, 예상치 못한 갑작스런 행진 대열에 기습을 당했고 이를 저지하지 못했다.

명동으로 진출한 행진 대열 1만여 명은 순식간에 3만여 명으로 불어나 거리를 메우고 이명박 정부를 규탄했다. 시위 대열의 구호 소리는 명동 거리의 혼잡한 소음을 압도했다. 정말 감동적인 순간이었다.

　거리 시위대는 명동을 거쳐 종로2가까지 진출했다. 서울 도심 한복판에서 벌어진 거리 행진은 시민들에게서 엄청난 지지를 받았다. 이는 시위대의 규모를 확대했고 자신감을 키웠다.

　5월 27일 집회 후에도 다함께 여성 회원들은 "행진!"을 선동했고, 전체 대열이 행진 태세를 갖췄다. 그러나 이날은 경찰도 대비를 했기 때문에 행진이 시작되자 광교에서 청계광장 방향으로 150미터 떨어진 광통교를 경찰 버스로 차단했다. 다동 골목 쪽도 경찰 버스로 막아서 행진이 기로에 섰다. 순간적 대처가 중요한 상황이었다. 그래서 나는 광통교에 못 미쳐 롯데호

5월 27일 촛불집회에 참가했던 사람들이 행진을 하고 있다.

텔 쪽 골목으로 재빨리 시위 대열을 이끌었다. 경찰은 이것을 예상치 못했다. 그래서 시위 대열은 롯데호텔 앞 대로로 나와 다시 명동에서 수만 명 규모로 대열을 늘리며 행진할 수 있었다.

서울의 거리 행진 성공에 고무받아 한국 제2의 도시인 부산에서도 5월 27일 거리 행진이 시작됐다.

5월 28일에는 경찰 버스가 전날 통로였던 골목을 아예 처음부터 막아 버렸다. 그래서 우리는 청계천을 통해 바깥으로 빠져나와 명동에서 기습 시위 형태로 행진을 시작하기로 했다. 행진에 참가할 단체들에게 이 계획을 알리는 것뿐 아니라, 단체에 소속하지 않은 참가자들의 행진 참가를 위해 최초 집결지인 "명동으로!"를 외쳐 달라고 부탁했다. 5월 28일에도 경찰의 봉쇄를 뚫고 행진은 성공했다.

사흘 동안 벌어진 거리 행진은, 불안정했지만 매우 중요했다. 우선, 전체 운동이 분열할 수 있는 위기 상황에서 대규모 거리 행진으로 운동이 단결했다. 둘째, 자칫 운동이 탄압에 밀려 후퇴할 수도 있는 상황에서 거리 행진을 성공시켜, 5월 31일과 6월 10일로 가는 다리를 마련했다. 그리고 사흘간의 거리 행진은 광우병국민대책회의가 공식적으로 거리 행진을 조직하게 하는 압력이 됐다.

나중에 박원석 공동상황실장은 서울구치소에서 보낸 첫 편지에 이런 구절을 담았다. "다함께 동지들이 없었다면 우리는 거리에서 많은 날들을 승리하지 못했을 수도 있습니다. 동지들의 용기와 헌신에 감사와 경의를 표합니다."[18] 이 구절 속에는 5월 말 상황에 대한 평가가 포함되지 않았나 짐작해 본다.

경찰의 저지 시도에도 거리 시위가 계속되자 정부는 탄압 카드를 꺼내 들었다. 이것은 5월 29일 고시 강행을 위한 사전 포석이기도 했다. 대검찰청 공안부는 2년 만에 공안대책협의회를 긴급 소집했고, 5월 28일에는 나를 비롯해 박원석, 한용진 등 광우병국민대책회의 소속 활동가 10명에게 소환장을 발부했다. 그리고 촛불시위와 관련해 광우병국민대책회의, 인터넷 커뮤니티 이명박탄핵을위한범국민운동본부, 한국진보연대, 다함께 등의 단체에 대한 조사에도 착수했다.

우파 언론의 공세도 시작됐다. 〈문화일보〉는 "선두 승합차 지휘부 역할 …… 조직화한 '촛불'"(2008년 5월 28일치)이란 기사에서 다함께를 직접 거론하며 극좌파가 시위를 조종하고 있다고 비난했다.

정부와 우파 언론의 공격과 더불어, 인터넷에서도 소동이 일어났다. 이른바 '확성기'와 다함께 논란이다. 이것은 전체 운동에서 보면 중요한 논쟁은 아니었으나, 진실과 배경을 돌아볼 필요가 있으므로 다루겠다.

논란은 시위 마무리 과정에서 비롯했다. 밤늦은 시간 거리에 시민들도 없고 시위 대열도 거의 빠져나간 상황에서는 시위를 끝내고 돌아가 그날 시위를 평가하고 다음 날 시위를 계획하고 준비하는 것이 합리적인 일일 것이다. 또한 이것은 거리 행진에 참가한 단체들이 논의 끝에 결정한 사항이기도 했다. 5월 26일 종로에서는 참가 단체들을 소집해 회의를 하고 이런 결정을 내린 뒤 시위 참가자들에게 의견을 묻기로 했다.* 5월 28일에는 행진 대열이 동대문으로 향할 때 깃발을 찾아다니며 각 단체에 의견을 물어 동대문운동장에서 시위를 마치기로 합의했다.

---

* 이 회의에는 진보신당 관계자도 참석했다. 이후 거리 시위 논란에서 일부 진보신당 당원들이 광우병국민대책회의와 다함께를 비판했지만, 진보신당 지도부는 침묵했다. 진보신당 지도부는 견해가 바뀌었다면 솔직하게 밝혔어야 했다.

그러나 소수 참가자들은 연행까지 각오하고 시위를 지속하길 바랐다. 그렇다면 어떤 것이 더 효과적인지 공개적으로 토론할 수 있어야 했다. 애써 경찰과 충돌하고 연행되는 것이 옳다고 생각한다면 그런 주장으로 시위 참가자들을 설득하면 되는 것이었다.

문제는 그 소수의 일부인 극소수가 아예 확성기와 마이크를 빼앗고 시위를 어떻게 할지 토론하는 것 자체를 가로막았다는 것이다. 이것은 비민주적인 처사였다. 극소수의 의지를 대다수에게 강요하려 한 것이다. 게다가 그중 일부 개인들은 심지어 마치 경찰처럼 확성기와 마이크를 든 활동가들의 사진을 찍고 심지어 신분증을 요구하기도 했다.

그리고 다른 일부가 경찰에 연행되면서 논란이 시작됐다. 다함께가 프락치라는 얘기도 나오고, 다함께 여성 회원들의 사진이 인터넷에 떠돌았다. 심지어 광우병국민대책회의에 파견된 다함께 활동가 명단이 진보신당 웹사이트 게시판을 비롯해 인터넷에 게재됐고, 소위 다함께 간부 명단이라는 것도 인터넷에 떠돌았다.

나와 다함께는 당시에 인터넷의 가상공간에서 벌어지는 소동에 크게 신경 쓰지 않았다. 인터넷이 실재 현실을 제대로 반영하지도 않을뿐더러 중요한 것은 현실의 투쟁이었기 때문이다.

다만 몇 가지 주장에 대해서는 언급하고자 한다. 조정환 공동대표는 자율주의 관점에서 그런 소동을 왜곡하고 침소봉대한다.

[광우병국민]대책회의에 소속된 다함께가 거리 시위 대오를 선도하기 위해 대오의 선두에서 행진 방향을 제시하고 구호를 선창했다. 이것도 자율적 참가자들의 강력한 반대에 부딪혀 좌절했다. 다함께는 결국 대량으로 배포해 온

손피켓에서도 자신의 조직 이름을 삭제해야 했다.[19]

앞서 서술한 행진 과정을 자세히 살펴보면 조정환 공동대표의 주장이 사실이 아님을 알 수 있다. 게다가 애초부터 다함께는 손팻말에 단체명을 넣지 않고 심벌인 왼주먹 로고만 찍었다. 순수 자율주의 경향뿐 아니라 PD계의 다른 극좌파들도 인터넷에서 벌어진 소동에 관해 비슷한 견해를 공유하는 듯해 안타깝다.

> 강내희 : …… 다함께는 이번에 엄청난 헌신과 노력을 기울였는데도 대중들로부터 냉담한 반응을 받았다고 하더군요.
> 김세균 : 왜 그러냐면 선동을 하고 막상 행동을 할 때는 뒤로 빠져 버리니까.
> 강내희 : 제가 들은 것은 대중이 "왜 지도하느냐, 왜 마이크 들고 우리보고 앉으라, 서라고 말하며 지도하려 하느냐"고 했다더군요. 진보나 좌파, 지식인이 대중과 만나는 방법, 대중들 속에 자신들을 위치시키는 방식 자체를 몰랐던 것이 아닌가, 이렇게 보이고.[20]

국제 노동계급 투쟁과 반신자유주의 투쟁 역사에서 '확성기'는 투쟁의 중요한 수단이자 상징이다. 그래서 프랑스의 반신자유주의 투쟁을 이끈 혁명적공산주의자동맹LCR과 그 밖의 활동가들이 2009년 2월에 창당한 반자본주의신당NPA의 당 깃발에는 확성기가 로고로 박혀 있다. 1968년 운동의 리더로 유명한 타리크 알리의 ≪1960년대 자서전 : 열정의 시대 희망을 쏘다≫의 표지에도 확성기가 크게 부각돼 있다. 대중에게 선동하고 주장을 통해 입증받으려는 노력은 "대중 속에 자신을 위치시키는" 좌파의 영예로운 과제일 뿐이다. 트로츠키는 선동을 '대화'라고 했다.

선동은 대중에게 이러저러한 구호를 전달하고 대중의 행동을 촉구하는 등의 목적을 위해 동원하는 수단이다. 또한 선동은 대중에게 귀를 기울이고 이들의 정서와 생각을 파악하고 이 결과 이러저러한 결정을 내리는 수단이기도 하다. …… 선동은 언제나 대중과 나누는 대화이다(강조는 원문).[21]

우파 언론은 "'촛불문화제에 웬 반反자본 깃발' 시민들 '순수성 지키자' 확산"[22]이라고 기사 제목을 뽑았다. 여기서 다함께 논란의 이면에 있는 정치적 의도를 엿볼 수 있다. 그것은 촛불시위와 극좌파를 분리하려는 이간질이다. 그리고 "['확성기, 방송차, 깃발은 필요 없다'는] 이런 주장은 운동 내의 노무현, 문국현 세력을 겨냥하지 않고 좌파를 겨냥한다는 점에서 위선적이고 그 성격이 친자본주의적 개혁주의이다."[23] 정치적 맥락이 그렇다면 극좌파는 어느 편에 서서 누구를 비난해야 하는가? 일부 극좌파의 혼란스러운 태도는 자발성주의에 대한 혼란과 인터넷에 대한 환상, 종파적 심성에서 비롯한 듯하다.

광우병국민대책회의는 인터넷 논란에 대해 다함께를 방어하는 논평을 발표했다. 유일한 방어 논평으로, 매우 훌륭한 일이었다. 광우병국민대책회의 주요 활동가들은 진심으로 다함께를 걱정하고 위로했다. 그러나 참여연대와 한국진보연대 주요 간부들 또한 그 '자발성'의 포로가 돼 있었다. 그래서 집회 장소에서 신문 판매와 손팻말 배포를 중단하고 깃발도 들지 않으면 좋겠다는 의사를 다함께에 전했다. 그러나 다함께는 이를 받아들이지 않았다. 인터넷상의 논란이 현실의 투쟁을 좌우하는 것은 아니었기 때문이다. 게다가 불안정하던 상황이 끝났다. 자발성이 강조되고, 사회운동 단체들은 주춤하고, 굳건한 소수가 앞서 나가야만 했던 상황 말이다.

5월 29일부터 광우병국민대책회의가 거리 행진을 조직하기 시작하고, 5월 31일 사회운동 단체들이 대열을 갖춰 대거 시위에 결합하면서 가상 세계의 소동은 간단히 종식됐다.◆

정점을 향하여(5월 29일~6월 10일)

5월 29일 이명박 정부가 장관 고시를 발표했다. 5월 24일부터 거리 행진을 지속하며 대중의 자신감이 고양되고 있던 상황에서 장관 고시에 대한 분노가 더해졌다. 5월 29일 목요일 평일 시위에 5만 명이 참가해 거리 행진을 했다. 이날부터 시위 장소를 청계광장에서 서울시청 광장으로 옮길 정도로 시위 규모가 성장한다.

5월 31일 토요일 시위의 규모와 정치적 의미는 중요했다. 당시까지 최대 규모인 15만 명이 참가했고, 사회운동 단체들이 조직적 태세를 갖춰 시위에 등장한 것이다. 민주노총을 비롯한 조직된 대열이 대학로에서 집회를 열고 도심을 행진해서 서울시청 광장으로 진입했다. 이미 서울시청 광장에 모여 있던 시위 대열은 온갖 단체 깃발을 앞세운 대학로 집회 대열을 진심

◆ 5월 31일 집회에서 정체불명의 소규모 무리가 "반자본주의 다함께는 나가라"는 작은 팻말을 들고 다녔는데, 공공노조 노동자들이 "그럼 너 친자본주의 할 거냐"며 그 팻말을 찢어 버렸다. 이들은 학생 대열에서도 쫓겨났다. 현실 세계는 가상 세계처럼 그렇게 무책임하지 않은 것이다.

5월 31일 민주노총을 비롯한 조직된 대열이 대학로에서 열린 범국민대회를 마치고 광화문으로 행진하고 있다.

으로 환영했다. 이것이 뜻하는 바는 사회운동 단체 지도부들이 그동안 지나치게 '자발성'에 주눅 들어 있었다는 것이다.

그리고 이날 시위는 또 다른 중요한 '기습'을 감행한다. 대규모 시위대가 바로 청와대 코앞까지 진출한 것이다. 이처럼 대규모 시위대가 청와대 턱밑까지 진출한 것은 4·19혁명 후 처음이었다. 서대문과 광화문, 안국동 세 방향에서 청와대 진격을 시도했고, 서대문 방향이 무너지면서 결국 경찰은 방어선을 통인동 입구와 경복궁 좌·우측 길로 후퇴시킬 수밖에 없었다.

이 같은 상황은 시위의 규모와 자신감의 반영이기도 했지만, 조직된 운동 세력들이 투쟁에 결합한 덕분이기도 했다. 세 방향의 진입을 이끌고 선두에 선 것은 조직된 단체들이었고, 결정적으로 서대문 방향에서 경찰 저

경찰이 청와대 코앞까지 진출한 시위대에게 물대포를 쏘고 있다(5월 31일).

지선을 무너뜨린 것은 금속노조 노동자들이었다.

요컨대, 대중의 자발성과 연대체의 '지도'가 결합해 5월 31일 청와대 앞까지 시위대가 진출할 수 있었다. 혹독한 학습을 치른 경찰은 그 후 대규모 시위가 벌어질 때마다 광화문 안쪽으로 시위대가 진입하지 못하게 막는 데 급급했다.

5월 31일 시위는 그 '완강함'도 두드러졌다. 5월 31일 밤부터 6월 1일 새벽에 경찰은 촛불시위에서 처음으로 시위 진압에 물대포를 사용했고, 6월 1일 아침에는 경찰 특공대를 투입해 대열 해산에 나섰다. 이에 맞선 시위대의 완강한 저항은 매우 인상적이었고 이후 시위를 확대하는 데 영감과 자신감을 제공했다.

이 때문에 이명박 정부는 애초 6월 2일에 하려던 관보 게재를 연기했다. 게다가 "미국산 쇠고기 수입 문제로 민심 이반이 심각한 상황에서 대운하 논란까지 가중될 경우 국정 혼란이 걷잡을 수 없이 확대될 것"[24]이라며 "대운하 논의 중단"을 발표했다. "경제 살리기" 공약의 핵심 사업이었는데도 말이다.

촛불 저항 때문에 주춤한 이명박 정부가 이때부터 6월 하순까지 취한 대응은 이런저런 꼼수로 시간을 벌면서 운동이 사그라지기를 기다리는 것이었다. 이명박은 자신의 말 그대로 쏟아지는 "눈"을 피해 "처마 밑"으로 숨어 들어간 것이다. 물론 이명박 정부는 처마 밑에서 "생각"만 한 것이 아니라 칼을 갈고 있었다.

이명박 정부의 후퇴는 운동의 사기를 치솟게 했다.

> 정부의 관보 고시 게재 유보에도 '쇠고기 재협상'을 촉구하는 대학생들의 동맹휴업이 확산되는 등 반反쇠고기 시위 기세가 수그러들지 않고 있다. 일부 대학 교수들은 '촛불집회 동조 휴강'을 잇따라 선언하며 학생들의 시위 참여를 지지했다. …… 사회 원로와 종교인들의 참여도 잇따르고 있다. …… 보수 성향의 변호사 단체 '시민들과함께하는변호사모임'은 "내각 몇 명 경질로 그치는 것은 정부 책임을 부인하는 태도이고 경찰의 강경 진압은 공권력 과잉 행사"라고 쇠고기 비판에 가세했다.[25]

해외 거주 한국인들도 시위를 벌였다. 6월 4일 지방선거 재·보선에서 한나라당은 참패했다.

광우병국민대책회의가 6월 10일 직전에 조직한 '고시 철회, 즉각 재협상을 위한 72시간 릴레이 국민행동'은 5일 10만 명, 6일 20만 명, 7일 20만 명이 참가해 거대한 시위가 됐다. 그때는 모든 사람들이 촛불에 대해 말했다. 6월 10일 모든 일간지 1면이 당일 촛불시위에 대한 내용이었다. 라디오 음악 프로그램의 진행자도 촛불시위에 대해 말했다.

광우병국민대책회의가 호소한 6월 10일 시위가 대규모가 될 것이라는 점은 쉽게 예상할 수 있었다. 그래서 국무총리 한승수는 그날 오전 쇠고기 파문에 책임을 지고 내각 일괄 사의를 표명했다.

그리고 2008년 6월 10일은 한국 저항운동의 역사에서 1987년 6월 10일 다음으로 위대한 날로 기록됐다. 서울에서만 70만 명, 전국에서 100만 명이 거리로 나왔다!

6월 10일 광화문에서 시청을 지나 남대문까지 태평로를 가득 매운 집회 참가자들. 서울에서만 70만 명, 전국에서 100만 명이 참가했다. 1987년 이후 최대 규모 시위였다.

'100만 촛불대행진'이 열린 10일 밤 서울을 비롯한 전국에서 촛불 물결이 해일처럼 쏟아졌다. 서울 광화문 사거리에는 1987년 6·10 항쟁 이후 21년 만에 최대 규모인 50여만 명[주최 측 추산은 70만 명]의 시민들이 거리로 나와 "쇠고기 재협상", "이명박 퇴진"을 외쳤다. 예닐곱 아이부터 백발의 노인까지, 농민부터 대학교수까지 세대와 계층을 뛰어넘은 촛불 행렬은 '저항'을 넘어 '직접 민주주의'를 보여 준 현장이었다. …… 촛불문화제의 단골 메뉴인 '자유 발언'에서는 쇠고기 문제뿐 아니라 대운하, 교육, 의료 민영화, 경제 위기 등 국내 문제 전반에 대해 정권과 이명박 대통령을 성토하는 목소리가 이어졌다. 한승수 총리 등 내각이 총사퇴를 밝혔지만 시민들의 분노를 달래기엔 부족한 듯했다(강조는 필자).[26]

항의의 규모와 분노가 어찌나 컸던지 이명박은 6월 19일 대국민 담화를 발표했다. 물론 그 내용은 가소롭기 그지없었다.

저는 지난 6월 10일, 광화문 일대가 촛불로 밝혀졌던 그날 밤에, 청와대 뒷산에 올라가 끝없이 이어진 촛불을 바라보았습니다. 시위대의 함성과 함께, 제가 오래 전부터 즐겨 부르던 〈아침이슬〉이라는 노래 소리도 들려왔습니다. 캄캄한 산 중턱에 홀로 앉아 시가지를 가득 메운 촛불의 행렬을 보면서, 국민들을 편안하게 모시지 못한 제 자신을 자책했습니다. 늦은 밤까지 생각하고 또 생각했습니다. 수없이 제 자신을 돌이켜 보았습니다. …… 촛불로 뒤덮였던 거리에 희망의 빛이 넘치게 하겠습니다(이명박, 6월 19일 대국민 담화).

5월 2일부터 한 달 넘게 지속된 저항은 6월 10일 위대한 거리 시위를 일궈 냈다. 그러나 양적 성장의 최고치를 기록한 촛불은 이제 다시 질적 변화의 기로에 이르렀다.

클라우제비츠는 ≪전쟁론≫에서 이렇게 말했다.

첫 번째 회전回戰에서 패배한 후에 새로운 유리한 상황이 발생하지 않는다면 두 번째 회전은 아마도 완전한 패배 또는 파멸을 가져올 것이다. 이것은 군사적 공리이다. 후퇴의 본질에 비추어 보면 후퇴는 힘의 균형이 다시 복원되는 시점까지 진행된다. …… 손실의 정도와 패배의 크기에 따라 균형이 복원되는 순간에 가까워지거나 멀어질 수도 있지만 이 문제는 적의 성격에 의해 보다 크게 좌우된다.[27]

이명박 정부는 통제력을 잃고 일시 후퇴해 "힘의 균형이 다시 복원되는 시점"을 기다리고 있었다. 그렇다면 촛불은 이명박에게 "새로운 유리한 상황이 발생하지 않"도록 해 "완전한 패배 또는 파멸"에 이르기까지 밀어붙여야 했다. 촛불시위에는 전투의 향방을 "크게 좌우"하는 새로운 "성격"이 필요했다.

6월 10일은 위대한 시위였지만, 동시에 촛불 운동에 새로운 방향과 무기를 요구하는 거대한 압력이기도 했다. 2008년 촛불시위에서 단연 가장 중요한 기로가 바로 6월 10일 시위였다.

물이 끓다가 100도를 넘으면 액체에서 기체로 질적인 전환을 하듯이, 촛불항쟁은 6월 10일 100만 명이 모이면서 이제 본격적으로 이명박 퇴진 투쟁으로 성큼 전진할 수 있는 계기를 마련했다. ……

'6월 10일 이후는 무엇인가'에 대한 우리의 답은 이명박 퇴진과 "의제 확장"(요구 확대)이어야 한다. 이미 "이명박 퇴진"은 촛불 바다 속에서 가장 많이 나오는 구호이고 촛불의 요구는 쇠고기 문제를 넘어 확대됐다.

광우병으로 불이 붙어서, 이명박의 모든 미친 정책들에 대한 반대로 번지다가, 이 모든 것의 배후인 이명박을 직접 겨냥하고 있는 것이다. ……

물론 범계급적인 현 촛불 운동 참가자들 가운데는 단지 쇠고기 문제에만 이해관계가 걸린 세력들이 있다. 예컨대 남호경 전국한우협회장은 〈조선일보〉와 인터뷰해 "[정권 퇴진이라는 ─ 〈맞불〉] 엉뚱한 쪽으로 불이 붙고 있다"고 불편함을 드러냈다.

의회주의적 이해관계 때문에 정권 퇴진 요구를 두려워하는 세력도 있다. 민주당은 가축전염병예방법을 고리로 한나라당과 타협해 국회로 돌아갈 채비를 시작했다. 얼토당토않게도 촛불 운동 참가자 일각에서 '구관이 명관'이라는 식의 지지를 받고 있는 노무현은 "청와대로 행진하거나 정권 퇴진을 요구해선 안 된다"며 운동이 체제 내에 머물 것을 촉구했다.

최장집 교수도 "거리의 정치는 오늘 이 선에서 그쳤으면 좋겠다"며 "제도권 내 정당이 나서서 해결해야 한다"고 말했다. 〈조선일보〉 류근일은 "헌정 질서도 존중하고 군중의 합당한 요구도 수용할 수 있는 차선책을 피차 찾아야 한다"며 이런 개입을 반겼다.

촛불 지지 주류 언론의 자유주의적 본질도 드러나고 있다. 며칠 전 밤 9시 MBC TV 뉴스 논평과 11일치 〈경향신문〉 1면 주요 기사 논조는 "제도권 수렴"을 촉구하는 것이다. 국회 내에서 이런 갈등을 조정·해결해야 한다는 것이다.

그러나 정부의 임기를 보장해 주는 '헌정질서'는 국민을 등쳐 먹는 이명박 정부의 사회적 기반인 재벌, 강부자 집단을 위한 질서일 뿐이다.

한나라당이 과반 의석인 국회가 쇠고기 문제를 넘어선 문제 해결의 통로가 될 수 없다. 민주당도 마찬가지다. 경쟁 교육, 민영화, 한미FTA 등은 바로 노무현과 민주당이 추진을 시작한 것이기 때문이다.

뿐만 아니라, 많은 시민·사회단체가 이명박 정부가 들어섰을 때 대중의 '보수화'에 좌절감을 느끼고 있었고, 그래서 이 운동의 잠재력에 대한 믿음을 여전히 결여하고 있다.

이명박 퇴진을 둘러싼 운동 내 강온파가 본격적으로 대립하면 이명박은 강경파를 고립시켜 탄압하며 통제력을 회복하려 할 수 있다. 조갑제는 이명박에게 "양보만 하고 공세 전환을 하지 않으면 또 밀린다"며 야당의 국회 등원을 계기로 "법질서 회복 조치"를 취하라고 코치했다.

그러나 최근에 공공노조의 공공서비스 사유화 반대, 대운하 반대, 유가 인상 반대 등의 요구는 물론 그 밖의 다양한 요구와 쟁점이 제기되면서 운동은 더 확대됐다. 단지 쇠고기 문제만으로 이토록 많은 사람들이 이토록 운동 지속에 의욕을 보인다는 것은 있을 수 없는 일이다(촛불 운동의 시초부터 〈맞불〉은 운동 근저의 다양한 불만과 요구가 쇠고기 쟁점 부각과 맞물려 작용하고 있으므로 이처럼 운동이 커질 수 있다고 강조했다).

그러므로 단지 쇠고기 문제를 넘어 요구를 확대하는 것이야말로 오히려 운동의 단결을 보증하는 것이고, 확대된 요구의 성취는 이명박 정부와는 성격이 다른 진정한 진보적 정권이 들어섬으로써만 가능하다.

따라서 지금, 이명박의 미친 정책들에 반대하는 광범한 사회 세력들의 요구와 힘 — 특히 조직노동자들의 힘 — 을, 미친 정책들의 '배후'인 이명박 퇴진을 향해 결집시키는 것이 중요하다(강조는 원문).[28]

요컨대, 운동의 목표로 이명박 퇴진을 분명하게 내세우고 의제를 확대하는 것 — 다함께는 이를 위해 5월 말부터 광우병국민대책회의 내에서 조직 전환의 필요성을 제기했다 — 과 더불어 조직노동자의 힘을 동원하는 것이 매우 중요했다. 이 세 가지 문제를 분명히 하지 않으면, 운동은 혼란과 사기 저하에 사로잡히고 이명박은 다시 힘을 축적해 반격을 시도할 것이었다.

6월 10일과 관련해 공개되지 않은 한 가지 에피소드가 있다. 6월 10일 이후 운동의 전망을 둘러싼 견해차의 단면을 보여 주는 것이라 여기에 소개한다.

시위 중간에 행진 점검 때문에 한용진 공동상황실장을 만났을 때, 나는 당황스러운 말을 들었다. 시위대 일부를 여의도 국회로 보내도록 호소하자

6월 10일 경찰은 대규모 집회가 예상되자 참가자들이 청와대 방향으로 행진하는 것을 막으려고 '명박산성'으로 불리는 컨테이너 장벽을 쌓았다.

는 것이었다. 집회 사회자 박원석 공동상황실장도 동의했다고 했다. 나는 그럴 수 없다고 강력하게 반발했다. 광화문 대로에 70만 명이 모였다면 이것은 이명박 정부와 청와대를 향한 분노의 표현인데, 이런 분노를 국회로 돌려서는 안 된다고 생각했다. 중요한 문제였기 때문에 운영위원회 소집자인 한국진보연대 박석운 상임운영위원장에게 논의를 요청했다. 박석운 위원장이 자신도 처음 듣는 얘기라며 국회로 돌려서는 안 된다고 강력히 주장해, 결국 이 계획은 무산됐다.

나중에 알았지만 내가 이 계획을 들었을 때는 이미 서총련 학생들이 국회 쪽으로 보내진 후였다. 이 학생들은 거대한 시위의 분위기도 온전히 느끼지 못한 채, 휑한 여의도에서 시위해야 했다. 이 때문에 나는 나중에 행진 책임자로서 서총련 책임자한테 항의를 받았고, 이 계획의 논의 과정과 나의 입장을 설명해 오해를 풀 수 있었다. 6월 10일 이후의 혼란을 예고하는 에피소드라 할 수 있겠다.

이제 광우병국민대책회의는 이 운동에서 명백한 정치적 지도부가 됐다.* 그러나 100만 시위를 호소하고 이를 성공시킨 광우병국민대책회의 앞에는 '전망 제시'라는 중요한 과제가 놓여 있었다.

팽팽하고 혼란스러운. 그리고 이명박의 반격(6월 11일~7월 5일)

6월 10일의 대규모 시위가 낳은 파장은 거의 한 달 동안 지속됐다. 서울

---

* 나는 당시 한 방송국 기자에게서 "광우병국민대책회의가 사실상 제1야당"이라는 말을 들었는데, 당시 상황을 정확히 표현한 것이라고 생각한다.

시청 광장은 저항의 초점이 돼 시위와 토론의 광장으로 변했다. 저항의 광장이었다. 6월 말 정부의 대대적 반격이 있기 전까지 서울 도심은 시위대의 전유물이었다. 광화문 안쪽을 제외하면, 시위대는 어디든 방향을 정해 행진할 수 있었다. 6월 10일 시위와 촛불 저항은 드디어 이명박의 지지율을 7퍼센트로 끌어내렸다![29] 이명박은 말 그대로 '식물 대통령'이 됐다.

〈조선일보〉조차 "재협상뿐이라면 무슨 희생을 무릅쓰고라도 재협상을 벌여야 하고, 추가협상에 의해 가능하다면 추가 협상을 해야 하고, 자율 규제로도 가능하다면 자율 규제로 해야 한다"[30]고 주장할 정도였다. 그래서 이명박은 6월 19일 대국민 담화를 통해 〈아침이슬〉 운운하며 "뼈저린 반성"을 했다고 했고, 12일에는 통상교섭본부장 김종훈이 미국과 '추가 협의'(재협상이 아니라)를 하겠다고 발표했다. 촛불 시위대의 다수는 당연하게도 이런 꼼수를 믿지 않았다. 그리고 이명박 정부는 꼼수 뒤에서 칼을 갈고 있었다.

지지율은 7퍼센트로 떨어졌지만 이명박 정부의 권력은 아직 결정적 타격을 전혀 입지 않았다. 1968년 프랑스 5월 반란 때, 대통령 드골은 거의 쫓겨날 처지였고 독일로 도망갔다. 당시에는 저항운동을 어떻게 발전시킬지가 중요한 문제였다. 그러나 프랑스 공산당과 노총 지도자들이 총파업을 중단하면서 운동은 드골을 퇴진시키는 데까지 나아가지 못했고 드골은 다시 프랑스로 돌아와 권력과 질서를 회복할 수 있었다. 마찬가지로 6월 10일 이후 촛불에게도 이 유리한 기회를 어떻게 이용해 저항을 심화·확대할 것인지가 사활적인 문제였다.

성공적인 항의 운동은 모두 두 국면을 거친다. 첫 번째는 항의 운동이 불쑥

세상에 나타나 그 적들을 기습하고 그 목적에 동의하는 사람들에게 기쁨을 가져다주는 국면이다. 지난번의 위대한 항의 운동 이래로 시간이 오래 지났으면 오래 지났을수록 그만큼 기쁨도 크다. 그리고 그때는 그 운동의 운동량 자체만으로 힘에 힘을 더하면서 운동은 계속 전진하기만 할 것처럼 보인다. 이 때문에 운동의 지지자들은 단결하게 되고, 오래된 의견 차이들과 오래된 전술 논쟁들을 경시하게 된다. 그러나 항의 운동의 표적이 돼 있는 자들은 그냥 포기하지 않는다. 일단 애초의 충격이 끝나면, 그들은 방어를 강화하고 다시는 기습받지 않기 위한 채비를 하려 하며, 운동의 전진을 막으려 한다. 이 시점에서는 운동 내부에서, 심지어 의견 통일을 위해 낡은 논쟁을 잊자고 맹세했던 사람들 사이에서조차도 불가피하게 전술에 관한 논쟁이 일어난다.[31]

6월 10일 대규모 시위의 파장이 지속되기는 했지만 운동은 전망을 둘러싸고 혼란에 빠지기 시작했다.

우선, 이제 거리의 운동을 접고 제도권에 맡겨야 한다는 주장이 제기됐다. 최장집 교수를 필두로 박상훈, 정태인 등 온건한 지식인들과 〈경향신문〉, KBS, MBC처럼 촛불시위에 우호적이던 언론사들이 이런 주장을 주도했다. 최장집 교수는 6월 16일 〈경향신문〉이 주최한 시국 토론회에서 아래 글을 발표해, "파시즘" 등장 운운하며 거리 시위를 중단하고 제도 정치로 눈을 돌리자고 했다.

운동만으로는 민주주의를 수호하고 발전시키는 일이 충분하지 않다. …… 무엇보다도 현대 민주주의는 대의제 민주주의라는 점이 다시 강조될 필요가 있다. 민주주의는 시민들이 스스로 직접 통치하는 것이 아니라 선거를 통해 대표를 선출하여 그에게 통치를 위임함으로써, 그 대표로 하여금 통치하도록 하는 체제이다. …… 그것[운동]은 찬반의 범위를 넘어서는 문제 해결에 필요한 구체적인 대안들을 형성하거나, 서로 다른 이해관계와 여러 대안들을 조정하여 결정을 이끌어 내는 데는 지난한 것이다. …… [운동은] 여러 이슈들이 다투는 과정에서 각 이슈들 간의 중요성의 우선순위를 위계적으로 배열하고, 이에 기초해 정책의 추구를 일상화하는 것이 어렵다. …… 이명박 정부 임기 내내 한국의 민주주의는 국가와 운동 간의 충돌로 일관하게 된다. …… 바이마르 공화국을 연구한 미국의 정치학자 셰리 베르만이 지적하듯이, 운동이 자율적 결사체를 통해 시민사회를 활성화하는 데 몰두하는 반면, 제도 정치 내에서 정당을 강화하는 데 무관심했던 결과, 반대편에서의 파시즘을 불러들이는 우를 범할 수도 있는 것이다.[32]

최장집 교수만큼 분명하게 운동의 중단을 주장하지는 않았지만 정태인 교수도 6월 17일 진보신당과 〈경향신문〉이 주최한 토론회에서 다음과 같이 말했다.

비용이 너무 커지기 때문에 촛불집회를 무한히 이어갈 수 없다. 우리가 이번에 촛불을 통해 요구했던 것들을 어떻게 제도로 만들지 생각해야 한다.[33]

이재영 〈레디앙〉 기획위원은 "지금은 계속 운동이다"라는 글에서 운동이 계속돼야 한다는 이견을 제시했지만 최장집 교수를 옹호하기도 했다.

최 교수의 진단은 지금까지 나온 학자들의 촛불 인식 중 가장 사실에 가까워 보인다. …… 최 교수의 주장은 한국 진보 정치의 발전 과정에서 경험적으로 확인된 진실로서, 반정치적 역량 소진에 몰두해 온 가두분자들과 조합주의자들이 경청해야 한다(강조는 필자).[34]

그러나 최장집 교수의 주장에는 문제가 있다. 그는 민주주의를 제도화된 의회정치로 환원한다. 5장에서 자세히 다루겠지만, 민주주의는 그 형식뿐 아니라 사회적 내용도 중요하다. 계급 적대에 기초한 사회에서 민주주의의 본질은 자본가들과 국가 관료들의 권력을 정당화해 주는 '민주주의'다. 이른바 "대의제 민주주의"는 그것의 반영일 뿐이다. 촛불 당시나 이후의 상황을 보면 의회의 "대의제 민주주의"가 얼마나 무능한 것인지 알 수 있다. 국회는 이명박 정부의 신자유주의 공세를 막지 못했고, 촛불시위 이후 이명박 정부의 개악 속도전도 저지하지 못했다. 이명박 정부의 개악을 저지한 것은 오히려 국회 밖의 언론 노동자 파업 같은 저항이었다.

그리고 거리에서 더 많은 민주주의를 요구한 촛불시위는 민주주의를 의회정치 영역에 국한하지 않았다. 그들은 평범한 사람들의 삶을 파괴하려는 비민주적 정치권력인 이명박 정부에 대항해, 그리고 진정한 민주주의의 실현을 위해 이명박 퇴진을 요구한 것이다.

이명박의 대표적 신자유주의 정책들에 대한 반대, 즉 의제 확장과 그것의 집행 책임자 이명박 퇴진이야말로 진보진영이 당시 최고로 "추구해야 할 정책"이었고, "서로 다른 이해관계와 여러 대안들을 조정"하는 "정책"이었다. 문제는 이 정책을 어떻게 실현해야 하는가였다.

최장집 교수의 주장과 달리, 독일에서 파시즘이 등장하고 권력을 장악한 것은 오히려 효과적인 운동이 부족했기 때문이다. 이미 제도 정치 안에는 100만 명이 넘는 당원을 자랑하는 독일 사민당SPD이라는 세계 최대 노동자 정당이 있었다(공산당 당원도 20만 명 안팎이었다). 그리고 사민당은 부르주아 정당과 '대연정'을 구성하고 있었다. 그들이 지배하던 의회는 파시즘의 성장을 막지 못했다.

[독일에서는] 실업률이 영국보다 50퍼센트쯤 높았고 중간계급 상당수가 극도의 궁핍으로 고통을 겪었다. 공황 때문에 아돌프 히틀러가 이끄는 국가사회주의(나치)당에 대한 지지율이 치솟았다. 이전에 81만 표였던 나치당의 득표수는 1930년에 600만 표 이상으로 급증했고, 1932년 7월에는 그 두 배로 늘어나 총 투표수의 37.3퍼센트에 달했다. 그러나 나치당은 단순한 선거용 정당이 아니었다(어찌 보면 선거를 주된 목적으로 하는 정당조차 아니었다). 당 조직의 핵심부에는 준군사 집단인 전투원들 — SA, 즉 돌격대 — 이 자리 잡고 있었다. 1930년 말에 10만 명이던 그 수는 1932년 중반에 40만 명으로 늘어났다. 무장한 이 깡패들은 한편으로는 이른바 '유대인' 금융자본을 공격하고 다른 한편으로는 이른바 '유대인'·'마르크스주의' 노동계급 운동을 공격하는 등 그들이 사회 위기에 책임이 있다고 비난하던 사람들을 상대로 전투를 벌이는 데 전념했다. 거리를 장악하고 다른 모든 사회조직을 굴복시키기 위해 언제든 싸울 태세가 돼 있는 이런 무장력의 존재야말로 나치즘과 파시즘을 기존 부르주아 정당과 구별하는 특징이었다(강조는 필자).[35]

문제는 파시즘에 맞서는 아래로부터의 운동과 투쟁이었다. 사민당의 무능, 사민당을 또 다른 적으로 여긴 공산당의 초좌파적 종파주의가 맞물려 세계 최대 노동계급 조직들이 있던 독일에서 파시즘과 제대로 싸워 보지도 못하고 권력을 내주는 결과를 불러왔다.

대중투쟁이 강력해지면 자동으로 반동이 강화될 것이라는 생각은 틀렸다. 오히려 투쟁이 사그라지고 제도권으로 주도권이 넘어갈수록 우파가 더 강화될 뿐이다. 게다가 제도권에서 민주당은 결코 촛불의 대의를 반영할 수 없었다.

민주당은 5월 29일부터 장외 투쟁을 선언하고, 6월 9일에 가서야 '국민주권 민생안정 비상시국회의'를 출범해 6월 10일 집회 참가를 독려했다. 그러나 가장 늦게 뛰어들어 촛불시위 주변을 서성거리던 민주당은 촛불을 끄는 데 가장 먼저 나섰다. 당시 민주당 대표 손학규는 6월 15일 "지금은 열흘 전과는 전혀 다른 상황인 만큼 난국을 타개하고 등원 문제를 해결하기 위해 적극 노력하고 있다"[36]며 국회로 기어들어가고 싶은 심정을 드러냈다.

이들의 바람과 달리 거리의 운동은 계속됐다. 그렇다, 운동은 계속돼야 했다. 그러나 이제는 단지 운동을 계속해야 한다는 것만으로는 부족한 상황이 됐다. 정치적 전략과 전술이 매우 중요해진 것이다. "정권 퇴진 운동 불사" 입장을 공개적으로 천명한 광우병국민대책회의의 구실도 더욱 중요해졌다.

촛불 운동 내의 가장 뜨거운 논란은 이명박 정권 퇴진 요구 제출 여부다. [광우병]국민대책회의는 100만 명 시위 직후 "정부가 20일까지 재협상 방침을 밝히지 않으면 정권 퇴진 운동도 불사하겠다"고 밝혀 놓은 상태다. 이명박 정부는 20일까지 재협상 방침을 밝히지 않을 게 뻔하다. 김종훈 보따리 [당시 미국과 벌였던 추가 협상 결과]를 풀어 놓으며 또다시 국민 기만을 시도할 것이다. 이 점이 명확한데도, 안타깝게도 국민대책회의는 정부에게 제시한 시한 종료 이후 정권 퇴진 운동을 선언할지 여부를 결정하지 못했다. 국민대책회의 소속 단체 가운데 다함께, 보건의료단체연합, 국민건강을위한수의사연대, 노동전선, 한국작가회의 등을 제외한 나머지 주요 시민·사회단체들 상당수가 정권 퇴진 운동을 부담스럽게 여겼기 때문이다. 결국 정권 퇴진 운동에 대해 의견을 모으기로 한 국민대토론회의 일정마저 19일에서 27일까지 늘려 잡았다. 이명박은 일주일의 말미를 보너스로 더 얻은 셈이다.

맥 풀리는 일이 아닐 수 없다. 개인들 사이의 싸움에서도 언제까지 두고 보자고 했으면 그 뒤에는 상응하는 조처가 있어야 한다. 그렇지 않으면 상대가 우리를 우습게 보며 자신감을 얻어 역습의 기회를 노릴 것이고, 우리 편은 기가 꺾일 것이다.

정권 퇴진 운동을 반대한 단체들은 퇴진 운동이 "섣부르다", "성급하다"고 말했다. 거리에 100만 명이 쏟아져 나왔는데 무엇이 성급하단 말인가. 거리에 100만 명이 나왔을 때는 그 뒤에 그들을 지지하는 수천만 명이 있다는 얘기다. 아직 거리 시위가 수만 명 수준이었을 때조차 〈조선일보〉는 "더 섬뜩한 것은 이 같은 거리의 시위에 가세하지 않은 국민들조차 정권을 바라보는 눈길이 갈수록 싸늘해지고 있다는 사실"이라고 했다.

촛불집회 참가층이 다양한데 퇴진을 걸면 사람들이 떨어져 나간다는 우려도 나왔다. '이제 제도권 정치에 맡기자'는 MBC와 〈경향신문〉 등의 논조 변화를 고려해야 한다는 주장도 있었다. 하지만 투쟁이 전진하느냐 마느냐의 고비를 넘을 때 전진하자는 쪽과 말자는 쪽을 모두 만족시키는 방법은 있을 수 없다. 앞으로 나아가려면 멈추자는 주장과 논쟁해야 하고, 분명한 대안과 방향을 제시해야 한다. 오히려 그렇지 않았을 때 이 투쟁에 큰 기대를 걸었던 사람들이 떨어져 나가고 사기 저하할 위험이 있다.[37]

그리고 그 위험은 현실이 됐다. 촛불 시위대와 온 언론의 관심이 6월

20일에 집중됐다. 그러나 6월 20일을 시한으로 정한 "정권 퇴진 운동 불사" 선언은 흐지부지 사라져 버렸다.

운동 내 개혁주의 지도자들은 "정권 퇴진이라는 말은 정확하게 얘기하자면 투쟁을 확산시키자는 뜻"이라거나 "정권 퇴진 운동 불사는 정치적 압박의 표현"이라며 정권 퇴진 요구의 진정한 핵심을 물타기하고 그 의미를 퇴색시켰다. 이것이 6월 10일 이후 운동이 표류하게 된 중요한 원인이다.

물론 광우병국민대책회의는 광우병 의제에 교육, 대운하, 공공서비스, 공영방송, 의료 문제를 더해 '1+5 의제'로 확장했다. 이것은 광우병 단일 쟁점만 다루는 것보다 반보 진전이라 할 수 있다. 그러나 이런 구체적 요구들은 이명박 퇴진이라는 진정한 표적 겨냥과 결합할 때 논리적이고 따라서 일관되게 추구될 수 있다. 그렇게 되지 못했기 때문에 '1+5 의제'는 다소 형식적인 나열이 돼 버렸다.

무엇보다 민주노총의 파업이 형식적이었던 게 문제였다. 6월 10일을 지렛대로 이용해 파업에 들어갔다면 진정한 동력을 형성하면서 저항을 심화·강화시킬 수 있었을 것이다. 그러나 7월 2일 하루 파업, 3~5일 집중 상경 투쟁, 그 후 7월을 집중 투쟁 기간으로 삼겠다는 결정은 타이밍을 놓친 것이었다.

좋은 기회가 있었다. 고유가 정책 때문에 유럽과 아시아 등지에서 화물 노동자들이 투쟁을 벌이고 있었고, 한국도 예외가 아니었다. 촛불시위에 고무받아 미국산 쇠고기 운송·하역 거부 선언을 하고, 촛불 운동에서 큰 지지를 받은 화물연대가 파업에 들어갔다. 부산항·인천항·마산항·군산항의 물류가 마비됐고, 덤프·레미콘·굴삭기 노동자들이 6월 16일 전면파업에 들어갔다.

당시 이 파업에 대한 지지는 매우 뜨거웠다. 화물연대 사무실에 응원 물품이 쇄도해, 지지금은 받지 않겠다는 공지를 웹사이트에 게재할 정도였다. 정부는 이 파업이 민주노총 차원의 파업으로 확대될까 봐 양보할 수밖에 없었다. 만약 민주노총이 이런 파업을 디딤돌 삼아 더 강력한 파업을 조직했다면 좋았을 것이다.

노동자들이 꼭 광우병 위험 쇠고기 관련 요구를 중심으로 행동할 필요는 없다. 그 요구가 포함되면 좋겠지만 그렇지 않다 해도 그들 자신의 고유한 요구를 위해 싸우면 된다. 그 요구가 자기 직장에 국한된 요구인지 아니면 산업이나 계급 전체에 해당하는 요구인지는 중요하지 않다. 진짜로 중요한 것은 다 같이 싸운다는 것이다. 이것이야말로 마르크스적 의미의 정치투쟁이다.[38]

전체 촛불시위의 저항을 이어 나가는 차원에서뿐 아니라 민주노총의 처지에서 보더라도 그렇다. 촛불시위라는 부양력을 활용했어야 했다. 또한 촛불시위는 민주노총 파업에 우산이 돼 줄 수 있었을 것이다. 전체 운동이 혼란하고 기세가 꺾이는 상황에서는 파업이 탄압에 노출되기가 훨씬 쉽다. 그래서 이명박 정부는 6월 화물연대 파업 때와 달리, 7월 2일 전면파업도 아닌 금속노조의 2시간 파업에 대해서는 매우 집요하고 강경하게 탄압했다. 심지어 이석행 위원장에게 체포영장을 발부하기까지 했다. 한나라당 홍준표는 "어제(28일) 시위에 지방 노동자들도 (많이) 올라왔는데, 예상보다는 (숫자가) 적었다"[39]며 비아냥거리기도 했다.

이런 운동의 혼란과 진정한 지도력 부재 상황은 다른 편향을 낳았다.

거리 시위에서 청와대 진격을 가장 중요한 전술 목표로 삼고 집착하는 경향이 생겨난 것이다.

2008년 말 한 촛불시위 참가자를 인터뷰한 내용이다.

'명박산성'을 넘어 청와대로 나갔다면? 김씨는 다음과 같이 답했다. "이명박 정부의 생각이 달라졌을지도 모릅니다. 적어도 국민이 무섭다는 것을 느꼈겠죠. KBS 사장을 쫓아내고, YTN에 낙하산 인사를 진행하는 '막가파'적 행태는 하기 어렵지 않았을까요."[40]

그러나 쓰라린 진실을 말하자면 5월 31일 청와대 앞에서 시위한 것이 거리 행진이 갈 수 있는 최전선이었다. 그 이후로 경찰은 컨테이너와 경찰 버스로 방어선을 구축해 물리적으로 그것을 뚫을 방법이 없었다. 밧줄로 경찰 버스를 끌어내고, 경찰 버스를 넘기 위한 '국민토성 쌓기'도 시도해봤지만, 번번이 실패했다. 경찰 버스를 아예 강철선으로 아스팔트 차로에 고정시키고, 겹겹이 맞물리게 배치해서 아무리 전투적인 시위대라 하더라도 경찰의 방어를 뚫을 방법이 없었다.

게다가 이런 빈번한 충돌은 시위 참가자들의 사기에도 도움이 되지 않았다. 청와대 진출 시도가 '분노의 표현'이라고 말할 수 있겠지만, 오히려 정부의 철벽 방어 앞에 시위대가 무력함과 절망감을 느낄 수도 있었기 때문이다. 역으로 정부의 물리적 강력함을 입증시키는 것이었을 뿐이다.

운동이 표류하기 시작하자 이명박은 재빨리 반격을 감행했다. 여기에는 미국의 압력도 있었다. 6월 23일 백악관 대변인은 "한국 정부가 이 문제[미국산 쇠고기 수입]를 진전시킬 수 있는지 지켜볼 것"[41]이라며 은근히 압박했다.

시위대가 모래주머니로 쌓아 올린 국민토성.

그 닷새 전에 〈아침이슬〉 운운하며 고개 숙인 이명박이 6월 24일 직접 나서, "국가 정체성에 도전하는 불법 폭력 시위는 엄격히 대처하겠다"고 촛불시위에 선전포고를 했다. 곧바로 6월 25일에는 미국산 쇠고기 수입을 위한 장관 고시 관보 게재를 26일 강행하겠다고 발표했고, 이날 경복궁역 앞 항의 시위에서 연행한 광우병국민대책회의 활동가 안진걸(참여연대)과 윤희숙(한국청년단체협의회)을 구속했다.

6월 27일에는 촛불시위 관련 소환장을 받은 광우병국민대책회의 조직자 박원석(참여연대), 한용진(한국진보연대), 김광일(다함께), 김동규(한국진보연대), 황순원(한국진보연대)과 인터넷 커뮤니티 활동가 백성균(미친소닷넷), 백은종(안티2MB카페), 그리고 정보선(새시대예술연합)에 대한 체포영장을 발부했다. 같은 날 저항의 광장 구실을 하던 서울시청 광장의 텐트 농성장을

경찰과 서울시 용역 직원들이 6월 27일 오후 서울시청 광장에서 촛불시위 단체들의 천막을 강제 철거하고 있다. ⓒ 유성호.

경찰과 시청 직원들이 철거했다.

6월 28일 집회는 피로 얼룩졌다. 정부는 20만 명이 참가한 대규모 시위였음에도 운동이 분명하게 방향을 잡지 못하고 시위 규모와 기세가 한풀 꺾였다고 판단하고 무자비한 반격을 감행했다. 반격으로 방향을 잡은 정부의 방침대로 경찰은 프레스센터 앞 대로와 교보문고 앞 대로에서 시위대를 무차별 폭행했다. 이날 시위대 300여 명이 다쳤고, 60여 명이 연행됐다.

6월 29일에는 아예 서울시청 광장을 봉쇄해 집결 자체를 막았다. 그래서 종로에서 시위가 벌어졌으나 이조차 경찰의 공격으로 오래가지 못했다. 6월 30일에는 경찰이 한국진보연대와 참여연대 사무실을 압수수색하고 수배자인 황순원 한국진보연대 민주인권국장을 구속했다.

7월 1일 천주교정의구현사제단이 주관한 집회를 마치고 참가자들이 "어둠이 빛을 이겨 본 적이 없다"는 펼침막을 앞세우고 행진하고 있다.

물론 촛불은 즉시 꺼지지 않았다. 운동의 저변이 폭넓었기 때문에 열기는 그 후에도 얼마간 지속될 수 있었다.

7월 초에 촛불은 한 주 동안 안식처를 찾았다. 종교 단체가 앞장선 것이다. 이는 우연한 상황과 결합돼 있었다. 원래 6월 30일부터 시작되는 주에 종교 단체들이 시국 행사를 개최할 계획이었다. 그런데 6월 28일과 29일에 경찰은 무자비한 폭력을 휘둘렀고 시청을 봉쇄했다. 이 상황에서 종교 단체들이 저항의 광장을 다시 여는 중요한 구실을 했다. "어둠이 빛을 이겨 본 적이 없다"는 펼침막을 앞세우고 서울시청 광장을 연 천주교정의구현사제단의 신부들은, 정부의 탄압에 위축되고 집결 장소를 찾지 못하던 촛불 시위에게 "빛"이었다.

마르크스가 종교를 가리켜 표현한 것처럼 당시 사제단은 "현실적 비참의 표현이자 현실적 비참에 대한 항의이고, 곤궁한 피조물의 한숨이며, 무정한 세계의 감정이고, 또 정신없는 세계의 정신"[42]이었다. 이런 시위대의 감정을 한 언론은 "따뜻한 어머니 품에 안겨 실컷 운 느낌"[43]이라고 표현했다.

6월 30일부터 사흘 동안 천주교정의구현사제단이 촛불집회를 주관했다. 7월 3일에는 개신교계가, 7월 4일에는 불교계가 촛불집회를 주관했고, 종교 단체들은 닫힌 서울시청 광장을 열었다. 그러나 7월 첫 주는 운동이 안식처를 얻은 것 이상의 의미가 있다.

이명박 정부가 "이쪽(정권)이나 저쪽(시위대) 중 하나는 끝장을 봐야"[44] 한다는 기세로 반격에 나선 상황에서, 어찌 보면 이때가 촛불 운동이 6월 10일 이후의 패색을 만회할 마지막 기회였다. 종교 단체가 앞장서면서 시위대는 점점 늘어났고 7월 5일 주말 시위가 크게 벌어질 것이라 예상됐다. 이 기회를 살려야 했다. 그러나 그때, 위축돼 있는 촛불을 정리하려는 계획이 추진되기 시작했다. 그 첫 포문은 소위 '사회 원로'들이 열었다. 7월 1일 종교계와 온건 학계 인사들, 일부 NGO 대표 — 민변, 한살림, 희망제작소, 환경재단 등 — 32인이 시국선언문을 발표했다. "국민의 촛불은 이미 승리하였습니다"로 시작하는 이 시국선언문은 "7월 5일을 국민 승리를 선포하는 대축제의 날로 만들 것을 제안"했다. 그러나 "승리"라고 하기엔 턱없이 부족한 상황이었다. 이는 7월 5일 집회에서 "승리"를 선포하고 이제 그만 촛불시위를 정리하자는 뜻을 함축했다. '사회 원로' 32인은 운동의 전망이 불투명한 데다 탄압이 강화되고 거리 시위에서 충돌이 잦아지는 부담스러운 상황에서, 싸움을 말리는 '중재자' 구실을 자처한 것이다. 정부의 탄압에 맞서 더 강력한 저항과 투쟁을 호소해도 모자랄 판에 말이다.

이것은 광우병국민대책회의에도 영향을 미쳤다. 7월 5일 집회 제목에도 '국민승리선언'이 들어갔다. 이미 32인 명단에 광우병국민대책회의 소속 NGO 단체 대표들도 포함돼 있었다. 게다가 그동안 광우병국민대책회의에서 거리 시위와 투쟁을 이끌었던 상황실 조직자들이 수배자가 돼 활동에 참가하기 어려운 상황이었다.

수배된 조직자들의 공백을 메운 새로운 상황실 책임자들 — 환경정의, 함께하는시민행동, 생태지평연구소 — 은 운동을 온건한 방향으로 이끌려고 노력했다. 게다가 상황실원들의 의견을 묵살하며 비민주적으로 상황실을 이끈 탓에 기존의 상황실 활동가들과 새로 충원된 책임자들이 마찰을 빚기도 했다(새롭게 파견된 책임자들은 7월 5일 이후 무책임하게 아무런 거취 표명도 없이 상황실 활동을 중단했다). 광우병국민대책회의 상황실 활동가들은 두 달 가까이 거리에서 동고동락하며 팀워크를 쌓았고, 무엇보다 거리 시위에 참가한 대중의 정서를 잘 알았다. 그 정서에 대단히 민감하게 반응하려고 노력했고, 그래서 7월 5일 시위에서 연설한 수배자들은 한결같이 이명박 정부를 비난하며 운동을 지속해야 한다고 강조했다.

이와 대조적으로, 광우병국민대책회의 소속 주요 시민·사회단체 간부 3명은 대책회의 요구안을 전달하려고 청와대 시민사회비서관 임삼진과 "물밑 접촉"을 했다고 보도됐다.

우파 언론은 이를 통해 "촛불 끄기를 조건으로 한 대화" 운운하면서 광우병국민대책회의의 명예를 실추시켰고, 촛불시위를 이간질하고 공격하는 데 이용했다. "물밑 접촉"에 관련된 것으로 드러난 박석운(당시 한국진보연대 집행위원장), 남윤인순(한국여성단체연합 상임대표), 최승국(녹색연합 사무처장)은 "촛불 끄기를 조건으로 한 대화"는 없었다고 말했다. 그러나 "물밑 접촉"

이 사실이라면, 매우 불명예스러운 일인 데다가 '촛불 정리 프로그램'의 일환이라는 비판을 받아 마땅했다.

7월 5일 50만 명이 다시 모였다. 6월 10일 이후 가장 큰 규모였다. 그 후에도 시위는 계속됐지만, 사실상 2008년 대규모 촛불시위로는 7월 5일이 마지막이었다. 중요한 기회를 놓치고 정부의 혹독한 탄압에 직면한 촛불시위는 전망과 과제를 놓고 표류한 채 저항의 중요한 국면을 마감했다.

7월 5일 이후 — 탄압과 경제 위기 심화

중요한 국면이 끝났지만 촛불의 여진은 지속됐다. 7월 12일과 17일, 부시가 방한한 8월 5일, 촛불시위 100일째인 8월 15일에 수만 명이 참가한 시위가 벌어졌다. 이명박 정부의 광포한 탄압에 비춰 볼 때 매우 용기 있는 저항이었다. 이명박 정부는 아예 집결 자체를 봉쇄했고, 시위 체포 전담반 '백골단'을 창설하고 색소 물대포를 사용했다.

이때 바로 세계경제 위기의 진원지로부터 세계경제 위기 심화의 경고가 들려왔다. 그동안 낙관적 경제 전망을 내놓던 미국 연방준비제도이사회FRB 의장 벤 버냉키는 7월 15일 미 상원 은행위원회에서 "미국 경제가 수많은 어려움에 직면해 있다. …… 경제성장 전망에 중대한 하강 리스크가 있고, 인플레이션 전망에는 상승 리스크들이 강화됐다"[45]고 인정했다. 게다가 세계경제의 주요 부분인 유럽도 심각한 상황에 이르고 있었다. "스페인과 아일랜드는 물론 유럽 경제의 견인차 구실을 하던 독일까지 급격히 흔들리면서, 유럽도 미국발 금융 위기에서 벗어나지 못할 것이란 우려가 커지고 있

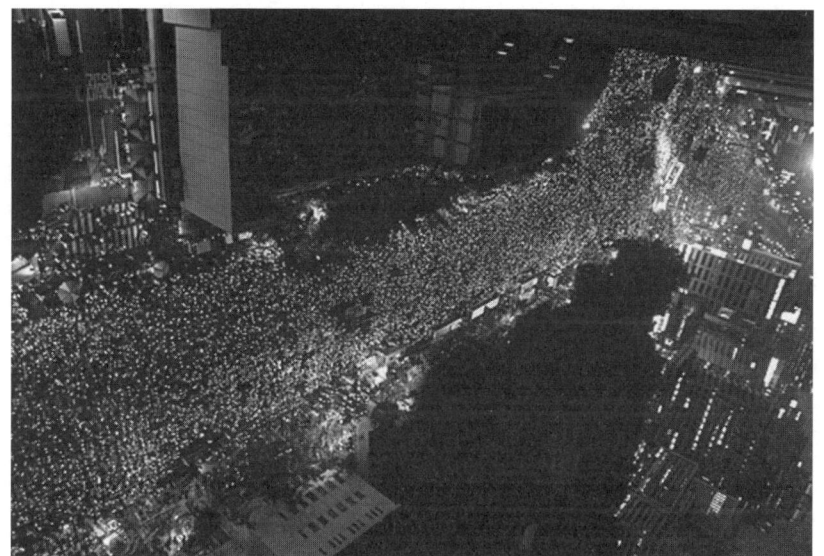

7월 5일 시위에는 6월 10일 집회 이후 가장 많은 사람들이 참가했다.

다고 〈인터내셔널 헤럴드 트리뷴〉이 [7월] 15일 보도했다."[46] 그래서 이명박 정부는 '촛불시위가 경제를 망친다'는 중상모략을 늘어놓기 시작했다. 경제 위기 우려는 현실이 됐다. 2008년 하반기 한국 경제는 곤두박질쳐 산업 생산, 수출, 무역수지 등에서 최악의 상황으로 빠져들었다.

그저 인터넷에 자신의 견해를 밝히며 "닭은 닭이라고 하고 고양이는 고양이라고 한 것밖에 없는" '미네르바'에게 히스테리 반응을 보인 것도 경제 위기에 대한 두려움의 발로라고 볼 수 있다. 경제 위기 상황을 지적하는 것은 매우 중요하다. 이것은 세계 금융 공황의 첫 예고일인 9월 11일 이후 한층 높아진 탄압 수준을 설명하는 요인이 될 것이기 때문이다.

이명박 정부의 탄압은 촛불 끄기 이상을 노리고 있었다. 경제 위기 책임 전가에 맞서는 저항의 싹을 자르려 했던 것이다. 그래서 이명박 정부는 다

7월 5일 집회 후에 촛불 수배자들은 조계사에 들어가 농성을 시작했다. 농성은 100일 넘게 지속됐다. 왼쪽 두 번째가 이 책의 지은이다. ⓒ 월간 말.

시 국가보안법을 꺼내 들어 사회주의노동자연합과 남북공동선언실천연대를 마녀사냥했다.

촛불 수배자들은 7월 5일 집회 후에 조계사에 들어가 농성을 시작했다.* 100일 넘게 지속한 수배자 농성은 어느 정도 촛불 저항의 상징 구실을 했다. 그러나 대중행동이라는 부양력이 사라진 상황에서 상징은 그저 상징일 뿐이었다. 운동을 되살리기에는 역부족이었다.

8월 15일 100일차 촛불시위 이후 광우병국민대책회의와 촛불시위의 전

---

* 조계사 농성 수배자 7인은 10월 말 조계사를 빠져나왔고 박원석·한용진 실장 등 5인은 11월 6일, 이석행 당시 민주노총 위원장은 12월 5일 체포됐다.

망에 대한 논의 — 이른바 "촛불 시즌2" — 가 본격화했다. 촛불시위의 여파가 거의 사그라지는 것과 맞물려 두 가지 온건화 압력이 나타났다. 먼저, 불매운동 등 이른바 '생활 정치'로 전환하자는 목소리가 커졌다. 광우병국민대책회의 내에서 NGO들과 한국진보연대가 일찌감치 불매운동으로의 전환을 주장하고 있었다. 광우병국민대책회의 내의 팽팽한 의견 대립으로 결정되지도 않은 내용이 장대현 광우병국민대책회의 대변인 등의 입을 통해 언론에 보도되기도 했다. 이것은 운동의 정치투쟁 성격을 완화하려는 것이었다. 저항을 정치권력에 맞선 집단적 투쟁 대신 일상생활에서 개인이 하는 실천으로 치환하려는 것이었다. 그리고 10월 9일 '민주주의와 민생 위기에 대응하는 비상시국회의'가 열려 '민생민주국민회의' 준비위를 발족하기로 결정했다. 2008년 촛불시위의 중요한 국면이 끝난 상황에서 '민생민주국민회의' 발족은 한참 때늦은 것이었다. 그래서 지난 촛불시위의 여파를 마무리하는 정리 수순의 성격이 짙었다.

또 다른 온건화 압력은 앞으로 벌어질 저항에서도 중요한 쟁점이 될 민주당 참여 문제가 발족 과정에서 논란의 대상이 되면서 드러났다. 주요 NGO들은 민주당과 함께해야 한다는 뜻이 강력했고, 다함께·보건의료단체연합·전빈련·진보신당 등은 반대 입장이었다. 한국진보연대는 두 입장 사이에서 줄타기했다.

제한적·부분적으로 민주적 권리 방어 같은 쟁점에서는 민주당과 함께할 수도 있지만, 포괄적이고 상시적인 전선 안에 민주당을 포함하는 것은 결국 일정 국면에서 운동의 발목을 잡는 결과를 부를 것이기에 결코 바람직하지 않다. 민주당은 자본가계급에 기반을 두고 있고 이명박 정부가 추진하는 신자유주의 정책의 전임 집행관들이다. 그래서 민주당은 우리 운동의 요구와 이익을 결코 일관되게 옹호하지 못한다. 오히려 본질적으로 그것에 반하는 세력일 뿐이다.

2008년 촛불시위 대차대조표 그리기

2008년 촛불시위의 성적을 매기기엔 다소 이른 감이 있다. 2008년 촛불은 이명박 정부 아래에서 계속 벌어질 잇따른 저항의 일부분으로 자리 잡을 것이기 때문에 평가는 '잠정적'이다.

2008년 촛불시위가 자신의 주요 요구를 성취하지는 못했다. 그러나 시위의 구체적 요구 수용 여부만으로 운동의 성패를 판단하는 것은 대단히 협소한 시각이다. 최장집 교수는 다음과 같이 평가한다.

> 많은 에너지가 투여돼 굉장한 기대를 갖게 만들었었는데 오늘의 시점에서 촛불이 만든 결과는 너무 허망하다. 오히려 정부는 더 자신감을 얻고 강해졌다고 볼 수도 있다.[47]

거리 시위와 저항을 탐탁치 않게 여기고 의회 민주주의, 제도 정치적 대안을 강조한 최장집 교수가 촛불시위 결산표에 이명박 정부의 자신감 강화를 넣는 것은 어쩌면 당연하다.

그러나 우선 이명박 정부가 "더 자신감을 얻고 강해졌다고 볼 수도 있다"는 것은 전혀 사실이 아니다. 촛불시위의 영향으로 이명박 지지율은 곤두박질쳤다. 촛불시위는 분노의 초점 구실을 해, 이명박 정부를 폭로하고 그 권위를 추락시켰다. 촛불시위 최고조기에 이명박 지지율이 7퍼센트까지 추락한 것도 놀랍지만, 이제 겨우 1년 된 정부의 지지율이 기껏해야 30퍼센트대라는 것 또한 놀라운 일이다. 이는 '정상적 통치'가 불가능할 정도로 형편없는 지지율로서, 괜히 정부 측 인사들이 '촛불 때문에 1년 허송세월했다'고 한탄하는 것이 아니다.

그리고 촛불은 이명박 불도저를 한동안 저지했고, 심지어 폐기할 수 있는 가능성마저 힐끗 보여 줬다.

촛불시위가 끝났지만 그 여파는 이명박 정부를 상시적 불안정에 빠뜨렸다. 한미FTA, 대운하, 의료·공기업 민영화, 입시·경쟁 교육 강화 등은 일시 중단되거나 가다 서다를 반복하며 힘겹게 추진되고 있다. 한나라당이 주력한 방송법 개악은 언론 노동자들의 파업에 부딪혀 두 번이나 처리가 좌절됐다. 어청수의 뒤를 이어 심복으로 삼으려던 김석기는 결국 낙마했다. 경찰국가를 만들려는 이명박에게 매우 중요한 경찰 수장 자리에서 말이다. 이는 "자신감 얻고 강해진" 모습과 거리가 멀다.

민주노총 공공연맹 간부의 글은 촛불시위가 남긴 성과를 잘 보여 준다.

공공부문 사유화 [문제는 쇠고기 촛불 정국에 불려 나왔다. 공공부문 노동자들이 사유화 저지를 위해 많은 기간 투쟁하고 고민해 왔지만 뾰족한 수를 찾지 못하고 있는 상태에서 사유화에 대한 국민적 반대 여론이 형성되기 시작하였다. 물, 전기, 가스, 의료, 교육 등 국민 생활의 기초가 되는 부문이 사기업으로 넘어갈 경우 요금 인상과 서비스 중단이나 질 저하는 국민의 기초 생활을 어렵게 할 것이라는 여론이 쉽게 형성되었다.[48]

이명박 정부가 온갖 반민주 악법을 추진하며 기세등등하게 칼을 휘두르는 것처럼 보이지만, 이는 자신감이 있어서라기보다 오히려 언제든 다시 터져 나올 수 있는 저항을 두려워하기 때문이다. 실상을 보면 이명박 정부에게는 제대로 되는 일이 없다. 그래서 심지어 우익 소설가 이문열은 다음과 같이 탄식했다.

[이명박 정부 1년에 대해] 내가 보기에는 아무것도 바뀌어진 게 없다. …… 봄이 와도 봄 같지 않은 봄 있죠? …… 춘래불사춘 같은. 그 기분으로 별로 바뀐 걸 느끼지 못한다.[49]

하나의 저항과 투쟁을 분석할 때 구체적 요구의 성취보다 더 중요하게 고려해야 하는 것은 의식의 변화와 조직의 성장이다. 이런 면에서 볼 때 2008년 촛불시위는 매우 중요한 퇴적물을 남겼다. 우선, 대다수 주요 개혁주의 사회운동 단체들이 이명박 정부 등장으로 의기소침해 있었으나 원기를 회복했다. 위대한 저항으로 타오른 촛불시위가 "하늘을 뒤흔들었"[50]기 때문이다. 8월 말까지 총 1524명 연행, 구속 32명, 수배 22명, 부상 2500명이라는 수치는 시위대의 용기와 의지가 얼마나 굳건했는지 보여 준다. 앞서 살펴본 것처럼, 저항과 투쟁은 연결되고 서로 영향을 준다. 1987년 6월 항쟁과 7~9월 노동자들의 거대한 저항의 씨앗은 바로 1980년 5월 광주의 영웅적인 무장투쟁이었다. 7년 동안 간직된 저항의 씨앗이 위대한 투쟁의 열매로 부활했다. 2008년 촛불시위는 이명박 정부에 맞서 싸워야 하고, 또 그럴 수 있음을 보여 줬다. 이것이야말로 2008년 촛불시위의 최대 성과다. 다음번 저항과 투쟁이 분출할 때 2008년 촛불시위는 그 의의와 역사성을 다시 아로새길 것이다.

　그러나 역사는 단순 반복을 허용하지 않는다. 다음번 저항의 분출을 앞당기고, 그 기회가 왔을 때 저항의 힘을 효과적으로 활용하기 위해, 또 다른 저항의 '봄'을 위하여 2008년 촛불시위의 성과와 약점을 집단의 기억으로 새길 필요가 있다.

5장

2008년 촛불시위를 둘러싼 논쟁

인간은 자신의 역사를 만든다. 그러나 자기 마음대로, 즉 자신이 선택한 상황에서 만드는 것이 아니라 이미 존재하는, 주어진, 물려받은 상황에서 만든다. 모든 죽은 세대의 전통은 마치 꿈속의 악마처럼, 살아 있는 세대의 머리를 짓누른다. 그리고 살아 있는 세대가 자신과 사물을 변혁하고 지금껏 존재한 적 없는 무언가를 만들어 내는 데 몰두하는 것처럼 보이는 바로 그때, 바로 그러한 혁명적 위기의 시기에, 그들은 노심초사하며 과거의 망령들을 주문으로 불러내 자신에게 봉사케 하고, 그들에게서 이름과 전투 구호와 의상을 빌린다. 그리고는 이 유서 깊은 분장과 차용한 대사로 세계사의 새로운 장면을 연출한다.
— 칼 마르크스, 《루이 보나파르트의 브뤼메르 18일》

이번 장에서는 촛불시위를 둘러싼 논쟁과 쟁점을 자세히 살펴볼 것이다. 이 작업의 목적은 다음 저항과 전투를 위한 교훈을 끌어내는 것이다.

운동과 리더십

지배계급의 '리더십'

'지도'라는 말은 기분 나쁘고 불쾌한 느낌으로 다가온다. 학창 시절 '학생 지도'를 받으려고 학생부실에 끌려갔던 일이나, 복장·두발 '지도'에 단속돼 교문 앞에서 더운 여름날 땀 흘리며 '얼차려'를 받던 기억이 떠오른다. 공부하기 싫은 과목의 '학습지도'는 또 얼마나 따분한 일이었나.

우리가 겪는 '지도자'란 또 어떤 사람들인가. 군사 독재자 박정희는 '민족의 지도자'로 추앙받았다. 1980년 〈조선일보〉가 전두환에게 바친 소름 돋는 찬가를 보라. "그[전두환]의 투철한 국가관과 불굴의 의지, 비리를 보고선 잠시도 참지를 못하는 불같은 성품과 책임감, 그러면서도 아랫사람에겐 한없이 자상한 오늘의 '지도자적 자질' ……."[1] 전 세계 '지도자' — 이른바 선진 8개국 G8 정상 — 들은 제국주의 전쟁과 신자유주의, 환경 파괴로 지구와 우리 삶을 망치는 데 앞장선다.

지금까지 언급한 '지도'는 엘리트주의의 표현이다. 엘리트주의는 계급적 뿌리가 있다. 이것은 권력을 가진 자들이 피억압자를 지배하는 것과 연관이 있다. 체제에 필요한 교육을 위해 교육제도는 억압적 '지도'로 점철된다. 정치권력과 경제권력을 가진 계급이 그렇지 못한 피지배 계급을 착취·억압하려고 '지도'한다.

이명박은 촛불시위를 두고 "광우병 괴담"과 "정보 전염병"을 언급했고, 무시무시한 "배후 세력" 운운하며 공포심을 퍼뜨리려 했다. 이는 운동을 폄훼하고, 운동이 더한층 정치화하는 것을 막으려는 공격일 뿐 아니라, 지배계급의 세계관을 보여 주는 것이기도 하다. 대중은 우매하므로 지도자나 '배후' 없이는 행동에 나설 수 없다는 생각 말이다. 그들은 대중의 자발성을 신뢰하지 않는다.

역사를 봐도 지배계급은 혁명과 저항이 한 무리 혁명가들의 사주에 따른 것으로만 여긴다.

혁명적 시기에 볼 수 있는 사상과 열정은 폭발적 운동을 창출한다. 이것이 경찰의 눈에는 그저 '선동가들'의 활동 결과인 것처럼 보인다. 그러나 실제로는

그 배후에 거대한 것이 있다(강조는 필자).²

지배계급의 역사 서술을 보면, 왕과 정치인들 같은 지배 엘리트들이 역사를 이끌어 온 것처럼 돼 있다. 브레히트는 "어떤 책 읽는 노동자의 의문"이라는 시에서 지배계급의 엘리트주의 역사관을 이렇게 비꼬았다.

성문이 일곱 개나 되는 테베를 누가 건설했던가?
책 속에는 왕의 이름들만 나와 있다.
왕들이 손수 돌덩이를 운반해 왔을까?
그리고 몇 차례나 파괴되었던 바빌론 —
그때마다 그 도시를 누가 재건했던가?
……
역사의 페이지마다 승리가 나온다.
승리의 향연은 누가 차렸던가?
10년마다 위대한 인물이 나타난다.
거기에 드는 돈은 누가 냈던가?

그 많은 사실들.
그 많은 의문들.³

마르크스주의와 리더십

지배자들의 권력에 맞서는 저항과 운동에서 '리더십(지도)'이 과연 필요한가? 그렇다면 어떤 종류의 리더십이 필요한가?

고전 마르크스주의의 핵심 관점은 자발성과 의식성(지도적 요소)을 분리해

서로 대립시키지 않는다는 것이다. 둘을 분리해 대립시키는 것은 기계적이고 비변증법적인 것이다.

흔한 오해와 곡해 중 하나가 레닌에 관한 것이다. 예컨대 강내희 교수는 "그동안 좌파는 레닌의 사례가 보여 주듯 아래로부터 나오는 대중의 권력 의지를 위에서 통제하려는 경향에서 자유롭지 못했다"[4]고 말한다. 레닌에 관한 오해에서 가장 많이 언급되는 것이 바로 ≪무엇을 할 것인가?≫에서 레닌이 말한 "따라서 우리의 임무, 사회민주주의*당의 임무는 **자생성과 투쟁하는 것**, …… 계급적 정치의식은 오직 외부에서, 즉 경제투쟁의 외부에서, 고용주에 대한 노동자의 관계라는 영역 밖에서 노동자에게 전달될 수 있다"[5](강조는 원문)는 대목이다.

그러나 레닌 자신이 실천적 마르크스주의자였기 때문에, 그의 저작은 당시 러시아 노동계급 운동의 상황이라는 **구체적 맥락**에서 독해해야 한다.

≪무엇을 할 것인가?≫에서 레닌이 조직을 기계적이고 과도하게 강조하는 쪽으로 막대기를 완전히 구부렸던 것은 작전상 매우 유용한 것이었다. 약 4~5년 동안 러시아 마르크스주의자들은 노동계급 속에서 공장 차원의 투쟁에 대한 열망을 불러일으키려 했다. 그러나 이제는 대중 가운데 정치적으로 의식화된 부문 속에서 정치 행동을 향한 열망을 불러일으키는 것이 필요했다.[6]

---

* 당시 사회민주주의는 마르크스주의 전통을 뜻했다. 이 장의 3절에 나오는 로자 룩셈부르크의 언급도 마찬가지 맥락이다. 그러나 제1차세계대전이 벌어지고 독일 사민당을 비롯한 주요 사회민주주의 정당들이 자국 정부의 전쟁을 지지하면서 제2인터내셔널이 붕괴했다. 그리고 1917년 러시아 혁명이 성공하면서 혁명적 세력들은 공산당으로 명칭을 변경했다.

계급투쟁과 함께한 실천적 마르크스주의자 레닌은 대중의 혁명적 자발성을 기본으로 신뢰했다. 1905년 혁명이 터지고 페테르부르크에서 노동자들의 대중조직인 소비에트가 만들어지자 처음에 볼셰비키는 소비에트가 볼셰비키의 강령을 받아들이지 않으면 참가하지 않겠다고 종파적 태도를 취했다. 그러나 해외에 망명 중이던 레닌은 대중의 혁명적 자발성을 찬양하며 볼셰비키를 비판하고 당내 투쟁을 했다.

노동자 대표 소비에트인가 아니면 당인가? 나는 문제를 이런 방식으로 제기하는 것이 틀렸고 따라서 결정은 **분명히** 노동자 대표 소비에트와 당 둘 다여야 한다고 생각한다(강조는 원문).[7]

1917년에 레닌은 심지어 아나키스트라는 말까지 들었다.

귀국 당일 레닌이 "4월테제"를 처음 발표했을 때, 그는 바쿠닌*을 위해 마르크스를 저버렸다고 비난받았다. 이런 비난은 수하노프의 회고록에서 반복적으로 발견된다. 실제로 레닌은 1917년 중에 "우리는 무정부주의자가 아니다"라고 여러 차례 되풀이하여 말했다.[8]

그때 수차례 레닌은 "대중이 볼셰비키보다 100배는 더 왼쪽에 있다"고 말했다.
자본주의 체제 자체가 노동계급을 비롯한 피억압자들을 투쟁에 나서게 만든다. 마르크스는 《공산당 선언》에서 이 점을 지적했다.

---

* 마르크스 시대에 활동했던 아나키스트.

프롤레타리아트는 다양한 발전 단계들을 경과한다. 부르주아지에 대항하는 그들의 투쟁은 그들의 존립과 더불어 시작한다.[9]

역사적으로 위대한 혁명은 대부분 대중의 자발적 투쟁으로 시작했다. 혁명가들이 혁명을 시작한 것이 아니다. 1871년 파리코뮌은 프로이센 군대가 다섯 달 동안 포위·봉쇄 — 이 때문에 파리 시민들은 식량이 부족해 개와 쥐를 잡아먹어야 했다 — 하고, 프랑스 공화정 수반 티에르가 배신한 상황에서 대중의 무장봉기로 시작됐다. 1905년 러시아 혁명은 차르 군대의 발포에 항의해 확대된 총파업이 촉발했다. 1917년 혁명 또한 '국제 여성의 날'을 기념하는 여성 노동자들의 시위와 파업이 혁명의 방아쇠 구실을 했다.

그렇다면, 자발성과 의식성(지도적 요소)의 변증법이라는 것은 무엇을 뜻할까? 이것을 이해하려면 대중투쟁을 현미경으로 들여다볼 필요가 있다. 그러면 모든 투쟁에 지도적 요소가 있다는 것을 발견할 수 있다. 아무리 작은 파업이라도, 아무리 작은 시위라도 누군가 처음 호소한 사람이나 집단이 있는 법이다. 그 호소를 한 사람이나 집단은 더 많은 사람들을 동참시키기 위해 더 설득력 있고 더 효과적으로 제안하려는 노력을 하지 않을까? 요컨대, '순수한' 자발성은 존재하지 않는다.

한 가지 사례를 보자. 2002년 월드컵 당시 붉은악마의 거리 응원을 여중생 압사 항의 촛불시위의 전사前史로 여기는 주장들이 꽤 있는데, 이것은 터무니없다.

레드 컴플렉스에 반세기 동안 주눅 들고 눈치 보며 움츠러들었던 한민족이 붉은 옷을 입고, 붉은 색이 되자는 슬로건을 동일하게 가슴에 지니며 활보했던 이 사건은 멀지 않은 미래에 또 한번 시대정신을 송두리째 변혁시킬 사건을 위한 복선으로 작용할 것이 분명했다.[10]

붉은악마 거리 응원은 국가 대항전에 대한 응원이었을 뿐, 이후 위대한 정치적 운동과 그 성격이 근본적으로 다르다. 여기서 내가 중점적으로 다루려는 것은 성격 문제가 아니라 붉은악마라는 응원 형태다. 자발적으로 모여든 그 대규모 응원전에도 분명히 지도적 요소는 존재했다. 축구 경기에서 공격과 수비 때의 응원 구호와 응원가가 달랐다. 누군가는 경기장에서 상황에 적합한 구호와 응원가를 결정해 응원단을 지도했다. 누군가는 카드섹션 문구를 결정했으며, 카드섹션은 정확한 타이밍에 일사불란하게 진행됐다.

그렇다면 그동안의 운동을 살펴보자. 2002년 11월 30일 촛불시위는 '앙마'의 제안으로 시작했다. 2003년과 2004년 반전시위는 당시 반전 연대체인 전쟁반대평화실현공동실천이나 파병반대국민행동의 호소에 의한 것이다. 2004년 탄핵 반대 운동은 당시 인터넷 커뮤니티 '국민을협박하지마라'나 탄핵반대국민행동의 호소로 지속됐다.

2008년 촛불시위도 마찬가지였다.

온라인 필명 '안단테'가 처음 이명박 탄핵 운동을 발의한 것은 리더십이 아니었던가? 광우병 쇠고기 반대 촛불문화제 초창기에 무대(민주노총 방송차)와 확성기, 이명박이 궁금해한 그 많은 촛불 구입 비용 등은 저절로 마련됐던가? 이명박 정권의 공안 기관들과 〈동아일보〉 따위 우익 언론이 "배후" 어쩌고 하기 시작했을 때는 광우병쇠고기국민대책회의야말로 바로 그 "배후"

2002년 11월 30일 광화문 교보문고 앞에서 열린 여중생 압사 항의 촛불시위는 한 네티즌의 제안으로 시작됐다. ⓒ 김시연.

였다. 특히 나눔문화, 일부 네티즌 그룹들, 다함께, 참여연대, 한국여성단체연합, 한국진보연대, 한국청년단체협의회, 환경정의 등(가나다 순)이 능동적으로 주요 조직자 구실을 자임했다.[11]

이에 더해 과거 저항의 역사적 경험과 우석균, 박상표, 우희종 등 전문가들의 이데올로기 지도도 중요했다.

트로츠키는 자발성과 지도적 요소에 대해 말하면서 전직 검사인 자유주의 관료 자바스키가 러시아 혁명 당시 한 말을 인용한다.

운동이 자연 발생적으로 시작되었고, 병사들이 스스로 거리에 나섰다. 대개 이렇게 생각한다. 그러나 나는 이 생각에 전혀 동의할 수 없다. 결국 '자연 발생적으로'가 의미하는 바가 무엇인가? …… 자연 발생성 사상은 자연과학보다는 사회과학에 더 부적절하다. 어느 혁명 지도자의 이름이 운동에 붙어 있지 않다고 해서 이 운동이 비인격적인 것은 아니다. 다만, 이름이 없을 뿐이다.[12]

운동은 단선적으로 발전하지 않는다. 앞서 말한 2008년 촛불시위의 여러 국면처럼, 운동은 다양한 국면을 거치게 된다. 예컨대, 5월 말 거리 행진이 시작됐을 때나 6월 10일 시위 이후 상황에서, 운동이 어떤 방향으로 나아가야 할지 다양한 의견이 존재했다. 그리고 그 의견들은 자신의 주장으로 사람들을 설득해서 그 방향으로 나아가게 하려고 노력했다. 그렇다면, 정작 중요한 문제는 '어떤 리더십인가' 하는 것이다.

2008년 촛불시위와 자발성주의 — 자발성, 집단지성, 인터넷

2008년 촛불시위의 가장 중요한 특징은 바로 자발성이다. 이 점은 부인할 수 없다. 그러나 자발성을 지도적 요소 — 리더십 — 와 분리해 대립시키는 것, 즉 '자발성주의'가 다수 촛불 평가에 공통으로 드러난다.

항쟁의 주체도 87년은 재야 단체와 학생, 직장인이 주축이었다면 지금은 그야말로 자발적으로 참여한 대중들인 것이다.[13]
[촛불집회의 성격은] 지시와 명령 없이 자율과 참여의 운동이 기본이 되어 있다.[14]
모두가 전위였고, 모두가 배후였으며, 세대와 깃발을 뛰어넘어 오직 자발적이고 수평적인 연대만이 촛불과 촛불을 이어 주었다.[15]

촛불집회 현장에서는 지도에 대한 거부, 대의에 대한 거부가 많았습니다. 반면에 민주노총은 지도부가 있는 거잖아요. 지도받지 않는 행동을 하는 사람이 길거리에서는 주도적인 역할을 한 게 아닌가 싶어요.[16]

우리 사회를 이끄는 힘이 순식간에, '대중에서 다중으로', '공간 공동체에서 시간 공동체로', '정치에서 문화로', '지도와 계몽에서 집단 지성으로' 이동한 것을 밝히지 않고서는 이 경이로운 풍경을 설명할 길이 없을 것이다.[17]

자발성은 자율성과 자연스럽게 결합되었다. 자율성은 권위에 대한 거부를 특징으로 했다. 봉기 참가자들은 자신의 생각과 다른 생각과 행동을 폭넓게 관용하면서 타인이 자신에게 어떤 생각을 강요하는 것을 거부했다.[18]

자발성주의의 첫째 근거가 되는 것은 대중의 창조성과 적극성이다. 이는 2008년 촛불시위의 위대한 단면과 연관이 있다. 2008년 촛불시위는 여기에서 일일이 언급할 수 없을 정도로 대중의 창조성과 적극성을 보여 줬다. 그러나 이것은 2008년 촛불시위만의 특징이 아니다. 혁명에 못 미치더라도 모든 위대한 저항에서 대중은 창조성과 적극성을 풍부하게 표현했다. 이런 대중의 창조성과 적극성은 모든 위대한 저항과 혁명의 연료이기도 하다. 저항과 혁명은 트로츠키 말처럼 "대중이 역사에 적극적으로, 깊숙이 개입하는 것"이다. 그런 과정은 피지배자들이 구래의 전통과 관습을 뛰어넘도록 창조성을 자극한다. 1871년 파리코뮌은 마르크스와 엥겔스가 고안하고 방향을 제시한 것이 아니다. 파리 노동자들이 스스로 역사에 적극 개입해서 기존 국가기구를 파괴하고 스스로 권력을 장악한 것이다. 1905년과 1917년 러시아 혁명에서 등장한 소비에트도 볼셰비키가 고안한 것이 아니다. 1936년 스페인 혁명 당시 바르셀로나에서는 구두 닦는 소년들조차 구

1980년 5월 광주에서 전두환 군사독재에 맞선 시위대.

두닦이 통에 전국노동자연맹CNT과 같은, 자신이 지지하는 조직을 표시했다.[19] 1980년 광주에서 시민들의 적극성과 창조성이 없었다면 전두환 군사독재에 맞선 무장투쟁도 없었을 것이다.

촛불시위에서 드러난 해학과 재치, 예술적 표현의 다양성도 대중의 창조성이 드러난 사례로 제시된다. 문화 정책 연구자인 목수정이 잘 지적한 것처럼,

> 열정과 정의와 진실, 환희가 뒤범벅된 촛불집회의 현장은 한 장면 한 장면이 예술가들의 영감을 자극하였고, 예술가들은 자신들의 표현 도구로 그 자체가 예술이 되는 아름다운 풍경에 화답하면서 조용히 하나의 촛불을 밝혔다.[20]

그래서 2008년 촛불시위가 "문화혁명"으로 표현되기도 한다. 이런 것도 2008년 촛불시위만의 고유한 현상이 아니다. 저항과 혁명의 일반적 특성을 잘 보여 주는 사례일 뿐이다.

모든 혁명은 자신의 예술가를 갖는다. 혁명은 즉석에서 부를 노래를 긴급하게 필요로 한다. 혁명은 자신의 과정을 역사로 기술하고 싶어한다. …… [러시아] 혁명의 대의에 공감한 예술가들이 포스터와 혁명적 그래피티로 꾸며진 선전 열차에 올랐다. 그리고 그들은 혁명의 이상을 자신들의 작품을 통해 러시아 전역에 소개했다. 그들은 주장이 선명한 포스터를 제작했고, 즉석에서 시를 지었으며, 혁명을 찬양하는 노래를 불렀다. 마야코프스키가 찬양한 거리 연극이 바로 이 시기에 등장했다. 러시아 프롤레타리아트와 농민이 혁명을 지지하도록 고무하고 동원하는 예술 부대 ─ 혁명기의 선동적 예술 ─ 였던 것이다.[21]

자발성주의와 관련해 중요하게 제기되는 다른 하나는 "집단지성" 개념이다. 프랑스 사회학자이자 철학자인 피에르 레비는 집단지성을 다음과 같이 정의한다.

집단지성이란 무엇인가? 그것은 어디에나 분포하며, 지속적으로 가치 부여되고, 실시간으로 조정되며, 역량의 실제적 동원에 이르는 지성을 말한다. 이러한 정의에 다음 사항을 덧붙이자. 집단지성의 토대와 목적은 인간들이 서로를 인정하며 함께 풍요로워지는 것이지 물신화되거나 신격화된 공동체 숭배가 아니다(강조는 원문).[22]

그리고 또한 인터넷에 대해 다음과 같이 말한다.

전 세계에 분포된 수많은 정보 센터들 간의 '무정부주의적' 협력을 바탕으로 하는 네트워크의 네트워크인 인터넷은 오늘날 사이버 공간이란 이름으로 지칭되는, 국경을 초월한 거대한 다민족적 매체의 상징이 되었다. …… 가상 세계를 통한 새로운 통신 기술은 사회적 유대의 문제를 지금까지와 다른 방식으로 제기한다. 요컨대 인간화, 영장류에서 인류로의 진화hominisation, 다시 말해 인류의 출현 과정은 아직 완성되지 않았다. 그것은 오히려 급격히 가속화되고 있는 듯하다.[23]

〈경향신문〉 같은 언론뿐 아니라 좌파들도 이런 견해를 공유한다. 좌파들은 때로 "다중지성"이라는 표현을 사용하기도 한다.

정동과 지성의 결합체인 다중지성과 그것의 운동은 운동의 하나의 방법이 아니라 탈근대적 운동의 토대이고 조건이다.[24]
계급이냐 다중이냐의 진정한 쟁점은 현재의 촛불집회가 '다중지성'이라는 새로운 주체를 형성하는 방향으로 나아가고 있는가에 있다. 분명 촛불집회는 이런 성격을 보여 주고 있다. 특히 인터넷 매체를 통해서 형성되는 네트워크는 기존의 전문가와 대중의 간격을 무너뜨렸고 새로운 다중지성을 생산하고 있다.[25]

"집단지성"과 "다중지성" 문제는 중요한 쟁점 두 가지를 내포한다. 하나는 대중의 의식이고, 다른 하나는 인터넷이다.
먼저, 전자를 살펴보자. 촛불시위 과정에서 드러난 대중의 높은 의식은 눈부셨고, 이것이 촛불의 매우 중요한 자양분이었다. 그런데 고전 마르크스주의 관점에서 볼 때 대중의 의식은 모순적이다. 마르크스는 ≪공산당 선언≫에서 다음과 같이 말했다.

> 사람들의 생활 상태, 그들의 사회적 연관들, 그들의 사회적 존재와 더불어 그들의 관념, 견해, 개념, 한마디로 그들의 의식 또한 변한다는 것을 이해하는 데에 더 이상의 깊은 통찰이 필요하단 말인가? 사상의 역사는 정신적 생산이 물질적 생산과 더불어 변화된다는 것 외에 달리 무엇을 증명하고 있단 말인가? 한 시대의 지배적 사상은 늘 지배계급의 사상이었을 뿐이다(강조는 필자).[26]

또한

> 공산주의 혁명은 과거로부터 전해 내려온 소유관계들과의 가장 철저한 결별이다. 공산주의 혁명이 자신의 발전 과정에서, 과거로부터 전해 내려온 사상과 가장 철저하게 결별한다는 것은 놀랄 만한 일이 아니다.[27]

요컨대, 생산관계에 의해 사상과 관념이 결정적인 영향을 받고, 생산관계의 급격한 변화 과정에서 의식과 사상도 변한다는 것이다.

대중은 투쟁을 경험하기도 하지만, 억압과 착취도 함께 겪는다. 후자는 대중을 수동화하고 원자화한다. 만약 "집단지성"이 "어디에나" 있다면 대중의 저항과 투쟁이 "어디에나" 있어야 한다. 그러나 이런 주장은 현실에서 생겨나는 투쟁의 불균등성을 제대로 설명하지 못한다. 심지어 저항이 폭발하는 혁명적 시기에도 대중의 의식은 불균등하고 모순적이다. 이에 대해 트로츠키는 이렇게 설명한다.

> 혁명적 시기에는 대중의 견해와 정서가 급격한 변화를 겪는다. 이 변화는 인간 심리의 융통성과 기동성에서 나오지 않는다. 반대로 깊이 뿌리박힌 보수주의 심리로부터 나온다. 새로운 객관적 상황들이 재앙이 되어 인민의 머리 위로 와르르 무너져 내리는 바로 그 순간까지 인간의 사상과 관계들은 고질적으로 객관적 상황에 뒤처져 있다.[28]

그리고 투쟁에 나선 대중의 불균등한 의식 때문에 운동의 전략과 전술에 관한 논쟁이 벌어진다. 운동이 어디로 어떻게 나아가야 하는지에 대한 의견 차이를 둘러싸고 논쟁이 벌어지는 것이다.

이 문제에 대한 피에르 레비의 대안은 아나키즘적이다.

> 시위 참가자들이 모두 같은 구호를 외칠 때, 그들은 아마도 집단적 발화 체제를 구성할 것이다. 그러나 이러한 가능성의 대가는 무시할 수 없다. 왜냐면 공동 주장이란 그다지 많지 않고 매우 단순하며, 그 주장은 다양성을 가리고, 인간을 개별화시키는 차이를 배척하기 때문이다.[29]

그러나 2008년 촛불시위에서 다수의 시위 참가자들은 이명박 퇴진과 재협상 같은 공통의 열망을 표현하고, 공통의 적에 맞서는 구호를 외쳤다.

"집단지성"의 이런 아나키즘적 성격은 자발성주의 찬미와 연결된다. 그리고 자율주의자들의 "다중지성"도 이와 매우 유사하다.

"집단지성"의 또 다른 쟁점은 '사이버 공간', 즉 인터넷에 대한 무비판적 찬미와 과대평가다. 이 또한 2008년 촛불시위를 평가하는 대다수 필자가 공유하는 것이다.

피에르 레비는 이렇게 말했다.

사이버 공간에서 실시간으로 행해지는 직접 민주주의 장치는, 공동의 문제를 수립하고 다듬고, 새로운 문제를 드러내고, 논거를 만들며, 매우 다양한 주제들에 대해 서로 독립된 의견들을 표현하고 채택하는 데 각자로 하여금 지속적으로 참여하게 할 것이다.[30]

강내희 교수는 "이번에 신자유주의에 대한 반대를 주도한 주체가 촛불정국의 '지도부'인 [광우병국민]대책회의가 아니라 '아고라' 등 아래로부터 구성된 대중이었다"[31]고 평가한다.

조정환 공동대표도 인터넷을 예찬한다.

오늘날 촛불 봉기의 전국적 전 세계적 신문이 있다면 그것은 아고라이다. 아고라는 그러나 선전과 선동의 매체가 아니라 정보의 취합과 토론, 그리고 결정의 생산 공간으로 기능한다.[32]

박영균 진보평론 편집위원도 마찬가지다.

이번 촛불집회는 인터넷이 광장한 힘을 가졌다는 것을 보여 주었습니다. 물리적 공간이 가지고 있는 거리의 격차를 없애고, 다양한 관심과 정서를 공유하며 각기 다른 일과 장점들이 네트워크를 통해서 교환되면서 '차이'를 집단적인 지성으로 바꾸어 놓았습니다.[33]

물론 2008년 촛불시위에서 인터넷은 중요한 구실을 했다. 5월 2일 시위 직전에 폭발적 지지를 받은 '이명박 탄핵 국회 청원'이나 인터넷 커뮤니티의 5월 2일 시위 호소, 시위의 정당성을 알리는 동영상이나 주장 확산, 시위 일시·장소·결과 등 시위 정보 얻기, 시위에 참가하기 어려운 사람들의 인터넷 서명과 지지 모금, 항의 표시로 정부 웹사이트 다운시키기 등. 특히, 인터넷은 시위를 국제적으로 알리는 데 효과적 수단으로 활용됐다. 인터넷을 통해 해외의 한국인들뿐 아니라 각국 활동가들에게 한국 상황을 효과적으로 알릴 수 있었다.

그러나 인터넷은 가상 세계다. 물론 가상 현실은 실제 현실을 일부 반영할 수 있다. 예컨대 그림 5를 보면 실제 현실의 상황 변화에 따라 인터넷 세계의 상황도 바뀐다는 것을 보여 준다.

촛불시위가 진정 국면에 접어들면서 아고라에 대한 참여율도 눈에 띄게 줄었다. 랭키닷컴의 통계를 보면, 촛불시위가 한창이던 6월 절정을 이뤘던 페이지뷰는 8월과 9월에 4분의 1로 줄었다. 방문자 수도 3분의 2가량 줄었다.[34]

그러나 가상 현실의 논쟁 지형이나 가상 현실에서 일어나는 변화가 실제 현실의 논쟁 지형이나 변화와 일치하는 것은 아니다. 또, 4장에서 인용한 촛불집회 참가 청소년 설문 조사의 '표 1 : 처음 촛불집회에 나오게 된 가장 중요한 이유' 항목에서 보듯이, "온라인 생중계를 보고" 참가한 경우는 4.0퍼센트, "온라인 커뮤니티의 권유로" 참가한 경우는 0.9퍼센트뿐이었다.

인터넷에 관한 또 다른 신화는 인터넷 민주주의다. 인터넷은 주도자가

그림 5 : 다음 아고라의 페이지뷰와 방문자 수(랭키닷컴 제공)[35]

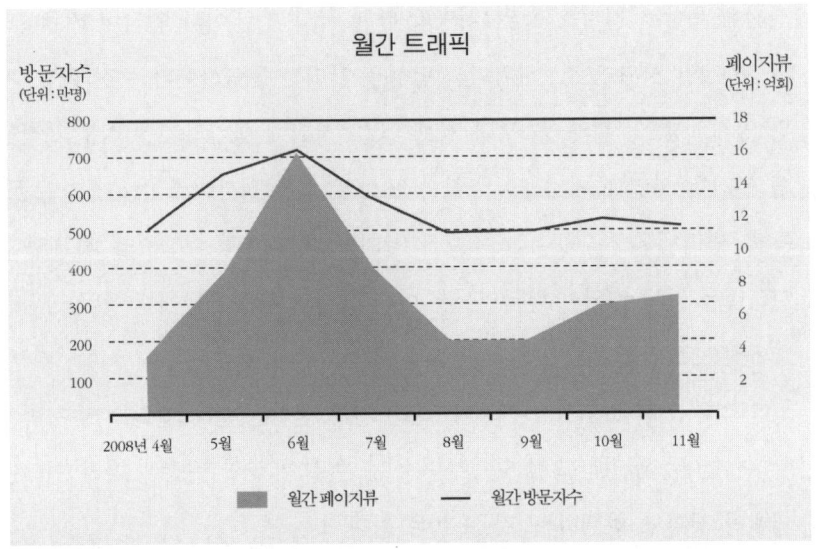

없는 민주적 공간이라는 것이다. 그러나 누군가 시위하자고 호소하거나 자신의 주장을 올린다면, 이것은 일종의 주도성을 발휘하는 것이다. 아고라에도 주도 그룹이 전혀 없었다고 말할 수는 없다. 그 안에는 일명 '베스트' 글을 자주 올리는 "아고리언"들이 있었다.

한 가지 특이한 것은 아고리언들이 온·오프를 넘나들면서 자연스럽게 형성된 누리꾼 네트워크의 주축은 '경험적으로' 30~40대 장년층이 많다는 것이다.[36]

또 하나 중요한 문제는 바로 '익명성'이다. "철저하게 익명성을 기반으로 한 공간이다 보니 역기능 혹은 폐해가 많다는 지적도 나오고 있다."[37]

촛불시위에 등장한 "아고라" 깃발.

민주주의, 특히 투쟁하는 상황에서의 민주주의는 책임을 기본 요소로 해야 한다. 자주적이고 자유로운 토론과 논쟁은 결국 어떻게 행동하고 싸워야 할지 결정하는 것이 궁극적 목표이기 때문이다. '익명성'은 이런 책임 자체를 희석하는 것이다. 중요한 투쟁 방향 결정을 어떻게 '익명성'에 기댈 수 있겠는가.

게다가 '익명성'은 우리 운동의 적들이 인터넷에서 "알바"로 활약할 때 뒤에 숨는 방패막이 구실을 한다. 실제로 2008년 촛불시위 때나 2009년 용산 참사 때, 경찰은 조직적으로 인터넷 '여론 조작'에 나섰다.

2008년 촛불시위 때 인터넷 활동의 또 다른 형태는 바로 시위를 인터넷으로 생중계하는 것이었다. 이것은 효과적이었다. 특히 집회에 참가할 수 없는 사람들이 집회 현장을 생생하게 볼 수 있는 기회를 제공했다(수배 이후 집회에 나갈 수 없는 나에게도 인터넷 생중계는 매우 유용했다). 시위대의 규모와 자신감을 전달했고, 경찰의 폭력을 생생하게 폭로했다. 그러나 이것 또한 수단이었을 뿐이지 '온라인과 오프라인을 결합해' 운동을 이끌고 지도했다는 것은 과장된 진술이다. 인터넷 생중계가 오프라인 상황을 온라인에 전달한 것은 맞지만, 그 역은 성립되지 않는다.

인터넷 생중계에 대해 진중권 교수는 이렇게 과장한다.

> 네티즌들은 방송으로 지켜본 상황에 대한 코멘트를 넘어, 직접적으로 취재 지시를 하고, …… 때로는 심지어 행동으로 상황에 개입할 것을 지시받는다. …… 방송이 게임 속의 상황을 제어하는 일종의 컨트롤 패널의 역할을 하는 것이다. 진행자는 게임 속의 캐릭터가 된다.[38]

일종의 가상 세계와 현실 세계를 연결하는 고리 구실을 했다는 것인데, 우선 앞에서 살펴본 것처럼 인터넷 자체가 무정형으로 책임성이 불분명하다. 물론 그중에는 훌륭하고 날카로운 제안도 있긴 하다. 그러나 그것은 현장의 대중이 투쟁 방향과 방법을 토론하고 결정할 때 고려하는 여러 주장과 제안의 일부일 뿐이다. '인터넷 훈수'가 현장 참가자들의 토론과 결정을 대체할 수는 없다.

인터넷 생중계는 온라인과 오프라인을 연결한 자발성주의의 사례로 종종 꼽히는데, 이조차 근본적으로 보면 사실이 아니다. 인터넷 생중계에도 지도적 요소가 있었다. 단순 전달자가 아니었다. 모든 인터넷 생중계 방송 — 〈한겨레〉, 〈오마이뉴스〉, 〈민중의소리〉, 〈프레시안〉, 〈참세상〉, 〈615TV〉, 〈칼라TV〉, 〈사자후TV〉, 아프리카 개인 채널 등 — 은 각자 편집 방향이 있었다. 중점적으로 중계하려는 장면과 내용, 인터뷰 대상이 서로 달랐다. 편집 방향, 이것 또한 지도적 요소 아닌가?

인터넷은 현실의 투쟁을 강화하는 훌륭한 무기이자 보조 수단이긴 했지만, 현실을 대체할 순 없었고, 사건 그 자체도 아니었다. 목적이나 근본으로 치환될 수도 없다.

자발성주의의 약점

앞에서 살펴본 것처럼 자발성과 지도적 요소를 대립시키는 자발성주의와, 자발성을 높이 평가하는 것은 분명 차이가 있다. 자발성주의(넓은 의미의 자율주의)는 운동에서 몇 가지 중요한 약점을 가진다.

우선 정치적 전략과 전술이 필요하다는 것을 부정해, 운동이 적에 맞서 효과적으로 싸울 능력을 약화시킨다. 우리가 맞서 싸우는 이명박 정부와 자본주의 체제는 결코 '자발성주의'를 채택하지 않는다. 청와대와 경찰, 검찰, 사법부, 자본가와 우파 언론은 서로 견해차도 있지만, 한 계급으로 행동할 때는 대단히 목적의식적이고 중앙집권적이다.

그리고 운동은 단선적으로 발전하지 않는다. 온갖 우여곡절을 겪는다. 이런 우여곡절 상황에서 각자, 알아서 자율적으로 대처하라는 권고만큼 무책임한 것이 어디 있겠는가.

둘째, 자발성주의는 운동을 분열시킬 위험이 있다. 특히, 조직된 사회세력과 좌파들이 운동에 참여해 의견과 방향을 제시하는 것을 가로막는 구실을 한다. 운동이 더한층 정치화하고 발전하는 데 제어장치로 이용되는 것이다.

여러 측면에서 형성된 '자발성주의' 압력 때문에 사회운동 단체들은 이 운동에 늦게 뛰어들거나, 중요한 국면에서 운동의 방향을 결정하는 데 주저했다(물론 종파들의 경우 대중의 정서를 제대로 포착하지 못한 측면도 있다).

이명박 정부와 우파 언론은 순수한 시민들의 자발적 시위에 불순한 배후가 있고, 그래서 폭력 시위로 변질했다고 촛불시위를 공격했다. 5월 말에는 다함께를, 6월 말부터는 이 배후의 고리로 한국진보연대를 지목해 마녀사냥했다.

운동의 좌경화를 바라지 않는 것은 정부와 우파 언론 같은 외부 세력만이 아니다. 운동 안의 온건 세력도 '자발성'과 '정치단체 배제'를 강조한다. 온건 세력들은 운동이 적당한 항의 수준에서 멈추길 바란다. 노동자들의 파업 같은 가장 효과적인 투쟁으로 번지는 것을 두려워한다. 그렇기 때문에, 5월 말 이른바 다함께 논란 때 다함께를 의식적으로 비난한 사람들 중에는 분명히 친민주당이나 친문국현 성향이 있었을 것이다.◆ 2004년 탄핵 반대 시위 때도, 온건 NGO들과 '노사모' 쪽이 '정치단체 배제'라는 명분으로 다함께를 단속하려 했다. 다함께가 탄핵에도 반대하고 노무현에도 반대했기 때문이다.

국제적인 신자유주의 반대 운동을 봐도 비슷한 사례들이 있다. 2001년 스위스 다보스 포럼에 맞서 브라질 포르투알레그레에서 국제 운동이 결집해 "다른 세계가 가능하다"는 희망의 메시지를 전 세계 피억압자 운동에 던지며 시작한 세계사회포럼WSF이 그렇다. 프랑스 아탁 등 세계사회포럼 주도 세력은 룰라의 브라질 노동자당PT과 연관을 맺고 있으면서도, 공식 헌장에는 "정당 배제"를 명시했다. 이것이 노리는 바는 급진좌파 정당들이 참가하지 못하게 하는 것이었다.

◆ 그리고 또 다른 의식적 집단은 경찰 '알바'였을 것이다. 그런 면에서 당시 부화뇌동한 좌파들에게 유감이다.

스위스 다보스에서 열린 세계경제포럼에 맞서 브라질 포르투알레그레에서 세계사회포럼이 열렸다. 사진은 2003년 세계사회포럼의 모습이다.

'자발성주의'의 약점으로 또 하나 지적하고 싶은 것은 비민주성이다. 짐짓 개인들의 자발성을 강조하는 것이 민주적으로 비칠 수 있다. 그러나 운동의 다른 중요한 덕목은 단결이다. 공동으로 행동하는 것이 효과적이기 때문이다. 그렇다면, 함께 토론하고 논쟁하고 행동의 목표를 결정해야 할 것이다. 아무도, 아무것도 결정할 수 없다는 주장은 현실과도 맞지 않다. 현실에서 결정은 반드시 존재한다. 자율적으로 알아서 하는 것이라도 그것은 일종의 결정이고 지침이다. 특히, 자발성의 권위 뒤에 숨어서 누군가는 결정하고 지침을 내놓는다. 이런 과정은 전혀 민주적이지 않다.

마르크스와 엥겔스가 활동할 때도 이런 논쟁이 있었다. 국제노동자협회(제1인터내셔널)에서 아나키스트인 바쿠닌은 '반권위주의'를 앞세워 인터내셔널을 마비시키려 했다. "바쿠닌은 이렇게 겉으로는 '반권위주의'를 내세우면서 속으로는 자기를 추종하는 사람들과 음모적이고도 선출되지 않은 '집단적이고 보이지 않는 독재권'을 실현했다. …… '인터내셔널을 대회에서 결의한 규율과 정책을 따르는 공개된 민주주의 조직으로 운영할 것인가 아니면 바쿠닌이 비밀 음모로써 협회의 활동을 마비시키도록 내버려'"[39] 둘 것인가가 충돌했다.

마르크스와 엥겔스는 바쿠닌의 음모에 맞서 투쟁했다. 엥겔스는 "권위에 관하여"에서 이렇게 주장했다.

> 사회혁명이 일어나, 오늘날 자신의 권위로 생산과 부의 유통을 관리하고 있는 자본가들을 권좌에서 끌어내렸다고 가정해 보자. 전적으로 반권위주의자의 관점에 서서, 토지와 노동 도구가 그것을 사용하는 노동자들의 집단적인 부가 된다고도 가정해 보자. 권위가 사라질 것인가, 아니면 그 형태만 바뀔 것인가? …… 권위의 원리를 절대적으로 나쁜 원리인 것처럼 말하고 자치의 원리를 절대적으로 좋은 원리인 것처럼 말하는 것은 어리석은 일이다. 권위와 자치는 서로 다른 사회 발전 양상에 따라 그 범위가 서로 다른 상대적인 것들이다. 만약에 자치주의자들이 미래의 사회조직은 생산 조건 때문에 불가피한 한도로 권위를 제한하게 될 것이라고 말하는 데에서 그친다면, 우리는 서로 의견을 맞출 수가 있을 것이다. 그러나 그들은 사태를 필요하게 만드는 모든 사실에 대해 눈을 감고 있으면서도 맹렬하게 그 단어에 대들고 있다.[40]

마지막으로 '자발성주의' 자체가 하나의 지도적 요소라는 점을 지적하고 싶다.

1968년의 프랑스 학생운동에서도 이러한 '반권위주의'적 "학생 권력" 경향을 찾아볼 수 있다. 파리 소르본 대학을 점거한 학생들의 구호가 인간 해방과 잠재력을 강조했다는 것은 유명하다. 그리고 그런 해방을 가져올 수 있는 세력[노동계급]을 전혀 이해하지 못했다는 것도 유명하다.

이 단계의 학생운동에서 전형적인 양상은 '카리스마적인' 학생 지도자가 나타났다는 것이다. 그들은 흔히 모든 종류의 지도가 끝났다고 선언했다! 버클리의 사비오, 베를린 자유대학의 루디 두취케, 낭테르의 다니엘 콩방디 등은 유명 인사로 떠올랐다(강조는 필자).[41]

"지도가 끝났다"는 내용을 "지도"하던 그들은 바로 학생운동의 "지도자" 아니었던가!

"아고라가 싫어하는 것 : 계몽, 간섭, 지도 …… 아고라가 좋아하는 것 : 연대, 지혜, 토론 ……"[42]이라는 문구가 있다. "계몽"은 일방적인 것이고, "간섭"은 자기와 관계없는 일에 끼어들어 남이 원하지 않는 훈수나 두는 것이다. 이것은 서로 배우는 진정한 "지도"와 거리가 멀다. "지도"는 "연대"·"토론"과 모순되는 것이 아니다.

우리에게는 자발성과 리더십 둘 다 필요하다. 진정한 리더십은 자발성을 키우고, 자발성에서 배우고 대화하며 동시에 운동의 방향을 제시하기 위해 투쟁하는 리더십이어야 할 것이다. 굳건하고 민주적이며 급진적인 리더십 말이다. 그리고 그런 리더십은 개인이 형성할 수 없다. 계급투쟁에서 리더십을 형성하는 것은 집단적 경험과 기억을 일반화하는 과정이기 때문이다.

광우병국민대책회의에 대하여

2008년 촛불시위 과정에서 광우병국민대책회의에 대한 논란이 많았다. 촛불시위 평가들도 광우병국민대책회의가 실제로 한 구실을 ― 좋은 구실과 나쁜 구실 모두 ― 제대로 평가하지 않는 것들이 많기 때문에 이를 살펴보고자 한다.

우선, 광우병국민대책회의가 운동을 확대하는 데 별다른 기여를 하지 않았다는 평가가 있다. 강내희 교수는 앞서 인용한 글에서 밝힌 것처럼 "신자유주의에 대한 반대를 주도한 주체가 촛불 정국의 '지도부'인 [광우병국민]대책회의가 아니라 '아고라' 등 아래로부터 구성된 대중이었다"고 말한다. 또 다른 글에서도 "광우병국민대책회의도 집회나 시위를 관리하는 역할에 그쳤을 뿐이지 집회의 힘을 키우는 생산적 역할을 못 했"[43]다고 평가한다.

이와 비슷하게 이철호 학벌없는사회 운영위원도 "[광우병국민]대책회의가 한 일이라곤 집회 신고와 행사 준비밖에 없다"[44]며 매우 인색하게 평한다.

이런 인색한 평가보다 좀 나은 것도 있다. 홍성태 교수는 "광우병국민대책회의는 촛불집회에 자발적으로 참여하는 수많은 시민들을 지원하기 위해 구성된 '지원 조직'"[45]이라고 규정한다. '현장 지원 조직'이라는 규정은 박원석 공동상황실장 같은 조직자들의 견해이기도 하다. 절반은 타당한 규정이다. 그러나 광우병국민대책회의는 '현장 지원 조직' 이상의 구실을 했다.

광우병국민대책회의에 대한 다소 인색한 평가의 밑바탕에는 바로 운동의 리더십을 부정하는 자발성주의가 많거나 적게 깔려 있다. 홍성태 교수는 광우병국민대책회의의 성격을 규정하는 근거로 "촛불집회 자체는 언제나 인터넷을 통한 토론에 기반해서 수많은 시민들의 자발적 참여로 이루어졌다"[46]고 말한다.

그러나 이러한 평가들은 불충분하다. 광우병국민대책회의는 2008년 촛불시위 당시 중요한 정치적 상징 구실을 했고, 그런 기여가 6월 10일 전국적으로 100만 명을 거리로 나오게 한 배경이었다. 5월 초와 5월 말 거리 행진 시기에 광우병국민대책회의가 주춤하긴 했지만, 대규모 시위 대부분에서 조직자 구실을 했다. 또한 광우병국민대책회의는 운동에 실무 능력도 제공했다. 대의나 분위기만으로 거대한 저항이 조직될 수는 없다. 사회운동 단체들이 파견한 활동가들은 상황실에서 시위를 조직하기 위해 다양한 활동을 했다. 포스터·유인물 제작 배포, 양초 구입과 배포, 정부 논리 반박, 인터넷 홍보, 무대 마련, 연사 초청, 행진 조직, 연행자·부상자 지원 등. 이런 활동이 대중의 역동성과 결합하면서 거대한 시위가 가능했다. 이런 활동을 광우병국민대책회의가 조직하지 않았다면 시위가 저절로 벌어지거나 성장할 수 없었을 것이다. 만일 정말로 광우병국민대책회의의 구실이 미미했다면, 광우병국민대책회의를 둘러싼 안팎의 논란도 거의 없었을 것이다.

이렇듯 광우병국민대책회의가 운동의 정치적 상징 구실을 했기에, 앞서 살펴봤듯이 6월 10일 이후 중요한 기로에서 갈피를 잡지 못한 것이 매우 안타까운 일이었다.

광우병국민대책회의에 대해 대단히 비판적인 조정환 공동대표도 "이렇게 함께 투쟁하고 아래로부터의 의견을 받아들이려는 느리고도 부분적인 노력만으로도 대책회의를 촛불 봉기의 내생적 지도력으로 받아들이려는 분위기가 고조되고 있다"[47]고 솔직하게 인정했다.

광우병국민대책회의에 대해 비판적인 한 시위 참가자의 인터뷰도 이를 잘 보여 준다.

촛불시위의 애초 의도는 순수했는데, 광우병대책회의가 중간에 들어와 촛불시위의 목적을 흐려 버렸다. …… [그러나] 대책회의가 있어서 그래도 그만큼 오랫동안 끌고 갔던 게 아닐까요.[48]

그 지도력이 효과적이었든 아니면 역효과적이었든, 어쨌든 광우병국민대책회의는 촛불시위의 구심이었다. 5월 6일 발족 초기부터 나눔문화, 네티즌 그룹들, 다함께, 참여연대, 한국여성단체연합, 한국진보연대, 한국청년단체협의회, 환경정의(가나다순) 등이 활동가들을 파견해 조직과 실무 역량을 키워 나갔고, 6월 10일 전후로는 민주노총, 예수살기 등 더 많은 단체가 상황실에 활동가를 파견해 시위와 운동을 조직하기 위해 노력했다. 광우병국민대책회의의 호소에 많은 시민들이 자원 활동을 하기도 했다.

그러나 PD좌파들은 대체로, 특히 촛불시위 초중반에 광우병국민대책회의에 무심하거나 종파적이었다. 뒤늦게 광우병국민대책회의에 합류한 일부 단체들은 협력하기보다 회의에 참석해 논쟁만 하려들기도 했다. 그래서 그들은 "회의 투쟁 하러 회의에 오냐"는 불평을 들었고, 옳은 주장을 할 때조차 무게가 실리지 않는 경향이 있었다. 그 결과, PD좌파들은 촛불시위에서 별다른 구실을 하지 못했다. 요컨대, 그 동지들은 광우병국민대책회의라는 공동전선에서 활동하기를 기피한 것 때문에 스스로 인정하듯이 무능했다.

이번 촛불 정국에서 새로운 대중이 등장한 것은 그동안 좌파를 괴롭혀 온

지지 대중 부재라는 문제를 풀어 줄 새로운 국면이 펼쳐졌음을 의미한다. 하지만 좌파는 여기서도 자기 정체성을 드러내지 못했으니 무능함과 무책임함을 그대로 표출한 셈이다.[49]

박성인 노동자의힘 전 중앙집행위원도 "좌파의 무능을 자족적으로 확인"[50]했다고 평가한다.

왜 이런 태도를 취했을까? 우선, PD좌파들 자신이 자발성주의와 인터넷에 대한 환상을 어느 정도 받아들였다. 이것은 앞에서 언급한 바 있다. 이런 태도 때문에 PD좌파들은 운동과 **구분됨**과 동시에 운동의 일부가 됐던 것이 아니라, 자발성의 포로가 돼서 그저 운동에 녹아 있으면서 무비판적 찬미만을 늘어놨다. 예컨대, 강내희 교수는 이렇게 말했다.

중대한 사태가 벌어질 수도 있었는데 집회에서 자신의 모습을 드러낸 것은 대중이었지 자신을 좌파로 내세우는 지식인이나 활동가는 아니었기 때문이다. 물론 대중이 언제 좌파의 개입을 요구했느냐고 할 수도 있다. 이는 과연 좌파가 대중에게 나설 능력과 자세가 되어 있느냐는 것과는 별도의 문제다. 예컨대 촛불집회의 새로운 주체가 "전위를 거부하며, 지도를 거부하며, 배후를 거부하고 각자가 스스로의 지도자이고 모두가 서로의 지도자"(조정환)인 다중이라고 보는 관점에서 보면 '좌파의 책임론'은 불청객의 자책일는지도 모른다.[51]

그리고 광우병국민대책회의를 주도한 주요 개혁주의 단체들인 주요 NGO들과 한국진보연대에 대한 경쟁 심리도 작용했을 것이다. PD좌파들은 NGO와 NL 경향에 종파적 태도를 취해 왔다. NL 세력이 주도하는 운동에 대해 그 운동의 객관적 성격과 중요성을 보는 것이 아니라, 그 주도 세력에 대한 태도 때문에 불참할 때가 많았다. NGO에 대해서도 종파적인 태도를 취하기도 한다. 예컨대 박하순 사회진보연대 공동운영위원장은 "참여연대 등 시민단체들이 김대중, 노무현과 연합해서 신자유주의를 관철시키는 데 일정한 역할을 했다"[52]고 일면 옳게 비판하지만, NGO들이 신자유주의에 저항하는 대중운동에 동참하기도 했다는 점은 보지 않는다. 개혁주의의 선두 주자로서 NGO는 모순돼 있고 애매한 것이 특징이다.

대다수 극좌파들이 손을 놓은 상황에서 광우병국민대책회의 안에서 다함께와 같은 일부 극좌파들이 논쟁하고 활동한 것은 이 운동을 왼쪽으로 이끄는 데 일정한 구실을 했다. 5월 26~28일의 거리 행진이 그랬다. 만약 광우병국민대책회의에 참가하지 않고 그 안에서 개혁주의 단체들의 반대에 맞서 논쟁하지 않았다면 '행진 묵인'이라는 타협안을 얻어 낼 수 없었을 것이다. 그리고 사흘 동안 성공한 거리 행진은 5월 29일부터 광우병국민대책회의가 공식적으로 행진에 나서게끔 압력을 가했다.

또 다른 사례는 의제 확장이다. 의제 확장에 반대한 참여연대와 한국진보연대에 대항해 다함께와 일부 극좌파가 논쟁하지 않았다면, 운동의 의제를 형식적으로라도 확장하는 데 시간이 더 걸렸거나 어려움이 있었을 것이다.

그렇다고 광우병국민대책회의의 모든 점을 옹호하고 방어해야 하는 것은 아니다. 오히려 이 공동전선에 중요한 오류가 있었기에 극좌파들의 개입이 더욱 필요했던 것이다. 이 오류들은 서로 연관돼 있다. 우선, 6월 10일 대규모 시위 이후 기회를 제대로 살리지 못했다. 6월 20일까지 "정권 퇴진 운동 불사" 시한을 정해 놓고도 스리슬쩍 꼬리를 내려 버린 것은 운동에 치명타였다. 이 쟁점을 둘러싼 내부 논쟁은 치열했지만, 결국 개혁주의 단체들이 운동의 정서를 거스르고 내부의 이견을 무시했다. 광우병국민대책회의가 '이명박 퇴진'을 내걸지 않은 것은 시위 참가자들로부터 중요하게 비판받은 대목이었다.

[광우병국민대책회의의 활동에 대한] 비판 내용이 다 조금씩 다르다. 가장 중요하게 제기되었던 것이 퇴진을 전면에 내걸고 비타협적으로 투쟁하지 않았다는 주장이다.[53]

이 때문에 광우병국민대책회의는 대체로 말해 6월 10일까지 운동을 키우는 중요한 구실을 했지만, 그 후에는 오히려 운동의 수위를 조절하는 구실을 하게 됐다.

두 번째 오류는 시위 참가자들의 급진적 정서를 제대로 반영하지 못한 것이다. 5월 초 공백기가 그랬고, 거리 행진 초기 국면이 그랬다. 6월 10일 이후 이명박 퇴진을 전면에 내걸지 않은 것도 마찬가지다. 이것은 부분적으로, 주요 세력인 개혁주의 단체들이 이명박 당선으로 사기가 저하했었던 것과 연관이 있다. 물론 근본적으로는 개혁주의적 정치와 연관이 있다. 이 개혁주의에 관해서는 다음 절에서 더 자세하게 다뤄 보겠다.

세 번째는 민주적 구조 문제다. 무릇 운동이 성장하고 발전하려면 그에 적합한 그릇과 구조가 필요하다. 광우병국민대책회의는 그런 구조를 만들려고 노력하지 않았다. 광우병국민대책회의는 주요 사회운동 단체들의 연대체였다. 그러나 촛불시위의 중요한 특징은 미조직 청년들의 부상이었다.

이들이 운동의 방향과 미래에 대해 주장하고 결정할 수 있는 구조가 필요했다. 이것의 가장 효과적인 형태는 대의 구조를 갖추는 것이다.

물론 대의 구조 자체가 완벽한 민주적 의사 결정 구조를 가져다주진 못한다. 심지어 러시아 혁명기에 등장한 소비에트조차 그랬다.

공장과 연대[군대를 뜻한다]의 적극적 대중과 유기적으로 연결된 장점에도 불구하고 소비에트는 여전히 대의기관이며, 따라서 의회주의의 한계와 왜곡으로부터 자유롭지 못하다. 대의기관은 대중투쟁을 위해 필요하다. 그러나 너무 쉽게 대중투쟁에 대한 보수적 장애물이 되어 버린다. 바로 이것이 소비에트 형태를 포함한 대의제도의 고유한 모순이다. 대표들을 계속 물갈이하는 것이 이 모순에서 벗어날 수 있는 실제적 방법이다. 그러나 이 방법은 어느 곳에서도 그리 간단하게 적용될 수 있는 문제가 아니다. 더욱이 혁명기에는 대중의 직접 투쟁이 마무리된 후에 그 결과로서 대표들이 교체된다.[54]

그러나 투쟁 참가자들의 의견이 전체 운동 방향에 반영되도록 민주적 대의 체계를 갖추기 위해 최대한 노력해야 한다(다함께는 이를 제기했지만 받아들여지지 않았다). 이를 위해서는 광우병국민대책회의의 기층에 지역 조직 — 지방을 뜻하는 것이 아니라 중앙 기구와 대비되는 의미에서의 지역 — 을 건설할 필요가 있었다. 운동의 규모와 파급력이 매우 컸기에 이는 가능한 일이었다. 실제로 몇몇 지역에서는 촛불 모임이 만들어졌다. 운동의 기반을 갖추면서, 단체에 속하지 않은 미조직 청년들이 속할 수 있는 기구 건설이 불가능하지는 않았던 것이다. 이런 지역 조직에서 의견을 모으고 대의원이나 대표를 선출해 전체 운동의 방향을 결정하는 대의 체계가 있었다면, 운동은 훨씬 민주적으로 조직될 수 있었을 것이다.

이런 구조가 없었기 때문에 운동의 미래와 시위 진행 등에 대한 논란은 인터넷이나 주최 측 방송차와 농성 천막에서 벌어져 공허한 메아리가 되기 일쑤였다. 매우 훌륭하고 진정성이 담긴 주장들이 많았는데도 말이다.

서울시청 광장에서 두 차례 '국민대토론회'가 열렸지만 효과가 없었다. 국민대토론회는 운동의 중요한 과제 — 핵심적으로, 퇴진 운동으로 갈 것인지 말 것인지 — 를 결정하자는 취지였다. 그러나 국민대토론회는 거리 시위대의 의사를 민주적으로 반영하는 통로 구실을 하지 못했다. 거리 시위에서 다수는 정권 퇴진을 요구했고, 토론회 현장 방청자들의 다수 의사도 분명 퇴진 운동 찬성이었는데, 이것은 운동의 방향을 결정하는 데 전혀 반영되지 않았다.

서울시청 광장에서 열린 국민대토론회(6월 20일).

대의 체계를 마련하지 않는 것은 한국에서 공동전선의 특징이기도 하다. 이것은 주도하는 세력의 정치적 지향과 연관이 있다. 개혁주의 단체들이 기층을 건설하지도 민주적 구조를 갖추지도 않으려는 이유는 간단하다. 아래로부터의 민주적 통제를 받지 않으려 하기 때문이다. 공개적 토론과 민주적 결정, 민주적 선출 등을 위한 구조를 갖추는 것은 개혁주의 단체들이 운동을 주도하는 데 성가신 일이 될 것이다. 개혁주의 단체들의 이런 엘리트주의는 기층 조직 건설과 민주적 구조를 갖추는 일에 반대하는 태도로 나타난다. 물론 이들은 대중투쟁을 조직하기도 하지만, 대중투쟁을 가장 중요하게 생각하는 것은 아니다. 근본적으로, 의회를 통해서든, 언론을 통해서든 자신들이 대중을 대리한다고 생각하기 때문이다.

운동에서 민주주의는 생명이다. 운동이 급격하게 발전하고 국면 변화가 순식간에 벌어지는 상황이라면 어제의 지도부가 오늘의 후진적 부분이 될 수 있다. 기존 사회운동 단체에 속하지 않아 운동 경험이 없더라도 그런 상황에서는 얼마든지 훌륭한 지도자가 될 수도 있다. 이것이 격변하는 운동의 중요한 특징이다. 그런 상황에서는 지도자를 선출하는 주기도 훨씬 빨라져야 하고 민주적이어야 한다. 그래야 운동이 발전할 수 있다.

개혁주의와 계급투쟁

이제 2008 촛불시위의 중요한 문제였던 개혁주의를 살펴보겠다. 개혁주의는 개혁을 통해서만 사회 변화가 가능하다고 여긴다. 반면 고전 마르크스주의는 자본주의 체제 자체를 바꿔야만 중요한 변화가 가능하다고 생각한다. 주요 개혁주의 단체 — 참여연대를 비롯한 NGO, 민주노동당과 진보신당, 한국진보연대, 민주노총 지도부 등 — 는 운동을 성장시키는 데 중요한 구실을 했지만, 중요한 국면에 이르러서는 운동이 더 나아가지 못하게 하는 구실도 했다.

오늘날 개혁주의 경향은 노동자와 여타 천대받는 사회집단들 속에서 자발적 경향에 머무는 게 아니라 자의식적 개혁주의 지도자들에 의해 잘 조직된 명확한 세력으로 존재한다. 이 개혁주의는 촛불 운동이 100만 거리 시위 수준으로 고양되는 데까지는 정치적 상징 구실뿐 아니라 집회 현장에서의 조직 등 운동에 크게 기여했다. 그러나 운동이 정점에 도달하고부터는 온건파 NGO 지도자들은 운동의 규모가 더 커지지 않고 부드럽게 연착륙하도록 애썼고, 광우병 위험 쇠고기 문제라는 단일 쟁점에서 진정으로 벗어나려 하지 않았다. '의제 확장'(요구 확장)은 실질적이라기보다는 형식적이었다. 흥미로운 점은 개혁주의 지도자들이 1990년대 중엽의 포스트맑시즘(포스트모더니즘의 일종 또는 아류)[55]으로 상당 정도 되돌아가, 그 자율주의적 개념들로써 자신들의 개혁주의를 정당화하려 애쓴다는 것이다. 가령 이명박의 대통령직 사임을 촛불 지지 세력 전체의 공동 과녁으로 삼아야 한다는 급진좌파의 주장에 반대해 그들은 '운동을 어느 한 방향으로 가져가려 하지 마라', '생활 속 운동이 중요하다'며 국가 문제를 회피했다. 의제 확장에 다소 소극적이었던 것도 포스트맑시즘의 정체성 정치의 잔재라 할 수 있다(물론 1990년대 중엽의 정체성 정치는 연대 자체를 거부하고 파편화를 선호했다는 점에서 오늘날의 정체성 정치와 다르긴 하다). 또한 대중의 자발성을 이유로 리더십과 그 리더십에 권한이 집중된 정치단체를 거부할 때도 포스트맑시즘이나 네그리, 홀러웨이의 '자율적 사회운동' 개념들이 동원된다. 물론 자발성은 훌륭한 것이다. 하지만 운동이 나아가야 할 방향 제시 등 엄연한 리더 구실을 하면서도 리더십이 배제된 의미의 자발성을 얘기하는 것은 실제로는 대중의 선두가 아니라 후미를 좇겠다는 것으로밖에 읽히지 않는다(강조는 원문).[56]

개혁주의와 마르크스주의 사이의 논쟁은 역사가 깊다. 19세기 말과 20세기 초 독일 사민당의 주요 지도자였던 에두아르트 베른슈타인은 마르크스의 핵심 개념 — 착취, 노동계급의 자기해방인 혁명 등 — 을 제거하며 자본주의가 점진적으로 사회주의에 이를 수 있다고 주장했다.

당시 로자 룩셈부르크는 ≪사회 개혁이냐 혁명이냐≫에서 베른슈타인의 '수정주의'를 이렇게 비판했다.

> 베른슈타인의 관점에 따르면, 정치권력을 장악하는 것은 불가능하고 쓸모없는 것이기 때문에, 노동조합의 투쟁과 의회주의의 투쟁은 단지 직접적인 결과, 즉 노동자의 물질적 상태를 개선하고 자본주의의 착취를 점진적으로 제한하며 노동조합의 통제를 확대한다는 관점에서 행해져야 한다. …… 베른슈타인의 견해는, 정치권력을 장악하는 것이 불가능하다고 전제함으로써, 결국 오로지 노동조합 투쟁과 정치투쟁을 통해서만 사회주의 질서를 이룰 수 있다는 결론에 이른다. 따라서 베른슈타인은 노동조합 투쟁과 의회주의 투쟁의 사회주의적 성격은 자본주의 경제에서 이루어지는 점진적인 사회주의 실현에 대한 믿음이라고 생각한다. 그러나 그러한 실현이란 우리가 설명하려고 했던 것처럼 사실상 순전히 상상일뿐이다. 자본주의의 소유 제도와 국가 제도는 정반대의 방향으로 발전한다.[57]

그렇다고 해서 고전 마르크스주의가 현실의 개혁을 위한 투쟁이 모두 곧바로 근본적 변혁을 위한 투쟁이어야 한다고 비현실적인 주장을 하는 것은 아닙니다. 로자 룩셈부르크는 개혁을 위한 투쟁과 변혁을 위한 투쟁의 관계를 이렇게 설명한다.

> 베른슈타인과 슈미트가 이러한 식의 모든 단계는 그 자체를 넘어서 진전하며 사회주의 목표는 이러한 운동 자체에 경향으로 내재되어 있기 때문에, 투쟁을 사회 개혁과 노동조합으로 대체해도 노동운동은 여전히 최종 목표를 상실하지 않는다는 생각에 자족한다면, 이것은 완전한 오해다. 길을 인도하는 별처럼 정치권력을 장악하기 위한 의식적이고 확고한 노력이 노동조합 투쟁과 사회 개혁에 선행한다면, 이것은 완전히 현재 독일 사회민주주의의 전술에 해당하는 것이다. 그러나 이 선행되어야 할 노력을 운동에서 단절시키고 그리하여 사회 개혁을 목표 자체로 먼저 설정한다면, 그러한 사회 개혁은 실질적으로 사회주의의 최종 목표를 실현하기 위해 나아가지 못할 뿐 아니라, 오히려 정반대의 방향으로 우리를 이끌 것이다.[58]

당시 수정주의, 즉 개혁주의가 등장한 배경은 독일 자본주의의 호황(그러나 그것은 또 다른 불황의 전주곡이었을 뿐이다), '사회주의자단속법' 폐지에 따른 사민당의 급성장과 득표수 증가 등이었다. 그래서 베른슈타인은 의회주의를 강화했고 점진적 개혁 정책을 강조했다.

개혁주의의 중요한 특징은 점진적 개혁과 의회를 통한 사회 변화, 즉 기존 국가를 파괴하고 새로운 형태의 국가기구를 건설하는 게 아닌, 선거를 통한 집권을 핵심 전략으로 삼는다는 것이다.

또 다른 중요한 특징은 자본주의 국가를 중립적 기구로 보는 것이다.

그러나 국가는 결코 중립적이지 않다. 국가는 "한 계급이 다른 계급을 **통치**하고 **지배**하기 위한 기관이며, 그와 동시에 계급 사이의 갈등을 조절함으로써 이러한 억압을 정당화하고 영속화하는 기관"(강조는 이 말을 한 레닌 자신의 것)[59]이다. 국가에 대한 태도 때문에 개혁주의자들은 촛불시위가 정치권력 문제를 제기했을 때, 즉 이명박 퇴진을 요구했을 때 움찔해서 정권 퇴진을 내걸지 않으려 애쓴 것이다. 여기에 더해 이명박 퇴진 이후 대안 부재(박근혜 등장론)와 헌정 질서 존중론(노무현)도 작용했다.

또한 개혁주의는 의회와 정부를 장악해 위로부터 사회를 바꾸려 한다. 대중의 자주적 행동을 통한 사회 변화를 믿지 않기 때문이다. 이러한 위로부터 사회 변화라는 관점 때문에 개혁주의는 엘리트주의적이다. 엘리트주의가 드러난 대표적 사례는 최장집 교수가 6월 10일 이후 대중 시위가 아니라, 제도 정치로 문제를 해결해야 한다고 주장한 것이다. 이태호 참여연대 협동사무처장의 다음 글에서도 NGO의 엘리트주의를 발견할 수 있다.

[시민운동이] 민주화 초기 아직 자신의 권리를 능동적으로 찾아 나서지 못하는 '유년기 시민사회'의 대리자, 대변자로서 기능한 것이다. 이 두 가지 특징으로 인해 90년대 시민사회운동의 역할을 '대의의 대행'이라고 일컫기도 한다.[60]

그리고 앞서 지적한 것처럼 개혁주의는 운동 내 민주주의도 중요하게 여기지 않는다. 주요 개혁주의 단체 지도자들의 영향력과 능력은 수십 년 동안 인정받았지만, 구체적 투쟁 상황에서는 운동의 통제를 받고 운동의 규율에 따라야 한다.

개혁주의는 자본주의 체제 자체를 반대하고 변혁하는 것을 목표로 삼지 않고, 일련의 정책을 통한 체제 내 개혁을 목적으로 삼는다. 그래서 개혁주의의 가장 온건한 형태는 '부문주의'나 '단일쟁점주의'라 불리는 정책을 추구하는 것이다. 이것이 바로 의제 확장을 둘러싼 논쟁의 배경이다. 주요 개혁주의 단체들은 운동의 성격을 광우병 위험 쇠고기 반대만으로 한정하려 했다. 의제 확장이 이명박 정부에 대한 일반적 반대를 의미하고 그 논리적 귀결은 대통령 퇴진이 될 수밖에 없기 때문에 개혁주의 단체들은 한사코 의제를 제한하려 애썼다.

개혁주의의 다른 특징은 '국민주의populism'다. 좌파적 국민주의는 보통 '민중주의'라고 불리기도 한다. NGO의 경우에는 '시민'이라는 개념이 국민주의를 나타낸다. 물론 2008년 촛불시위는 말 그대로 '범국민적 투쟁'이었다. 심지어 민주당조차 시위에 참가했으니 말이다. 그러나 사회변혁과 개혁을 위한 투쟁에서도 그 투쟁의 효과를 전략적으로 극대화할 수 있는 사회 세력이 있다. 뒤에서 자세히 살펴보겠지만, 바로 조직된 노동계급이 그렇다. 국민주의는 조직된 노동계급의 힘을 그저 '국민'의 한 요소로만 여기기 때문에 이 무기를 사용하는 데 적극적이지 않다. 게다가 국민주의는 모든 세력의 입장을 반영해야 한다는 태도 때문에 운동에 온건화 압력으로 작용한다. 이명박 퇴진 논란이 벌어졌을 때, 반대론자들의 주요한 논거 중 하나는 "시위를 지지하기는 하지만 이명박 퇴진을 지지하지 않는 세력을 고려해야 한다"는 것이었다.

국민주의의 좀 더 구체적 형태는 계급 연합이다. 예컨대, 자본가계급을 지지 기반으로 삼는 민주당에 어떤 태도를 취해야 하는가 하는 문제가 있다. 이해관계가 서로 다른 조직 노동계급과 민주당이 과연 상시적이고 포괄적으로 연합할 수 있는 사회 세력인가 하는 질문을 던질 수 있다.

개혁주의의 중요한 한계는 저항과 투쟁이 급격하고 중요한 고비를 맞았을 때 보수적 태도를 취한다는 것이다. 투쟁을 더욱 심화시키기보다 적절한 시점에서 정리하고 타협해야 체제를 안정시킬 수 있다고 여기기 때문이다. 그래서 6월 10일 이후 주요 개혁주의 단체들이 이명박 퇴진을 표방하지 않고, 또 노동자들의 파업을 호소하고 확대하는 등 운동을 심화시키는 노력을 하지 않고 오히려 '사회 원로'들의 제안을 받아들여 촛불시위를 정리하려 한 것이다.

저명한 반제국주의 활동가이자 소설가인 아룬다티 로이도 결정적 국면에서 개혁주의가 보이는 약점을 NGO를 들어 날카롭게 지적했다.

아룬다티 로이에 따르면, NGO의 기능은 "알고 보면 압력솥의 삑삑대는 경보음이 담당하는 기능과 흡사하다. 즉 NGO는 정치적 분노를 위무하고 승화시켜 그러한 분노가 결정적 국면에 이르지 못하게 만든다."[61]

개혁주의에는 또 다른 중요한 함의가 있다. 우선, 개혁주의의 지도자들은 나름의 물질적 이해관계를 가지고 있다. 이것이 개혁주의 이데올로기의 토대다. 예컨대, 민주노총 지도부가 정부 관리나 사용자를 만나 협상하는 임무, 즉 자본주의 체제 내에서 노동조건을 둘러싸고 협상해야 하는 객관적 조건이 개혁주의의 토대가 된다. 민주노동당이나 그것에서 분당한 진보신당은 바로 민주노총 지도부를 기반으로 만든 정당이기 때문에 역시 개혁주의적이다.

NGO 지도자들은 민주노동당 같은 진보 정당이 출현하기 전까지 정부와 국회에 대해 '시민'의 '대리자' 구실을 해 왔다. 이것이 NGO 지도자들의 개혁주의 토대다. NGO 활동가들이 스스로 인정하듯이 NGO는 "준準정당적" 활동을 해 왔다. 이에 대해 하승창 시민사회단체연대회의 운영위원장은 "경실련이나 참여연대 같은 준정당적 성격을 지닌 세계 시민운동사의 유례가 없는 종합형 시민운동의 출현"[62]이라고 말했다. 1980년대 말 시민운동의 등장은 중요한 개혁주의 정치 세력의 등장이었다. 하승창 위원장은 그 배경을 이렇게 설명한다.

> 1987년 이후 한국 사회의 가장 큰 변화란 전두환 독재정권에 항거한 6월 항쟁의 승리로 대통령 직선제가 실시되어 …… 비로소 절차적 민주주의가 확립되기 시작하였다고 할 수 있습니다. …… 또 다른 주요한 사회 변화는 제2차대전 이후 형성되어 있던 냉전적 세계 체제의 해체로부터 왔습니다. 구소련의 페레스트로이카로 촉발되어 독일의 통일로 상징되는 냉전 체제의 와해는 그동안 우리 사회를 죄어 왔던 이분법적 사고를 뒤흔들어 놓았습니다. …… 민주화의 진전과 더불어 한국 경제의 성장은 그동안 눈에 잘 보이지 않았던 새로운 사회적 과제를 한국 사회에 던져 놓았습니다. 주택 문제, 환경 문제, 여성 문제, 장애우 문제, 교통 문제, 소비자 문제 등 과거의 사회적 과제와는 다른 과제들이 사회의 중요한 현안으로 부각되기 시작하였고 과거에 볼 수 없었던 사회적 갈등이 발생하였습니다. …… 시민운동은 그 토대 위에서 발전하였습니다. 시민운동은 이러한 변화 속에 나타나는 다양한 주장들을 인정한 토대 위에서 출발한 것입니다. 반면에 민중운동은 여전히 과거의 패러다임으로 세계를 해석하고 있었기에 1990년대의 변화된 사회 조건에 대응하는 것이 늦었다고 할 수 있습니다.[63]

시민운동의 등장은 운동의 일부가 "민중운동의 패러다임"과 단절해, 급진적 이념과 투쟁 방식에서 절차적 민주주의 확립을 통한 민주 정부 수립 노력 같은 정치 활동으로 변모하는 것을 뜻했다. 계급투쟁이 아니라 다양한 사회운동을 강조하는 신사회운동을 하는 것이다. 김영삼·김대중·노무현 정부에 NGO의 주요 활동가들이 입각하거나 국회의원이 되기도 했다. 그러면서 NGO는 '개혁 정부'와 모종의 끈을 유지했다.

한국진보연대로 대표되는 좌파민족주의 경향의 정치도 개혁주의적이다. 이들은 계급투쟁이 아니라 민족적 과제인 통일을 최우선 과제로 여긴다. 이 때문에 계급 연합을 지향하는 경향이 있다. 통일을 위해서 민족 부르주아지와도 함께해야 한다는 것이다. 한국에 대한 미국의 지배적 영향력, 친미적 군사독재 경험과 정치적 억압, 외세에 의한 분단 상황이 이런 좌파민족주의의 뿌리다. 물론 좌파민족주의 경향은 한국 운동의 다수파로 투쟁에서 중요한 구실을 한다. 1987년 대중투쟁과 그 후 주요 운동을 이끈 주역들이기 때문에 경험도 풍부하다.

그러나 2008년 촛불시위의 결정적 논쟁들 — 퇴진과 의제 확장, 조직노동계급 동원 등 — 에서 이들은 아쉽게도 NGO를 추수했다. 한국진보연대는 좌파지만 근본적으로 NGO와 개혁주의 전략을 일부 공유한다. 무엇보다, NGO들이 운동에서 떨어져 나가는 것을 막으려고 원칙 없는 실용주의적 타협과 중재를 하는 데 익숙하다.

일상적 시기에는 개혁주의 단체 지도자들뿐 아니라 대중의 의식도 개혁주의에 이끌린다는 것이 중요하다. 이 근원은 바로 자본주의 체제다. 자본주의 체제하의 소외 경험 때문에 대중의 이데올로기는 자본주의를 총체적으로 변혁하려는 이데올로기가 아니라 파편화하고 분절된 점진적 개혁주의에 끌리게 된다. 자본주의는 노동자들이 단결해 싸우게도 만들지만, 또한 노동자들을 분열시키고 경쟁으로 내몬다. 노동자들은 생산에 대한 통제를 할 수 없어 노동에서 소외돼 무력감을 느끼고 자신을 하찮은 존재로 여기게 된다. 이 때문에 노동자들은 자본주의를 뛰어넘을 자신감을 쉽사리 갖지 못한다.

차별은 그 자체로도 문제지만, 또 다른 문제는 차별받는 사람들을 분열시킨다는 것에 있다. 예컨대, 여성 차별은 여성 노동자와 남성 노동자를, 이주 노동자 차별은 이주 노동자와 한국인 노동자를, 동성애자 차별은 동성애자와 이성애자를, 비정규직 차별은 정규직과 비정규직을 분열시키는 구실을 한다.

그리고 자본주의 체제는 정치와 경제를 분리시키는 경향이 있다. 정치투쟁은 개혁주의 정당이, 경제투쟁은 노동조합이 맡는 분업 체계를 만든다.

이런 요인들 때문에 노동자들은 기존 체제의 틀 안에서 변화를 추구하는 개혁주의에 이끌리게 된다. 심지어 혁명적 시기에도 초기에는 그렇다. 1917년 러시아 혁명 당시 볼셰비키는 9월에 가서야 소비에트에서 다수파가 될 수 있었다. 그 전까지는 개혁주의 세력인 사회혁명당 우파나 개혁과 혁명 사이를 오락가락한 중간주의 멘셰비키가 다수파였다.

한편, 개혁주의 지도자들이 때로 대중투쟁을 조직한다는 것도 중요한 점이다. 이것은 그들의 지지 기반이 지배계급이 아니라 노동계급 그리고/또는 다른 천대받는 사회집단들에 있기 때문이다.

두 가지 요소, 즉 대중의 개혁주의적 의식과 개혁주의 지도자들의 간헐적인 대중투쟁 지도를 정확히 인식해야 한다. 고전 마르크스주의는 대중이 자신의 행동과 투쟁을 통해 의식이 변한다고 여긴다. 이것을 현실에서 구현하는 데 필요한 것이 바로 공동전선이다. 공동전선은 개혁주의 지도자들과

함께 운동을 확대하기 위해 노력하면서 이 투쟁의 전망을 제시하고 가장 적극적인 투쟁 부위가 돼 변혁적 대안의 올바름을 대중에게 입증하는 전략·전술이다. 앞서 살펴본 것처럼 2008년 촛불시위에서 PD좌파가 '무능'했던 것은 바로 이런 인식이 부재했기 때문이다.

개혁주의 문제의 또 다른 쟁점은 로자 룩셈부르크가 110여 년 전에 던진, "사회 개혁이냐, 혁명이냐" 하는 질문의 유효성이다.

운동만을 전부로 여긴다면, 로자 룩셈부르크의 질문은 의미가 없어 보일 수도 있다. 그저 현실의 투쟁이 중요할 뿐 원대한 목표는 현실과 동떨어져 보이기 때문이다. 그러나 앞서 투쟁의 전략·전술에서 확인한 것처럼, 구체적 개혁을 위한 투쟁에서도 개혁주의와 고전 마르크스주의의 입장은 다르다. 근본적 지향과 원칙이 무엇인가에 따라 현실의 투쟁에서 구사하는 전략·전술이 달라진다. 그래서 로자 룩셈부르크의 질문은 지금도 유효하다. 게다가 경제 위기 때문에 개혁의 여지가 더 줄어든 현재 상황에서 근본적 변혁 원칙을 현실에 적용해 투쟁하는 것은 더욱 중요하다.

로자 룩셈부르크가 말한 것처럼,

> 대중은 다시금 이러한 의지를 오로지 기존 질서와 끊임없이 투쟁함으로써만, 즉 기존 질서의 틀 속에서만이 완전하게 성취할 수 있다. 대다수 민중을 모든 기존의 질서를 초월하는 목표와 결합시키는 것, 일상적인 투쟁을 위대한 세계 개혁과 결합시키는 것, 바로 이것이 사회민주주의* 운동의 큰 문제다. 사회민주주의 운동은 분명 그 발전의 전체 과정에서 두 개의 난관 사이를,

---

* 당시 마르크스주의 전통의 정당들은 사회민주주의라는 명칭을 사용했다. 볼셰비키도 러시아사회민주주의노동자당의 분파였다.

즉 대중적 성격을 포기하는 것과 최종 목표를 포기하는 것, 다시 말해 이단적 분파로 떨어지는 것과 부르주아 개혁 운동으로 변하는 것, 또 무정부주의와 기회주의 사이를 헤치고 앞으로 나아가야만 한다.[64]

어떤 민주주의인가?

2008년 촛불시위에서 중요한 화두는 '민주주의'였다. 시위대가 가장 많이 부른 노랫말은 "대한민국은 민주공화국이다"였다. 김대중에서 최장집 교수, 보수 언론과 이명박 정부까지 민주주의에 관한 견해를 쏟아 놓았다. 물론 민주주의에 대한 접근과 견해에는 차이가 있었다.

2008년 촛불시위와 민주주의

민주주의를 형식과 법적 권리로 이해하는 견해가 가장 많았다. 그 첫 번째가 '절차상 민주주의'의 확립을 가장 중시하는 관점이다. 1987년 6월 항쟁으로 획득한 대통령 직선제 등 절차상 민주주의 확립을 한국 민주주의의 핵심적 내용과 형식으로 여기는 것이다. 바로 이런 관점에서, 6월 10일 이후 최장집 교수가 제도적 민주주의로 전환하고 수렴할 것을 강조했다. 최장집 교수는 ≪민주화 이후의 민주주의≫에서 "현대 민주주의는 시민의 '참여'와 정당에 의한 '대표'를 그 핵심으로 한다"[65]고 정리한 바 있다. 사회 운동 내 온건 지도자들도 이런 견해를 받아들이고 있다.

이명박 정부와 〈조선일보〉 같은 우파들도 비슷한 논리로 운동을 비난했다. 시위대가 선거로 당선한 대통령에게 퇴진하라고 요구하는 것은 반민주적이라는 것이다. 국무총리 한승수는 "이제 민주적으로 당선된 대통령을 퇴진시키겠다는 정치적 활동은 그만두고 생업에 종사할 수 있도록 힘을 합쳐 달라"(7월 18일 국회 쇠고기 협상 긴급 현안 질문)[66]고 말했다.

물론 절차상 민주주의는 필요하다. 불충분한 절차상 민주주의조차 투쟁으로 쟁취한 것이다. 그러나 대통령 직선제나 의회 민주주의 형식 자체가 민주주의의 핵심은 아니다. 그래서 2008년 촛불시위는 절차상 민주주의 이상을 요구했다.

민주주의에 관한 또 다른 편향이 있는데, "현재의 한국 사회를 만든 것은 1987년이 아니라 '1997년 체제(IMF·신자유주의)'가 만들어 온 것"[67]이라는 일부 좌파들의 견해다. 민주주의가 아니라 신자유주의만이 쟁점이라는 것은 현재 한국의 민주주의 수준을 볼 때 부적합한 관점이다. 더구나 뒤에

100만 명이 참여한 1987년 7월 9일 이한열 열사 장례식 행렬.

서 살펴보겠지만 민주주의는 정치적·시민적 권리 이상을 담고 있다. 물론 민주적 권리를 옹호하고 방어하는 것은 매우 중요하다. 노동계급과 천대받는 사회집단들의 저항과 투쟁, 조직을 위해 매우 필요하기 때문이다. 그래서 이런 권리를 옹호하는 것을 무척 중요하게 여겨야 한다. 게다가 한국은 여전히 국가보안법이 있어 더욱 그렇다.

2008년 촛불시위에서 제기된 또 다른 민주주의 쟁점은 바로 '직접 민주주의'다. '제도적 대의 민주주의 수렴'과 '직접 민주주의'를 결합·보완해야 한다는 주장이 많았다. 급진적으로 보이는 이런 주장은 대체로 '제도 공간'으로 수렴하자는 쪽과 연결돼 있었다. 가장 온건한 견해의 주창자라 할 만한 정대화 교수는 '직접 민주주의'를 또 다른 제도적 보완책인 "국민투표, 대통령 선거, 국민발안, 지방자치" 등으로 협소하게 이해한다.

> 촛불은 …… 대의 민주주의를 보완하는 직접 민주주의와 참여 민주주의의 가능성을 보여 주고 있다는 점에서 매우 중요하다. 현대 국가에서 대의 민주주의는 국민투표, 대통령 선거, 국민발안, 지방자치 등 다양한 방식의 직접 민주주의를 보완적으로 채택하고 있는 것이 현실이다.[68]

한편 조희연 교수는 "직접행동 정치의 역동성으로 출현한 제도 정치 내의 공간을 누가 전유하고 획득할 것인가, 그 공간을 어떻게 구조화하는가에는 주체적 응전의 문제가 개재"[69]된다며, 기존 정치 세력들의 제도 정치 내 공간 전유 문제에 관심을 집중한다. 그래서, "보수 정치 세력과 중도 자유주의 정치 세력의 혁신 과제"를 내놓고 운동 안의 "범좌파 연합 정당 혹은 범PD 연합 정당을 위한 급진진보·좌파 세력의 대동소이적 연합"을 제안한다(조희연 교수는 이 "연합"에서 민주노동당과 "NL로 상징되는 구좌파적 전통"은 제외하는데, 이것은 진보 세력의 더 큰 단결과 연합 추구라는 관점에서 보면 적절치 않다). 물론 사회운동의 광범한 연합은 매우 유용하다.

비록 이명박을 권좌에 남겨 두더라도 이렇게 상반기 투쟁이 활력 있게 전개된다면 그 성과 위에 진정한 진보 정치 연합체를 구축할 수도 있을 것이다. 민주노동당, 진보신당, 참여연대, [한국]진보연대 등을 모두 아우르는 거대한 포괄적·상시적 공동전선 말이다. 지금 서민 대중 속에서 확산되고 있는 이명박 시장주의 드라이브에 대한 공포와 위기감에 대해 대안과 희망을 제공해야 한다. 그것은 아래로부터의 대중운동이 진정한 진보, 즉 착취·억압·천대·부당함과 억울함 등이 완화된, 살 만한 세상을 만들 수 있다는 희망이다.[70]

이런 연합은 피억압자들의 목소리와 주장을 알리는 것을 목적으로 제도 정치 공간을 위한 선거 활동도 해야겠지만, 대중투쟁과 운동 건설을 주요한 목표로 삼아야 할 것이다. 그것이 촛불시위라는 거대한 대중운동의 진정한 의사를 표현하는 것이다.

2008년 촛불시위가 요구한 '민주주의'는 제도 정치나 대의 민주주의를 바로잡는 것 이상이었다.

이번 촛불집회는 민주주의 문제도 중요하게 제기했는데, 그것은 단순히 이명박이 역사의 시계를 돌리려 한다는 데만 머문 문제 제기("100년의 어둠에서 겨우 꽃피우려던 10년의 민주주의가 단 3개월 만에 짓이겨지는 모습에 눈물 흘렸고")는 아니었다. 국민의 80퍼센트가 광우병 위험 쇠고기 수입을 반대했는데도 재벌이 휴대폰과 자동차를 파는 데 도움이 된다는 이유로 국민의 의견을 묵살한 정부에 대한 분노였던 것이다. 즉, 이명박 정부는 도대체 누구의 정부인지 물었던 것이다. 〈경향신문〉이 메릴랜드대학교·동아시아연구원과 공동으로 국제 여론조사를 해 발표한 결과를 보면, 한국인의 78퍼센트가 "정부는 소수의 거대 이익집단의 이익만을 대변한다"고 답했다(5월 15일치). 이명박 정부의 '강부자' 내각 등장으로 "대기업 외국인 강남 부자를 위한 정부"라는 생각은 더욱 굳어졌을 것이다. 오늘날 정치인들과 평범한 사람들의 거리는 더욱 멀어지고 있다("버스 값이 70원 하냐"는 정몽준에 대해 시위대는 "정몽준은 버스 타라"고 외쳤다).

따지고 보면, 이런 문제는 소위 '민주화' 과정이라고 부르는 지난 10~20년 동안에 꾸준히 발전해 왔던 일이다. 양극화 문제에서 보듯이 사회적 불평등이 더 심화됐고, 선출되지 않은 기업 집단의 결정권이 더 커졌고, 대중이 동의하지 않는 신자유주의 정책을 강요하기 위해 기본적인 민주적 권리가 후퇴하는 일도 있었다. 노무현 정부가 한미FTA 반대 집회를 원천 봉쇄했듯이 말이다. 이것은 한국만의 예외적 현상이 아니다. 〈워싱턴 포스트〉가 인터뷰한 미국 시위대의 외침에서 보듯이, 지난 10~20년 동안 전 세계에서 같은 일들이 벌어졌다.

"정부는 판매용이고 대기업이 정부를 구입한다."

이것은 이명박 시대에 민주주의의 전망을 열우당의 후신인 민주당에서 찾을 수 없음을 뜻한다. 왜냐하면 그들은 민주주의와 시장경제의 병행 발전이라는 김대중의 지론을 따라 왔는데, 지금 우리는 시장 자본주의의 논리 자체가 민주주의를 제약하는 것을 목도하고 있기 때문이다.[71]

마르크스주의와 민주주의

자유민주주의, 즉 미국과 영국, 프랑스 등의 부르주아 혁명으로 시작된 부르주아 민주주의를 마르크스주의적 관점에서 살펴보겠다.

고전 마르크스주의에서 민주주의는 중요한 쟁점이었다. 마르크스와 엥겔스가 주목한 자본주의 체제 발전과 노동계급 형성은 당시 부르주아 혁명, 부르주아 민주주의 발전과 깊은 관계가 있었다. 미국과 영국, 프랑스 등지에서 부르주아 혁명은 성공을 거뒀지만, 구질서가 공존했다. 그 외 지역에서는 여전히 절대왕정이 존재했지만 동시에 자본주의 발전이 시작하고 있었다. 마르크스와 엥겔스는 이런 상황에서 민주주의 성취 문제에 대한 매우 중요한 분석을 내놨다. 우선, 부르주아 민주주의 체제가 계급 적대에 기초한 체제라는 것이다. 마르크스는 1848년 《공산당 선언》에서 "본래의 의미에서의 정치권력이란 다른 계급을 억압하기 위한 한 계급의 조직된 폭력"[72]이라고 했고, 따라서 "현대의 국가권력은 부르주아 계급 전체의 공동 업무를 처리하는 하나의 위원회일 뿐"[73]이라고 규정했다.

또 다른 중요한 분석은 부르주아 민주주의를 성취하는 데서 노동계급이 매우 중요한 동력이고, 부르주아 민주주의를 성취하는 과정은 노동계급에게 또 다른 혁명 진지를 구축하는 과정이라는 것이었다.

엥겔스는 《공산주의의 원칙들》에서 이렇게 썼다.

혁명은 무엇보다도 **민주주의적 국가 제도**를 건설하고, 그것을 통하여 직접 또는 간접적으로 프롤레타리아트의 정치적 지배를 확립하게 될 것이다. …… 이를 위해서는 아마 제2의 투쟁이 필요하겠지만, 그러나 그 투쟁은 오직 프롤레타리아트의 승리로만 끝날 수 있을 것이다.

만일 민주주의가 사적 소유를 직접 공격하고 프롤레타리아트의 생존을 보장해 주는 더 나아간 방책들의 관철을 위한 수단으로서 즉각 이용되지 않

는다면, 민주주의는 프롤레타리아트에게 전혀 쓸모없는 것이 될 것이다(강조는 원문).[74]

마르크스는 1848년 유럽 혁명 직전에 쓴 ≪공산당 선언≫에서 부르주아 혁명과 노동계급의 관계에 대해 이렇게 썼다.

독일에서 공산주의당은 부르주아지가 혁명적으로 행동하는 즉시 부르주아지와 함께 절대 군주제, 봉건적 토지 소유 및 소부르주아주의에 대항하여 투쟁하였다.
그러나 공산주의당은 부르주아지와 프롤레타리아트 사이의 적대적 대립에 관하여 가능한 한 가장 명확한 의식을 노동자들에게서 만들어 내는 일을 한시도 멈추지 않는 바, 이는 노동자들이 부르주아지가 그들의 지배와 함께 도입할 것이 틀림없는 사회적, 정치적 조건들을 부르주아지에게 대항하는 그만큼 많은 수의 무기들로 즉시 돌릴 수 있도록 하기 위해서이며, 독일에서 반동적 계급들을 전복한 후에 곧바로 부르주아지 자체에 대항하는 투쟁을 개시하기 위해서이다. …… 독일의 부르주아 혁명은 단지 프롤레타리아 혁명의 직접적 서곡이 될 수 있을 뿐이다.[75]

그러나 1848년 독일 혁명 당시 부르주아지는 대단히 소심한 데다 반동적이기까지 해서 봉건세력과 결탁해 프롤레타리아트에게 총을 겨눴다. 현실에서 드러난 부르주아지의 우유부단함과 보수성 때문에 마르크스는 1850년에 독일 혁명을 평가하면서 노동계급 조직의 중요성과 일관된 구실을 더욱 강조한다.

궁극적 승리를 이룩하기 위해 노동자들 자신이 최고의 노력을 기울여야 할 일이 있다. 노동자들은 자신들의 계급적 이해에 눈을 떠야 하며 되도록 빨리 자신들의 독자적인 당적 입장을 취해야 한다. 또 일순간이나마 민주주의적 소부르주아들의 기만적 공문구에 현혹되어 프롤레타리아트 당의 독자적인 조직화를 포기해서는 안된다. 노동자들의 전투 구호는 이런 것이어야 한다. 영속 혁명Die Revolution in Permanenz[연속혁명].[76]

노동계급 투쟁과 민주주의 혁명의 관계를 볼 때 또 중요한 사례는 러시아 혁명이다. 러시아의 정치·사회적 상황은 양면적이었다. 농민이 대다수인 나라에서 황제 차르와 귀족들이 여전히 지배계급이면서 페테르부르크에는 유럽에서 가장 큰 공장인 푸칠로프 금속 공장이 있었다. 트로츠키

1917년 러시아 혁명 당시 푸칠로프 공장에서 벌어진 노동자 집회의 모습.

가 지적한 자본주의 체제의 "불균등 결합 발전"을 보여 주는 중요한 사례였다.

1917년 혁명 당시 볼셰비키와 멘셰비키 사이의 투쟁은 러시아에서 부르주아 민주주의 혁명을 성취하는 방법을 둘러싼 전략 차이였다. 멘셰비키는 러시아에서 먼저 부르주아 민주주의 혁명에 성공한 후 사회주의 혁명으로 나아가야 한다는 입장이었기 때문에, 노동자·병사·농민 소비에트가 권력을 장악하는 사회주의 혁명에 반대했다.

볼셰비키와 레닌은 1917년 2월 혁명 직전까지는 자유주의적 부르주아지들의 유약함 때문에, 다가올 혁명으로 등장할 정부가 노동자·농민의 민주주의 독재여야 한다고 주장했지만, 혁명의 성격은 부르주아적일 것이라 생각했다.

러시아 혁명 당시 페테르부르크에서 열린 병사 대표 소비에트의 모습.

트로츠키는 사태를 올바로 예측했다. 트로츠키는 러시아 자본주의의 불균등 결합 발전으로 성장한 노동계급이 농민의 지지를 받아 사회주의적 혁명에 성공할 수 있다고 봤다. 또, 혁명을 국제적으로 확산시켜 사회주의를 유지할 수 있다는 '연속혁명' 이론을 제시했다.

1917년 2월 혁명 전에 이미 러시아 노동계급 사이에서 대중정당으로 성장하며 혁명적 에너지를 흡수한 볼셰비키는 레닌의 "4월테제" 이후 트로츠키가 전망한 방향으로 전략을 변경했다. 토니 클리프의 말대로 "민주주의 독재라는 레닌의 추상적 대수 공식이 실천에서 산수 언어로 바뀌었고, 거기에서 얻은 결론들은 노동계급을 지도하는 볼셰비키당의 모든 행동의 결과였다고 말할 수 있다."[77]

파시즘이 등장한 1930년대 유럽도 부르주아 민주주의와 노동계급의 관계를 보여 주는 중요한 사례다. 부르주아 민주주의 자체가 위협받는 시기였기 때문에 노동계급과 부르주아 민주주의의 관계에 대한 분석이 중요한 상황이었다. 트로츠키는 부르주아 민주주의, 파시즘, 노동계급에 대해 이렇게 썼다.

지배계급은 진공 속에 존재하지 않으며 다른 계급들과의 명확한 관계 속에 존재한다. 선진 자본주의 국가에서는 "민주적" 체제가 존속되는 동안 부르주아 계급은 주로 노동계급의 지지를 얻는다. 노동계급은 개량주의자(개혁주의자)들에 의해서 족쇄가 채워진다. 이러한 체제는 영국 보수당뿐 아니라 노동당 정권하에서도 가장 완성된 형태를 띤다. 최소한 파시즘의 첫 단계에서 자본은 소자본가 계급의 지지를 구한다. 소자본가 계급은 노동계급 조직을 파괴한다. 이탈리아의 예를 들어 보자! 두 체제는 "계급적 내용"에서 차이가 있는가? 이 질문이 지배계급에 대해서만 제기된다면 차이는 없다. 만약 노동계급의 시각에서 모든 계급들의 입장과 상호 관계를 고려한다면 차이는 대단히 엄청나다. 수십 년에 걸쳐 노동계급은 부르주아 민주주의를 활용하고 이에 대항하면서 자신의 아성과 노동자 민주주의의 기지 즉, 노동조합, 정당, 교육·스포츠 클럽, 협동조합 등을 건설했다. 노동계급은 부르주아 민주주의의 한계 내에서가 아니라 오직 혁명의 길을 통해서만 권력을 장악할 수 있다. 이 사실은 이론과 경험에 의해서 이미 증명되었다. 그리고 부르주아 국가 내의 이러한 노동자 민주주의 요새는 혁명을 위해 절대적으로 필요하다.[78]

그래서 트로츠키는 마르크스와 엥겔스가 그랬듯, 부르주아 민주주의의 사회적 내용은 대중적 노동자 조직이라고 분석했다.

즉, 부르주아 민주주의는 지배계급이 조직 노동계급의 세력을 하는 수 없이 인정해야 하는 상황에서 노동자들의 임금 인상 투쟁 등 경제적 쟁점들을 놓고는 노동조합 지도자들이 사용자와 협상하고, 의회 선거나 대통령 선거 등에 관련된 정치적 쟁점들을 놓고는 개혁주의 노동자 정당이 활동하도록 허용하는 국가 형태다.[79]

한국의 민주주의

한국의 부르주아 민주주의, 즉 자유민주주의의 발전 동력도 노동계급이었다. 가장 극적이고 분명한 사례는 바로 1987년 7~9월의 들불처럼 퍼져 나간 대중파업과, 1996년 말 김영삼 정부의 노동법·안기부법 날치기 통과에 맞선 민주노총의 파업이다. 최일붕 다함께 운영위원은 한국 민주주의의 동력을 이렇게 설명한다.

1987년 7월에서 9월 사이에 전국에서 노동자들의 대중파업이 벌어졌다.

자유주의 야당과 그 정치인들이 민주화를 가져다주지 않았다. 교수와 지식인 등 전문가 계층이 가져다준 것도 아니다. '제도권'이 아니라 거리와 산업현장의 투쟁과 조직이 군 장성들과 국가 관료, 재벌 등에게 민주화를 아래로부터 강제해 온 것이다. 그렇다면, 민주노총과 민주노동당, 진보신당 등 노동계급의 대중조직들이 아직 건재한 상황에서 1980년대식 권위주의로의 회귀는 그다지 쉽지 않다. 물론 바이마르 공화국이 심각한 경제·사회·정치 위기와 파시즘의 위협에 직면하고 공산당과 사민당이 이 위협에 공동으로 대처하기를 거부함에 따라 히틀러가 어부지리로 집권한 사례에서 보듯이 반동에 의한 민주화 과정의 역전은 전혀 불가능한 일이 아니다. 노동계급의 대중조직들이 와해되거나 심각하게 약화된다면 말이다.[80]

또 다른 문제는 한국 민주주의의 성격에 관한 문제다. 최일붕 운영위원의 지적처럼 한국은 "권위주의에서 준準자유민주주의로 국가 형태가 변화"[81]했다. 아직도 완전한 자유민주주의가 아닌 것은 국가보안법이 존재하기 때문이다. 국가보안법은 자유민주주의의 가장 기본적인 권리인 정치사상·견해 표명의 자유를 제약한다. 이 때문에 언론, 출판, 결사의 자유는 지난 20년 동안 크게 신장했지만, 친북 좌파나 혁명적 좌파에게는 지금도 족쇄가 채워져 있다. 이것은 노동계급의 정치적 자유가 여전히 제약받는다는 뜻이다. 그래서 민주주의가 완성됐고 더는 중요한 의제가 아니라는 견해는 모두 일면적이다.

이명박 정부가 1980년대로 회귀하고 있다는 것도 정확한 분석이 아니다. 물론 이명박 정부는 경제 위기가 부른 저항의 싹을 자르기 위해 민주적 기본권에 대한 공격을 강화하고 있다. 그러나 부르주아 민주주의의 핵심 요소인 노동계급 조직은 여전히 건재하고, 저항하고 있다.

게다가 이런 분석은 1980년대처럼 저항운동이 야당과 전략적으로 연합해야 한다는 실천적 결론으로 이어질 위험도 있다. 1980년대 권위주의 시대에 자유주의 야당은 군사독재 정권의 탄압을 받았지만, 더는 그렇지 않다. 그들과 전략적으로 연합할 이유가 없는 것이다.

또한 최장집 교수처럼 "제도 대의 민주주의"로 수렴해야 한다거나 "직접 민주주의"의 제도적 결합·보완을 주장하는 것은, 촛불이 제기한 민주주의 문제에 대한 온전한 답이 아니다. 노동계급의 저항과 조직, 피억압자들의 아래로부터 투쟁이 민주주의의 핵심 내용이어야 한다. 그러나 2008년 촛불시위에서 가장 아쉬운 대목이 바로 그 조직 노동계급의 투쟁이 실종됐다는 것이다.

2008년 촛불시위와 조직 노동계급

2008년 촛불시위의 가장 큰 약점과 아쉬운 점은 거리의 저항이 조직노동자들의 파업 같은 계급투쟁으로 이어지지 않았다는 점이다. 왜 조직 노동계급이 결정적 세력인지 살펴보겠다.

마르크스주의와 노동계급

칼 마르크스는 ≪공산당 선언≫에서 노동계급의 결정적 중요성을 설명했다.

> 부르주아지가 봉건주의를 타도할 때 쓴 무기들이 이제는 부르주아지 자신에게 겨눠지고 있다. 그런데 부르주아지는 자신에게 죽음을 가져올 무기들을 벼려 낸 것만이 아니다. 그들은 이 무기들을 쓸 사람들도 만들어 내었다. 현대 노동자들, **프롤레타리아들을**(강조는 원문).[82]

마르크스가 말한 "부르주아지의 무덤을 팔 수 있는 프롤레타리아트"가 변혁 과정에서 결정적인 구실을 한다는 것은 고전 마르크스주의의 핵심이다. 노동계급이 변혁 과정에서 중요한 것은 그들의 규모나 의식 때문이 아니다. 사실 마르크스와 엥겔스가 활동한 시기에 노동계급의 규모는 오늘날 한국 노동계급의 규모보다도 작았다. 서유럽과 북미 동부 연안 등에서 자본주의가 발전하면서 노동계급이 생겨나기 시작한 정도였다.

게다가 노동계급의 의식이 언제나 혁명적이어서 근본적 사회변혁을 위해 준비돼 있는 것도 아니다. 마르크스가 말했듯 "지배적인 사상은 지배계급의 사상이다." 이런 보편적 진술에서 노동계급이 특별히 면제될 리 만무하다.

마르크스와 엥겔스가 노동계급의 잠재적 구실을 강조한 것은 바로 자본주의 체제의 성격과 노동계급이 생산관계에서 처한 객관적 조건 때문이다. 자본주의 체제는 자본가계급이 노동계급을 착취해 생겨난 이윤을 원동력으로 삼는다. 자본가들이 이윤을 얻으려면 노동자를 고용해야 한다. 노동자들의 노동력이 생산과 이윤의 원천인 것이다. 노동자들이 파업을 하고 작업장을 점거하면 자본가들은 이윤을 얻을 수 없다. 그래서 노동계급에게는 자본주의 체제를 집단적으로 마비시킬 수 있는 잠재력이 있다.

마르크스와 엥겔스가 자본주의 체제의 작동 원리를 밝혀낸 것은 대단히 중요했다. 당시 산업혁명을 비롯한 산업자본주의의 발흥은 노동자들에게 끔찍하고 열악한 조건을 강요했다. 로버트 오언이나 생시몽, 푸리에 등 이른바 공상적 사회주의자들이 이 상황을 바꾸려 애썼지만, 체제의 핵심 원리를 이해하진 못했다. 그래서 정치인과 자본가에게 기부를 호소하고, 공동체를 건설하는 것 등 공상적 대안을 내놨다. 그러나 마르크스와 엥겔스는 자본주의 체제의 기본 동역학을 파악했다. 그래서 자본주의 체제를 변혁할 열쇠를 발견했다. 바로 노동계급이다.

오늘날에도 마르크스와 엥겔스의 분석은 유용하다. 물론 마르크스와 엥겔스 시절에는 없던 분야의 노동자들이 생겨났다. 노동계급은 단순히 산업 현장의 생산직 노동자 형태로만 존재하지 않는다. 사무직과 각종 서비스 분야에도 노동자들이 있다. 안토니오 네그리와 마이클 하트의 자율주의 경향은 "비물질노동" — 예컨대, 지식·정보·커뮤니케이션·엔터테인먼트 등 — 을 하는 사람들은 노동자가 아니라는 암시를 한다. 그러나 마르크스는 계급을 규정할 때 직업 종류나 의식이 아니라 생산관계에서 차지하는 객관적 위치에서 출발했다.

자본주의 발전 때문에, 체제를 지탱하는 데 더 많은 분야의 노동력이 필요하게 됐다. 예컨대, 생산물을 신속하게 효과적으로 판매하기 위해 보관, 운송, 유통, 판매가 중요해졌다. 이 때문에 운송 노동자, 택배 노동자, 대형 마트 판매 노동자들이 생겼고 그 규모가 커졌다.

자본주의 체제를 유지하려면 교육은 필수다. 체제는 새로운 노동자를 계속 충원해야 하고, 이 노동자 재생산에서 교육이 중요하기 때문이다. 게다가 자본주의가 발전할수록 다양한 분야에 대한 고급 교육이 필요하다. 이 때문에 교육 노동자, 즉 교사의 수가 훨씬 늘어났다. 은행에서 일하는 노동자들도 마찬가지다. 그들은 기업 대출과 소비 진작을 위한 소비 대출 등 자본주의 체제를 유지하기 위한 업무에 고용돼 있다.

오늘날 한국을 보면 노동계급의 잠재력은 더욱 현실적이다. 국제노동기구가 각국 노동력 현황을 파악하려고 만든 기준으로 통계청이 조사한 한국 경제활동인구는 2274만 명이다(2009년 2월 9일 현재).[83] 물론 이 수치는 자영업자나 경영자까지 포함한 취업자 규모다. 그렇지만 통계에 잡히지 않는 실업자나 노동계급 취업자 피부양 가족까지 포함하면 노동계급은 한국에서 단연 가장 큰 집단일 것이다. 마르크스와 엥겔스가 활동한 당시

유럽 전체 노동계급 규모와 비교가 안 될 정도로 큰 규모다.

'계급환원론', 노동자주의 그리고 '인민의 호민관'

노동계급의 결정적 구실을 강조하는 것을 두고 '계급환원론'이라고 비판하는 이들이 있다. 모든 문제를 계급 문제로 환원한다는 것인데, 이런 비판은 고전 마르크스주의에겐 부당한 비판이다. 마르크스와 엥겔스를 비롯한 고전 마르크스주의 전통에서 노동계급을 강조하는 것은 노동계급의 객관적인 잠재력이 현실화하면 다른 천대받는 사회집단들의 해방에 결정적으로 기여하게 될 것임을 중시하는 것이다.

자본주의 체제는 온갖 차별과 소외를 만들어 낸다. 여성 차별, 인종 차별, 동성애자 차별, 민족 억압, 경쟁 교육으로 인한 청소년과 대학생의 소외, 청년의 소외 등 일일이 다 열거하기 힘들 정도다.

고전 마르크스주의 전통은 이런 문제들이 자본주의 체제의 부산물이고 자본주의 체제를 폐지해서 이런 문제의 근원을 제거할 수 있는 힘을 가진 세력은 노동계급뿐이고, 노동계급은 다른 피억압 사회 집단의 고통과 천대에 맞서 싸우며 그들의 옹호자가 되려고 노력해야 한다는 것을 강조했다. 그래서 마르크스는 ≪공산당 선언≫에서 프롤레타리아트가 자신의 해방뿐 아니라, "계급과 계급이 있었던 낡은 부르주아 사회 대신에 각인의 자유로운 발전이 만인의 자유로운 발전의 조건이 되는 하나의 연합체"[84](강조는 필자)를 이룰 수 있다고 여겼다. 또한 "공산주의자들은 어디서나, 현존의 사회 정치 상태를 반대하는 모든 혁명운동을 지지한다"[85]고 선언했다.

레닌도 ≪무엇을 할 것인가?≫에서 "[사회민주주의자는] 노동조합의 서기가 아니라, 전횡과 억압 — 그것이 어디에서 발생하건, 어떤 계급, 계층에 관계된 것이건 상관없이 — 이 드러나는 온갖 현상에 대응할 능력이 있는 …… 인민의 호민관이어야 한다"[86](강조는 원문)고 강조했다.

물론 노동자 운동 내에는 노동자들의 노동조건·생활조건 문제나 노동조합 쟁점만 중요하게 여기는 노동자주의 경향이 있다. 이것은 매우 협소한 관점이다.

노동계급 중심성과 노동자주의를 같은 것으로 여겨서는 안 된다. 노동자주의는 노동자들의 근로조건, 생활조건 등 노동조합 쟁점에는 열의를 보이면서 노동계급이 아닌 다른 피억압 사회집단이 겪는 차별과 학대를 경시하거나 그런 사람들의 저항에 연대하기를 삼가는 태도를 가리킨다. 노동자주의는 정치와 경제를 분리해 그중 정치를 부정하는 태도를 보인다. 노동자주의는 정치적 주도권을 개량주의자[개혁주의자]들인 민중주의자(포퓰리스트)들에게 넘겨주겠다는 태도일 뿐이다. 노동자주의는 '현장 권력'을 강조한다는 점에서 개량주의[개혁주의]인 민중주의로부터 일보 전진이면서도 실천에서는 개량주의[개혁주의]에 대한 일관된 정치적 대안을 내놓지 못한다. 그래서 반전 같은 정치 쟁점들을 회피하는 경향이 있다.[87]

레닌은 《무엇을 할 것인가?》에서 러시아판 노동자주의 경향인 "경제주의자"들을 단호히 비판했다. 게다가 정치투쟁과 경제투쟁은 서로 갈마드는 경향을 보인다. 이 점을 가장 앞서 정식화한 사람은 로자 룩셈부르크였다. 로자 룩셈부르크는 1905년 러시아 혁명에서 발생한 대중파업과 봉기 등을 분석해 《대중파업론》을 썼다. 로자 룩셈부르크는 정치투쟁과 경제투쟁의 관계에 대해 이렇게 썼다.

1905년 모스크바에서 벌어진 대중 시위.

정치투쟁의 모든 활발한 공격과 승리는 경제투쟁에 강력한 자극을 준다. 이것은 정치투쟁의 활발한 공격과 승리가 노동자들에게 처지 개선을 위한 싸움으로 시야를 넓혀 주고 또 싸우려는 충동을 강화시킴과 아울러 노동자들의 투쟁 정신을 강화시킨다는 점에서 그렇다. 정치 행동의 물결이 고양된 뒤에는 언제나 수많은 경제투쟁의 싹을 틔우는 기름진 퇴적물이 남고, 또 그 역도 마찬가지이다. 자본에 맞선 노동자들의 끊임없는 경제투쟁은 정치투쟁이 휴지기를 맞이할 때마다 노동자들을 지탱해 준다. 말하자면, 경제투쟁은 정치투쟁에 언제나 새로운 활력을 불어넣어 주는, 노동자계급 역량의 마르지 않는 저수지이다. 바로 이 저수지에서 정치투쟁은 늘 새로운 힘을 끌어내며 동시에 곳곳에서 프롤레타리아트의 지칠 줄 모르는 경제적 공병工兵들을 각각의 첨예한 갈등으로 이끌어 간다.[88]

1987년 6월 항쟁과 그 직후 시작된 7~9월의 대중파업은 정치투쟁과 경제투쟁의 관계를 보여 주는 두드러진 사례다.

다른 피억압자들의 투쟁이 노동자 투쟁에 자신감을 줄 수도 있다. 1995년 말에 전두환·노태우 구속을 촉구하는 투쟁이 활발하게 벌어졌다. 학생들이 중심이었던 이 투쟁은 결국 승리를 거뒀고, 이는 1996년 노동자들의 투쟁으로, 그해 말 노동법·안기부법 날치기 통과에 항의하는 민주노총 파업으로 번졌다.

이집트에서도 독재자 무바라크의 친제국주의 정책에 반대하는 운동 — 가자 지구와 국경을 맞댄 이집트에서 팔레스타인 연대 운동은 매우 중요한 정치투쟁이다 — 이 노동자들이 파업에 나서도록 자극하고, 또 노동자 파업이 반제국주의 운동을 강화하고 있다.

1968년 5월 프랑스에서 벌어진 반란도 마찬가지였다. 4월 말 시작한 학생들의 반란이 청년 노동자들을 고무했고, 이것이 순식간에 1000만 명이 참가하는 파업으로 번졌다. 당시로는 역사상 최대 파업이었다.

2008년 촛불시위를 다른 두 가지 저항과 비교하는 경우가 많다. 한국의 위대한 정치투쟁인 1987년 6월 항쟁, 그리고 촛불시위보다 정확히 40년 전에 벌어진 1968년 5월 프랑스 반란이다. 다른 차이점도 있지만, 두 저항과 2008년 촛불시위가 결정적으로 다른 점은 바로 2008년 촛불시위에는 노동자들의 저항이 빠졌다는 것이다.

2008년 촛불시위와 조직 노동계급

6월 10일 대규모 시위가 제공한 매우 중요한 기회 — 이명박의 후퇴, 운동의 사기 고양, 비옥한 정치적 토양 — 를 조직 노동계급은 살리지 못했

1968년 5월 13일 프랑스에서 노동자들과 학생들이 참여한 대규모 시위의 모습.

다. 이는 운동 전체에 중요한 기회였기 때문에 대단히 안타까운 일이었다. 체제의 작동을 마비시킬 잠재력이 있는 조직노동자들의 투쟁이 결합되지 않는다면, 항의는 어느 순간에는 사그라질 수밖에 없기 때문이었다. 이것이 당시 거리 시위와 항쟁의 중요한 약점이었다.

촛불시위의 정점은 6월 10일이었고, 그 이후로 완만하게 사그라지기 시작했다. 100만 명의 거리 시위는 거리의 미조직 청년들이 이룰 수 있는 최대한의 성취였다. 이 성과를 이어받을 주자가 필요했고, 그것이 바로 조직노동계급이었다. 게다가 6월 화물연대 파업과 덤프·레미콘·굴삭기 노동자들의 파업이 실제로 벌어져, 파업을 확대할 기회도 있었다. 그런데 왜 기회를 놓쳤을까? 몇 가지 측면에서 살펴볼 필요가 있다.

우선, 이명박 정부가 등장해 민주노총 지도부의 사기가 떨어진 것을 지적할 수 있다. 이것은 3장에서 언급한 주요 개혁주의 단체 지도부의 사기 저하와 같은 맥락이다. 이석행 위원장은 2008년 1월 2일 인터뷰에서 대선 결과를 다음과 같이 평가했다.

이 사회를 지탱해 온 골간이 무너졌다는 생각이 듭니다. 도덕성이라는 것이 완전히 무너졌습니다. 그렇지만 국민들의 선택이었기 때문에 그것 또한 인정하지 않을 수만은 없습니다.[89]

그리고 투쟁에 대해서는 다소 의기소침한 계획을 내놨다.

사실 올해[2007년] 가장 아쉬웠던 것이 집회 만능주의입니다. 여기서 벗어나려는 노력을 많이 하고 싶습니다. …… 시도 때도 없이 도심에서 길 막고 집회하는 것으로 인해 국민들에게 어필하지 못한 것 아닌가 반성해 봐야 합니다.[90]

이런 사기 저하 때문에 그리고 다른 주요 개혁주의 단체와 마찬가지로 자발성주의에 주눅 들어 민주노총 지도부는 조합원들에게 촛불시위에 "시민"으로서 참가하라는 지침을 내렸다. 다행히 5월 31일부터는 노동조합 차원으로 조직해 대열을 갖추고 촛불시위에 참가했다.

더 큰 문제는 민주노총 지도부의 보수성이었다. 노동자와 자본가 사이에서 중재와 협상을 전문으로 하는 노동조합 상층 상근간부들은 흔히 투쟁보다 협상을 중시하고, 국가와 체제에 맞서야 하는 결정적 순간에 투쟁을 회피하는 보수적 경향을 발전시킨다.

그래서 민주노총 지도부는 중요한 타이밍에 파업을 차일피일 미루다 결국 7월 2일 상징적인 두 시간 파업을 벌이는 데 그쳤다. 당시 민주노총 지도부는 연맹별로 하루 파업을 벌이는 '순환 파업'을 계획했고, 이것을 이석행 위원장은 순번제로 타석에 나서는 "야구 파업"이라 불렀다. 그러나 당시는 9회까지 균등하게 기회가 보장된 야구에 비유할 상황이 아니었다. 온 힘을 다해 역공을 퍼붓는 이명박 정부에 맞서야 했으므로, 권투의 결정적 순간과 닮아 있었다.

로자 룩셈부르크는 "추상적이고 비역사적인 사고방식에 뿌리를 두고 이 사회가 하듯이 지정된 날짜에 독일에서 대중파업을 벌일 수 있다고 믿는 사람들 …… 즉, 대중파업을 '위급할 때를 대비해' 호주머니 속에 접어 넣어 두었다가 마음먹으면 꺼내 쓸 수 있는 일종의 주머니칼처럼 생각하는"[91] 것을 강력히 비판했다.

광우병 위험 쇠고기 수입에 관한 것이든, 자기 작업장의 고유한 요구든 이명박에 맞서 조직된 노동계급의 힘을 모으는 것이 중요했다.

촛불시위 중간에 민주노총의 노동조합주의를 보여 준 사례가 있다. 6월 16일 전면파업에 돌입한 덤프·레미콘·굴삭기 노동자들이 대학로에서 집회를 했는데, 2만 5000명이 모였다. 노동자들은 집회를 마치고 거리 행진을 했는데, 당시 촛불시위 장소인 서울시청 광장으로 행진하지 않고, 청계광장으로 행진해 정리 집회를 하고 해산했다. 물론 그중 일부는 서울시청 광장 촛불시위에 참가했다. 이는 노동조합의 특성과 한계를 보여 준다. 자본주의 체제에서 노동조합은 노동자들의 즉각적 이해관계를 반영하는 기구다. 자본주의 체제에서는 정치와 경제를 분리하는 분업 체계가 형성되는

촛불시위가 한창이던 6월 16일 전면파업에 돌입한 덤프·레미콘·굴삭기 노동자들.

경향이 있다. 경제투쟁은 노동조합이 하고, 정치투쟁은 개혁주의 정당이 의회에서 벌이는 식이다. 촛불 국면에서 민주노총이 파업을 벌이려 하자 이명박 정부와 우파 언론은 노동조합이 정치투쟁에 나선다고 공격했다.

그러나 경제와 정치가 항상 칼같이 구분되는 것은 아니다. 앞서 로자 룩셈부르크가 지적한 것처럼 경제투쟁과 정치투쟁은 서로 중요한 연관이 있다. 그래서 노동조합이 정치투쟁에 나서는 경우도 이따금 있다. 1996년 말~1997년 초 민주노총 파업이 그렇다. 그러나 2008년 촛불시위 과정에서 조직 노동계급이 제 구실을 못한 것은, 민주노총 조합원들의 의식이 노동자주의에 가까웠음을 반영하는 것이다.

촛불 운동에 적극 나서지 않은 민주노총 노동조합원들의 노동조합주의(정치 문제들보다는 노동자들의 노동조건과 경제적 생활조건에 집중하는 방식)는 김대중·노무현 정부와 그 포퓰리스트 정치인들에게 걸었던 기대가 물거품이 되면서 그 반발로 나타난 경향이라는 점에서 이해할 만하다. 남아공과 브라질의 노동운동 경험은 한국 같은 신흥공업국 노동자들의 의식에서 '국민주의'(이하 포퓰리즘)의 요소들과 '노동자주의'(이하 노동조합주의)의 요소들이 우세하고, 이에 따라 노동자들의 정치도 이 둘 사이에서 오락가락한다는 점을 보여 주었다. 이러한 나라들에서 노동자들은 포퓰리즘 정치의 일정 요소들을 받아들였다가 포퓰리스트들이 아무것도 가져다주는 게 없자 그에 반발해 다시 노동조합주의 방향으로 튀는 경우가 흔하다. 하지만 정치적 쟁점들을 사실상 회피하고 노동조합적 쟁점들에 집중하는 걸로는 자신들이 직면한 문제들을 해결할 수 없다는 것을 깨닫고는 다시 포퓰리즘 정치 쪽으로 설복되게 된다.[92]

폭력·비폭력 논쟁

2008년 촛불시위에서 5월 말~6월 초와 6월 10일 이후 시위대가 청와대 쪽으로 행진하려 하면서 경찰과 본격적 충돌이 시작됐다. 이런 상황 때문에 폭력·비폭력 논쟁이 시작됐다. 이 논쟁은 2008년 촛불시위 전체를 돌아볼 때 앞서 살펴본 쟁점들과 동일한 비중은 아니다. 덜 중요한 부차적 쟁점이라고 볼 수 있다. 이명박 정부의 폭력이 너무나 극심한 데 반해, 시위대가 어리석게 불필요한 폭력을 사용해 운동에 찬물을 끼얹는 일은 거의 없었기 때문이다.

게다가 이 논쟁이 시작된 것은 운동의 전반적 상황과 연관이 있다. 운동

6월 1일 경찰이 세종로에서 살수차를 동원해 물대포를 쏘며 시위대를 해산시키고 있다.
ⓒ 민중의 소리.

의 정치적 전략과 전망은 불투명한데 불만과 운동의 성취에 대한 성마름이 커져 시위대 일부가 청와대 진출에 더욱 집착하게 된 것이다. 그럼에도 다음번 전투를 위해 이 논쟁을 살펴보는 것은 유익할 것이다.

우선 '폭력'에 관한 정의부터 시작해야겠다. 이명박 정부와 우파 언론은 '폭력'을 대단히 광범한 개념으로 사용해 저항운동을 공격하는 데 이용한다. 마치 제국주의 전쟁을 옹호하는 자들이 '테러리즘'의 범위를 대단히 넓게 잡아 자신의 전쟁을 정당화하는 것처럼 말이다. 심지어 이들은 국내 억압을 강화하기 위해 '테러리즘'을 국내 노동자 파업 등에도 적용한다. 한국 지배계급이 추진하는 '테러방지법'도 국내의 저항을 겨냥한다.

운동 안에서도 '폭력'의 의미를 느슨하게 이해하는 경향이 다수인 듯하다. 예컨대, 반전운동에 참가한 주요 NGO의 비폭력 평화주의에 중요한 이데올로기를 제공한 요한 갈퉁은 "정치적 · 억압적 · 경제적 · 착취적 폭력"

인 "구조적 폭력"을 지적한다. 그러나 동시에 이런 얘기도 한다.

> 직접적인 폭력은 언어적인 폭력과 신체적인 폭력으로 나누어질 수 있다. 그리고 폭력은 신체와 정신과 영혼을 상하게 한다. 이러한 모든 결합은 시간의 흐름으로 다시 폭력을 재현시키게 되므로 마음의 상처를 남긴다. …… 문화적 폭력은 내용 면에서 종교, 법과 사상, 언어, 예술, 실증과 형식, 과학, 우주론(심오한 문화) 등으로 구분되며, 전달 매체 면에서는 학파들, 대학들, 미디어 등으로 나뉜다.[93]

"정신과 영혼" 이나 "마음의 상처" 등은 대단히 주관적인 개념이다. 이를 '폭력'에 적용하는 것은 객관적 분석을 어렵게 한다. 오히려 '폭력'은 객관적이고 구체적이고 역사적인 개념이다. 요한 갈퉁의 정의보다 ≪표준국어대사전≫의 '폭력'에 대한 정의가 훨씬 정확하다.

> 남을 거칠고 사납게 제압할 때에 쓰는, 주먹이나 발 또는 몽둥이 따위의 수단이나 힘. 넓은 뜻으로는 무기로 억누르는 힘을 이르기도 한다.

2008년 촛불시위와 폭력

이명박 정부와 우파 언론은 촛불 시위대의 '폭력성'을 비난했다. 경찰의 폭력 진압으로 6월 28일 밤과 29일 새벽 광화문을 피로 물들인 이명박 정부는 오히려 그 직후에 "폭력으로 얼룩진 서울 도심을 평화로운 공간으로 되돌려 놓겠다"[94]며 위선을 떨었다. 역겹기 그지없는 작태였다. 이명박 정부는 경찰 폭력에 의존해 촛불시위를 진압했다. 5월 2일부터 8월 15일까지 동원한 경찰 병력은 무려 "연 766개 중대 68만 4540명"[95]이다. 과장했을 가능성이 커 무조건 믿을 순 없지만 정부 측 공식 통계를 보면 경찰 부상자는 501명(5월 2일~8월 15일)[96]이다. 반면 광우병국민대책회의가 집계한 시위대 부상자는 2500여 명(5월 2일~8월 25일)이다. 광우병국민대책회의 통계는 병원비 지원 등을 기초 자료로 한 것이다. 병원비를 지원받지 못한 부상자들까지 감안하면 시위대 부상자는 훨씬 많았을 것으로 추측된다. 게다가 경찰과 시위대의 충돌은 무장 상태가 서로 대등한 대결이 아니었다. 경찰은 헬멧, 방패, 곤봉으로 무장한 채 물대포와 소화기를 사용했고, 시위 대열은 비무장 상태였다. 게다가 경찰은 6월 28~29일 시위를 진압하면서 "비무장한 시민들에게 돌덩이와 쇠뭉치, 톱과 소화기 등을 던지는 '살인미수' 행위로 수백 명에게 부상"[97]을 입혔다. 우석균 정책실장의 설명

경찰이 비무장으로 누워 있는 시위대를 짓밟고 있다(6월 28일).

을 들어 보면, "의료봉사단이 파악한 응급실 환자만 112명, 이틀간 부상자는 400명 이상으로 보이며 두개골 골절 등 생명의 위협을 느끼는 부상은 10명이 넘었다."[98]

경찰은 시위 대열이 청와대로 진출하려 한 일들, 예컨대 바리케이드를 뚫기 위해 경찰 버스를 밧줄로 묶어 끌어내고 토성을 쌓은 것도 폭력으로 매도한다. 그러나 이런 행동은 폭력이 아니다. 경찰의 폭력 진압 도구를 해체하는 일련의 공동 작업이었을 뿐이다. 이 과정에서 경찰 지휘관들이 경찰 버스를 더욱 무겁게 하려고 의무경찰들을 버스 안에 '볼모'로 탑승시킨 경우도 많았다. 그런 경찰 버스가 끌려 나왔을 때 방송차의 전체 시위 대열 지휘자든, 그 버스를 끌어낸 시위 대열이든 의무경찰들에게 개인적 폭력을 쓰지 않고 슬기롭게 돌려보냈다.

물론 시위대의 극히 일부가 시위 장소 주변 공사장의 비계 등을 이용해 경찰 버스와 경찰에 해를 입히려 했다. 물론 정부와 우파 언론은 이를 침소봉대하고 마녀사냥했다. 그렇지만 전체 촛불시위를 볼 때 이런 행동은 대단히 미미한 것이었고, 이명박 정부가 저지른 폭력에 비하면 정말이지 새 발의 피 안에 있는 적혈구의 헤모글로빈조차 안 되는 것이다.

촛불시위를 경찰력으로 짓밟은 것은 이명박 정부가 자행하는 합법적 폭력의 일부였을 뿐이다. 이명박 정부는 국민의 안전 따위는 깡그리 무시하고 미국·한국 기업들의 이윤을 위해 광우병 위험이 높은 미국산 쇠고기를 수입했다. 자본가들의 이윤을 위해 노동자들의 임금 삭감과 해고, 실업을 고무했다. 경쟁 교육 강화 아래 얼마나 많은 청소년들이 신음하고, 또 얼마나 많은 청소년들이 자살하는가. 용산 철거민 참사는 이명박 정부가 저지른 잔혹한 국가 폭력의 대표적 사례다. 이런 이명박 정부가 "폭력" 운운하는 것은 역겨운 위선이다.

이명박 정부가 시위대의 폭력을 비난하고 마녀사냥한 것뿐 아니라, 운동 내에서도 우리 편의 미미한 폭력에 대한 비판이 있었다. 박원석 공동상황실장은 2008년 10월 1일 〈경향신문〉 인터뷰에서 촛불시위에서의 가장 큰 실수로 "정권 퇴진 불사"를 천명한 것과 "우발적인 폭력을 제지하지 못한 점"을 들었다. 이명박 정부와 우파 언론이 침소봉대했을 뿐 거의 의미가 없었던 "우발적인 폭력"을 큰 실수로 보는 것은 사실관계에도 맞지 않을 뿐더러 자칫 양비론으로 비칠 우려가 있다.[99]

또 다른 사례를 보자. 아고라에 누군가 제안한 펼침막 도안의 문구다.

폭력 시위는 경찰이 원하는 것. 폭력 시위자는 우리가 신고합니다. 폭력 시위자는 경찰 프락치다. ― 토론의 성지 아고라.[100]

이런 견해에 일부 현명한 생각이 담겨 있긴 하다. 불필요한 폭력은 운동의 정당성에 흠집이 될 뿐이라는 것이다. 5월 31일과 6월 1일 청와대 앞 시위에서 시위 대열의 완강한 비폭력 저항은 이명박 정부의 폭력성을 폭로했고, 시위대의 용기는 중요한 영감과 자신감을 제공했다. 그러나 이 펼침막 도안의 문구에는 중요한 약점도 있다. 우선 폭력에 대한 양비론이다. 시위대의 폭력을 강조해, 대단한 것인 양 과장하게 될 위험이 있다. 촛불에 대한 광포한 탄압이 벌어지는 상황에서는 오히려 정부의 주장에 힘을 실어 주는 위험한 결과를 부를 수도 있다.

둘째, 운동의 '비폭력성'을 입증하려고 부적절하게도 폭력 기구인 경찰을 이용한다는 것이다. 실제 이런 모순은 시위 현장에서 곧잘 현실로 드러났다. 예컨대, 6월 22일 새벽 광화문 대치 현장에서 한 시민이 경찰 버스에 방화를 시도했다. 이른바 "방화남" 사건이다. 시위 대열이 그를 붙잡아 광우병국민대책회의 방송차로 데려왔다. 그를 어떻게 해야 할지 현장에서 토론이 벌어졌다. 나는 방화 시도 같은 방법이 전혀 효과적이지 않음을 공개적으로 토론하고 그를 그냥 돌려보내야 한다고 했다. 그러나 현장 토론에 참가한 시민들과 이 시민들의 의견을 따른 광우병국민대책회의 활동가들은 그를 경찰에 넘기는 것으로 결정하고 실제 경찰에 신고해 인계했다. 이것은 겉으로 보기에도 대단히 모순적이었다. 경찰의 야만적 폭력에 대항하면서 동시에 그 경찰을 이용해 운동 안의 폭력을 근절하겠다는 것이었다.

셋째, 모든 폭력 시위자를 "경찰 프락치"라고 매도하는 것은 곤란하다. 물론 자본주의 국가의 경찰은 저항운동을 분쇄하려고 매우 야비한 음모도 서슴지 않는다. 예컨대, 1960년대 말 이탈리아 경찰들은 시위대처럼 보이려고 히피 복장을 한 채 시위에 참가했다. 결국 히피 복장을 한 경찰이 총을 쏘는 사진이 공개돼 그들의 비열한 행위가 폭로됐다. 그러나 이런 가능성 때문에 일부 시위대의 폭력을 "경찰 프락치" 활동으로 단정 짓는다면 우리 운동 안에서 어떤 전술이 올바른지 토론하고 논쟁하기 어려울 것이다.

그리고 저항과 투쟁에서 언제나 비폭력만이 최상의 전술인 것도 아니다. 요한 갈퉁이 말한 "평화적 수단"만이 능사가 아니라는 것이다. 때로 운동은 무장과 폭력을 사용해야 할 경우가 있다. 1789년 프랑스 혁명과 그 후 왕당파에 맞선 내전, 국외 절대왕정과 벌인 전쟁, 1871년 파리코뮌, 1917년 러시아 혁명, 1968년 5월 프랑스에서 시작한 전 세계적 반란, 1980

년 5월 광주 무장 항쟁, 1987년 6월 항쟁과 7~9월의 대중파업, 노동자들의 파업 사수대 조직, 1994년 사파티스타 봉기로 시작한 라틴아메리카의 반신자유주의 저항, 미국의 전쟁에 맞선 베트남 민중의 무장 저항과 이라크·아프가니스탄·팔레스타인의 반제국주의 무장 저항 등. 이런 경우에 저항은 폭력과 무장 수단을 이용했다. 이를 이해하기 위해 자본주의와 폭력, 저항과 폭력에 관한 마르크스주의적 분석을 살펴보자.

마르크스주의와 폭력

마르크스주의에 관한 흔한 오해와 왜곡 중 하나는 마르크스주의자들이 폭력 자체를 목적으로 삼고 신봉하는 것처럼 묘사하는 것이다. 분명 마르크스와 엥겔스는 혁명에 불가피하게 폭력이 뒤따른다고 생각했다. 폭력에 관한 엥겔스의 몇 가지 언급을 살펴보자.

문 : 사적 소유의 폐지는 평화적인 방법으로 가능하게 될 것인가?
답 : 그렇게 되면 좋을 것이며, 공산주의자들은 물론 그렇게 되는 것을 누구보다도 덜 반대할 것이다. 공산주의자들은 [소수가 벌이는] 일체의 음모가 무익할 뿐만 아니라 해롭기까지 하다는 것을 매우 잘 알고 있다. 공산주의자들은 혁명들이 의도적으로 또 자의적으로 일으켜지는 것이 아니며, 혁명들이란 언제 어디서나 개별적인 당파들이나 계급 전체의 의지 및 지도에는 전혀 의존하지 않는 정세의 필연적인 결과들이었다는 것을 매우 잘 알고 있다. 그러나 또한 그들은, 거의 모든 문명국들에서 프롤레타리아트의 발전이 폭력적으로 억압되고 있으며 공산주의자의 반대자들이 그렇게 함으로써 혁명을 목표로 전력투구하는 셈이라는 것도 잘 알고 있다. 만일 억압받는 프롤레

타리아트가 이로 인해 마침내 혁명으로 내몰리게 된다면, 우리 공산주의자들은 지금 말로써 옹호하는 것 못지않게 행동으로써 프롤레타리아들의 과업을 옹호할 것이다.[101]

폭력은 역사에서 또 다른 역할, 즉 혁명적 역할을 한다는 것, 폭력은 마르크스의 말에 따르면 새로운 사회를 잉태하고 있는 모든 낡은 사회의 산파라는 것, 폭력은 사회적 운동이 자신을 관철하며 굳고 마비된 정치적 형태들을 파괴하는 도구라는 것.[102]

위의 두 인용문은 마르크스주의와 폭력에 대해 몇 가지 중요한 점을 지적한다. 우선, 마르크스주의자들은 폭력을 "새로운 사회"를 위한 "산파"나 "도구"로 여기지 그것 자체를 목적으로 삼는 것이 아니라는 점이다.

마르크스는 ≪자본론≫에서 자본주의를 이렇게 묘사했다. "화폐가 한쪽 볼에 핏자국을 띠고 이 세상에 출현한다면, 자본은 머리에서 발끝까지 모든 털구멍에서 피와 오물을 뚝뚝 흘리면서 이 세상에 출현한다." 자본주의 체제는 출현 자체가 끔찍한 폭력의 연속이었다. 그리고 자본주의 체제는 전 세계의 모든 것을 먹어 치우고, 세계를 이윤의 제물로 만들어 버렸다. 게다가 팽창한 자본주의가 제국주의 시대로 접어들어, 세계는 그동안 전쟁의 포화 속에 얼마나 끔찍한 대가를 치렀는가. 제국주의 전쟁은 지금도 아프가니스탄과 이라크에서 피비린내 나는 점령으로 계속되고 있다. 마르크스와 엥겔스는 폭력과 착취, 억압과 소외가 없는 체제를 위해, 폭력을 자본주의 체제를 변혁하는 수단으로만 여겼을 뿐이다.

마르크스주의는 근본적으로 휴머니즘이다. KGB(국가보안위원회) 같은 억압 기구의 폭력에 의존하고 아프가니스탄을 제국주의적으로 침공한 옛 소련은 마르크스주의, 사회주의와 아무 관련이 없다. 폭력과 억압으로 체제를 유지한 옛 동유럽, 중국, 북한도 마찬가지다. 이 사회들은 폭력으로 유지되는 서방 자본주의 체제와 별반 다르지 않았다.

또 하나 중요한 것은, 엥겔스의 지적처럼 "혁명들이 의도적으로 또 자의적으로 일으켜지는 것이 아니라는 것"이다. 그래서 마르크스주의자들은 "무익할 뿐만 아니라 해롭기까지" 한, 소수가 벌이는 "일체의 음모"적 폭력에 반대했다. 이 점이 중요했던 곳은 제정 러시아였다. 러시아에서 차르에 저항하는 운동의 중요한 출발은 나로드니키(인민주의자)의 테러였다. 대대적 농민 계몽운동이 실패하자 나로드니키는 전술을 바꿔 차르에 대한 테러를 감행했다. 그래서 레닌과 트로츠키는 테러리즘 비판에도 힘을 기울였다. 트로츠키는 탁월한 논문인 "테러리즘 비판"에서 "법률·경찰·군대 등을 포함한 부르주아 국가기구 전체가 단지 자본가들의 테러 도구에 지나지 않는 마당에, 프롤레타리아트의 테러에 대해서는 온갖 도덕을 다 들먹이며 분개"하는 지배계급의 위선을 들춰냈다. 그러면서도 테러리즘을 날카롭게 비판했다.

우리는 개인적인 테러 행위를 절대로 용납할 수 없다. 왜냐하면 개인적인 테러 행위는 대중이 자기 자신들의 행위를 하찮게 여기도록 만들고 무력한 상태를 감수하게 하며 위대한 복수자, 위대한 해방자의 출현에 의지하도록 만들기 때문이다. '행동주의'를 선전하는 아나키스트 예언자들은 테러 행위가 대중을 자극하고 그들의 의식을 고양하는 효과를 갖고 있다고 주장할 것이다. 그러나 이론적 성찰과 정치적 경험에 의하면 결과는 정반대임이 입증된다. 테러 행위가 효과적이면 효과적일수록, 충격이 크면 클수록, 그 행위는 대중의 자기 조직과 자기 교육에 대한 관심을 더욱더 축소시킨다. ……
우리가 테러 행위를 반대하는 것은 단지 한 가지 이유, 즉 개인적 복수가
우리를 만족시킬 수 없기 때문이다. 자본주의 체제에 대해 우리가 치러야
할 대가는 너무도 커서, 장관이라는 관리 한 명이 그것을 다 처리할 수는
없다. 인간성을 짓밟는 모든 범죄와 인간의 육신과 정신에 가해지는 모든
모욕들을 기존 사회체제의 왜곡된 산물이자 왜곡된 표현으로 이해할 수 있
는 것, 그리하여 왜곡된 체제에 반대하는 집단적 투쟁 속에 우리의 모든 에
너지를 집중시키는 것, 이것이 바로 우리의 불타는 적개심이 최고의 도덕적
만족에 이를 수 있는 방법인 것이다.[103]

러시아 혁명은 마르크스주의의 '폭력성'을 입증하고 암시하는 사례로 자주 이용된다. 마치 프랑스 혁명을 '기요틴(단두대)'이라는 상징을 통해 무시무시한 피바다로 왜곡하는 것처럼 말이다. 그러나 러시아 혁명 당시에도 볼셰비키와 혁명 대중은 폭력 신봉자들이 아니었다.

적위대가 임시정부가 위치한 페테르부르크의 동궁Winter Palace을 점령했을 때, 적위대는 자신들에 맞서 싸운 사관생도들에게 더 이상 혁명에 대항하지 않겠다는 약속만을 요구한 채 그대로 석방했다. 며칠 뒤, 이 사관생도 무리들이 수도에서 무장봉기를 준비했다. 볼셰비키들은 이들을 간단히 진압했으며, 이때에도 이들은 재차 석방되었다. 페테르부르크를 탈환하기 위해 끌어 모은 반反혁명군을 지휘한 크라스노프 장군도 다시는 소비에트에 대항하지 않겠다는 약속의 답례로 자유를 얻었다. 그러나 그는 석방과 동시에 남부에 모이고 있던 반反볼셰비키 군대에 합류했다. 반란이 훨씬 더 피비린내 났던 모스크바에서도 '백군들'은 유죄가 확정된 죄수들을 제외하고는 거의가 다

관대한 처분을 받았다. 다른 지역에서도 볼셰비키들은 대체로 폭력을 사용하지 않고서 권력을 장악했다. 게다가 10월 26일에 체포된 임시정부 요인들, 아니 이들 가운데 적어도 사회주의 정당에 속했던 사람들도 마르토프의 간청에 따라 석방되었다. 볼셰비키당이 권력을 장악한 뒤 첫 몇 개월 동안, 그리고 엄밀히 말하면, 내전이 시작되기 전에 혁명가와 반反혁명가들 모두가 약간의 폭력 사태를 겪었다. 그러나 볼셰비키들은 많은 경우, 대중들의 분노를 가라앉히고 지나친 행위를 말리려고 했다.[104]

러시아는 혁명 과정과 혁명 직후의 숙청이 아니라 혁명을 파괴하려는 제국주의 군대와 반혁명 백군이 일으킨 3년 간의 내전 때문에 피로 물들게 됐다.

오스트리아 - 독일 군대가 우크라이나의 예카테리노슬라프에서 혁명적 노동자들을 처형하고 있다(1918년).

마르크스주의는 자본주의 체제라는 폭력의 근본 원인을 지적하고 그것의 대안을 제시한다. 반면에, 비폭력 평화주의는 자본주의 체제라는 폭력의 근원을 보지 않는다. 그저 '공평무사'하게 모든 폭력에 반대할 뿐이다. 원인의 골짜기가 아니라 현상의 들판만을 보는 것이다. 그래서 비폭력 평화주의는 폭력이 사라진 사회에 이를 수 있는 대안을 제시하지 못한다. 게다가 비폭력 평화주의는 현실의 투쟁에서 우리 운동의 폭력을 비난하는 양비론 때문에 자칫하면 지배계급에게 이용당하고 저항을 분열시킬 수도 있다. 예컨대, 이라크와 아프가니스탄, 팔레스타인의 무장 저항에 어떤 태도를 취해야 할까? 제국주의 군대의 점령에 반대하지만 동시에 무장 저항에도 반대하는 태도로는 제국주의 점령에 일관되게 맞설 수 없을 것이다.

그리고 비폭력 평화주의는 군대와 경찰 같은 강력한 억압 기구를 보유한 국가가 무자비하게 무장력을 쓸 때 무기력해질 수밖에 없다. 예컨대, 6월 28~29일과 그 이후 경찰의 폭력이 무자비하게 벌어질 때 '비폭력'은 아무런 효과가 없었다. 경찰은 '비폭력'을 외치는 시민단체 대표자들을 말 그대로 그냥 '밟고 지나갔다'(그렇다고 당시에 시위대가 무장했어야 한다는 것은 아니다. 앞서 누차 강조했듯 촛불 운동에는 노동자 파업이라는 아주 강력하지만 사용하지 못한 무기가 있었다).

저항과 투쟁은 자기방어를 위해 불가피한 경우에는 폭력이라는 수단을 사용해야 할 때가 있다. 그러나 그럴 때조차 폭력을 미화하거나 그것을 목적으로 삼는 것은 어리석은 일이다. 폭력의 목표가 '개인적 복수'나 '분노의 표출'이어서는 안 된다. 아울러 순전히 '자발성'만으로는 이런 전투를 치를 수 없다. 대중의 자발성과 '지도적 요소'가 결합돼야 한다. 1980년 5월 광주가 분노한 시민들과 도청 항쟁 지도부가 결합해 마지막까지 영웅적으로 전투를 치른 것처럼 말이다. 광주 항쟁은 결국 군사적으로 패배했지만, 이후 전두환 군사독재에 맞선 투쟁의 영감이 되는 정치적 성과를 남겼다.

6장

또 다른 저항을 위하여

해결을 위해 혁명이 필요해. ……
물이 바다를 뒤덮고 있는 것처럼 정의가 지구를 뒤덮게 하라!
— 밥 말리, 〈혁명Revolution〉(1974).

위대했던 저항을 평가하는 것은 그저 후일담을 위한 것이 아니다. 평가를 통해 배우고 다음번 저항에 그 교훈을 적용하려는 것이다. 나는 다음 저항을 위해 세 가지를 제시하려 한다. 다음 저항이 어떤 형태가 되더라도 중요하다고 생각하는 것들이다. 첫째는 투쟁의 그릇에 관한 것이다. 둘째는 투쟁의 현실적 목표다. 셋째는 투쟁의 궁극적 대안이다. 내가 제기하는 세 영역은 서로 구분되지만 연관돼 있다.

공동전선과 계급투쟁

레닌은 "내 친구인 이론은 회색이지만, 푸르른 것은 저 영원한 생명의 나무"라고 말했다. 그렇다고 레닌이 이론의 중요성을 간과한 것은 아니다. 레닌은 "혁명적 이론 없이는 혁명적 실천도 없다"고도 했다. 추상적 이론과 원칙을 현실에 적용할 줄 알아야 한다는 뜻이다. 트로츠키는 "대체로 혁명 전략의 관점에서 올바른 사고는 전술의 언어로 번역되지 않을 경우, 거짓말, 그것도 반동적 거짓말로 변화된다"[1]고 말했다. 공동전선은 원칙과 현실을 연결해 주는 중요한 다리 구실을 한다. 대중투쟁과 저항의 시기에 그것을 확대하는, 사회변혁을 위한 투쟁에서 가장 중요한 전략·전술이다.

공동전선이란 무엇인가?

진정한 대중운동은 모두 공동전선 형태를 취한다. 대중운동이라는 것 자체가 다양한 세력들이 연합한 것이기 때문이다. 공동전선은 바로 대중운동의 역사적 경험을 의식적으로 일반화한 전략·전술이다.

레닌은 ≪'좌파' 공산주의 — 어린애 같은 혼란≫에서 "아무리 일시적이고 동요하고 우연적이라 할지라도 대중적 동맹자를 얻을 수 있는 모든 기회"를 활용해야 하며 "이것을 이해할 수 없는 자는 마르크스주의와 현대의 과학적 사회주의 일반을 조금도 이해하지 못하고 있다"고 말했다.

공동전선은 러시아 혁명을 승리로 이끈 레닌과 트로츠키가 1921년과 1922년에 열린 코민테른* 제3차 대회와 제4차 대회에서 정식화해 제출한 전략·전술이다.[2] 그들은 전략·전술의 보물 창고인 러시아 혁명을 승리로 이끌면서 공동전선이라는 전략·전술을 발전시켰다. 특히 트로츠키는 1930년대 초에 파시즘의 위협 앞에서 독일 공산당에게 공동전선을 강조하면서 그 가치를 풍부하게 만들었다.

그렇다면 공동전선이란 무엇인가? 1922년 트로츠키는 "공동전선에 관하여"라는 글에서 이렇게 말했다.

[자본가, 부르주아지, 국가권력과의] 충돌 과정에서 노동자들은 전체 노동계급

---

* 코민테른은 1919년에 창립한 '공산주의인터내셔널'의 준말이다.

코민테른 제3차 대회에 참석한 트로츠키(왼쪽에서 세 번째).

또는 노동계급 다수의 중요한 이해관계에 자신을 연루시키게 되고, 자본주의의 공격에 맞서거나 자본주의를 공격하려면 공동 행동이 필요하다고 느끼게 된다. 노동계급이 염원하는 공동 행동에 기계적으로 스스로 대립한다면 그 어떤 정당도 노동자들에게 비난받을 것이다. …… 공동전선의 문제는 — 노동계급에 기반을 두고 있는 여러 종류의 정치조직들 사이의 분할이 불가피하다는 사실에도 불구하고 — 자본주의에 맞선 투쟁에서 노동계급이 공동전선의 가능성을 확보해야 하는 긴급한 필요 때문에 생겨난 것이다. …… 만약 공산당이 공산당과 비공산당(사회민주당을 포함해서) 노동 대중 사이의 공동 행동이 가능한 순간마다 공동 행동을 목표로 한 조직적 수단을 추구하려는 노력을 하지 않는다면, 이는 노동계급 다수의 지지를 이끌어 내지 못하는 자신의 무능력을 드러내는 것일 뿐이다. 이것은 당을 공산주의 선전 단체

로 전락시킬 것이고, 당은 결코 권력에 도전할 수 있는 능력을 발전시키지 못할 것이다.[3]

1922년 코민테른 제4차 대회가 채택한 "전술에 관한 테제"는 공동전선을 이렇게 설명한다.

[공동전선은] 부르주아지에 반대하여 노동계급의 가장 기본적인 생활 이익을 지키기 위해 공산주의자가 다른 다양한 정당과 그룹에 소속해 있는 모든 노동자나 당파가 없는 노동자 전원과의 공동 투쟁을 제의하는 것이다. 아무리 조그만 일상 요구를 위한 투쟁도 전부 혁명적 계몽과 혁명적 훈련의 원천으로 된다. 왜냐하면 투쟁 경험은 노동자들에게 혁명이 불가피하다는 것을 깨닫게 하고, 공산주의의 의의를 납득하게 할 것이기 때문이다.[4]

우선, 공동전선은 노동계급, 피억압자들을 단결시키기 위한 것이다. 이는 투쟁의 기본 동역학과 관련이 있다. 더 많은 힘을 합칠 때 투쟁은 더 큰 힘을 발휘할 수 있다. 그래서 공산당이 당시 노동계급에 광범하게 뿌리내린 사회민주주의 정당과 공동전선을 형성하는 것이 매우 구체적이고 중요한 문제였다.

러시아의 볼셰비키를 제외하면 유럽의 공산당들은 이제 막 사회민주주의와 결별한 직후여서 경험이 일천했다.(두 가지 중요한 격변이 결별을 재촉하고 강제했다. 첫째는 제1차세계대전 당시 주요 사회민주주의 정당들이 자국 정부의 전쟁을 지지해 제2인터내셔널이 붕괴한 것이고, 둘째는 러시아 혁명의 성공이었다. 러시아 볼셰비키의 권위와 경험은 이를 지지하는 공산당들의 출현으로 이어졌다.)

그리고 노동계급이 투쟁을 겪으면서 변한다는 점이 공동전선 문제에서 매우 중요하다. 노동계급의 의식은 불균등하다. 이것은 자본주의가 경제와 사회, 정치에 불균등 발전을 강요하는 것과 관계있다. 공동전선은 노동계급 의식의 불균등을 완화시킬 수 있는 대중투쟁을 위한 전략·전술이다. 교육과 선전만으로 노동계급 의식을 변화시킬 수 있다는 선전 중심주의와 완전히 다르다. 노동계급이 투쟁과 경험 속에서 바뀐다는 것은 바로 마르크스가 ≪공산당 선언≫에서 천명한 중요한 핵심, 즉 "노동계급의 해방은 자기해방"이라는 사상과 어울리는 것이다.

둘째, 공동전선은 운동 내 혁명적 세력들에게 기회를 주는 중요한 장이다. 공동전선 활동을 통해 혁명적 세력은 자신들의 능력과, 주장의 올바름을 입증해 개혁주의를 지지하는 사람들을 혁명적 세력으로 이끌 수 있다. 즉, 개혁을 위한 투쟁조차 개혁주의 지도자들보다 혁명가들이 더 잘 이끌 수 있다는 것을 입증할 기회를 잡을 수 있다. 그래서 트로츠키는 공동전선을 강조하는 동시에, "동요하는 지도자들을 대중이 지지할 때는 그 지도자들을 이용해야 한다. 물론 그들에 대한 비판을 결코 포기해서는 안 된다"며 혁명적 세력의 독립적 조직 유지와 개혁주의 지도부 비판을 삼가서는 안 된다는 점을 강조했다.

> 사민당 또는 독일 노동조합 지도자들과의 공동 강령, 공동 출판물, 공동 깃발, 공동 플래카드는 결코 안 된다! 행진은 따로 하되 공동으로 적에게 타격을 가해야 한다! 타격의 방법·대상·시기에 대해서만 동의해야 한다! 이러한 동맹은 악마 자신, 악마의 할머니, 심지어는 노스케, 그레진스키◆

◆ 노스케와 그레진스키는 사민당 정치인이다. 노스케는 1919~1920년 독일에서 일어난

와도 체결할 수 있다. 단 하나의 조건이 있다. 우리의 손발을 묶지 않아야 한다.[5]

공동전선의 이 두 가지 요점, 즉 대중의 단결과 혁명가들의 정치적·조직적 독자성 유지는 매우 중요하다. 이 둘의 관계는 변증법적이라서, 구체적 실천에서는 긴장 관계에 있기 일쑤다. 전자만 강조하다 보면 운동의 한복판에서 나침반 없는 항해사마냥 방향감각을 상실한 채 허둥댈 것이다. 후자만 강조하면 사실상 대중운동을 건설한다는 관점을 잃은 채 차이점 드러내기와 비판에 집착할 것이다. 트로츠키는 공동전선이 실패하는 두 가지 유형을 언급했다.

공동전선의 실패에는 크게 두 가지 유형이 있다. 대부분의 경우 공산당 주요 기구들은 상황과 무관한 관계로 대중의 반응을 전혀 끌어내지 못할 급진적인 구호들을 내세워 개량주의자[개혁주의자]들에게 공동 투쟁을 제안했다. 이러한 제안들은 공포탄에 그치고 말았다. 대중은 이러한 제안에 시큰둥했으며 개량주의[개혁주의] 지도자들은 공산당이 사민당 파괴 공작에 나섰다고 생각했다. …… 사실 성격상 공동전선은 정세와 대중의 상태를 현실성 있게 평가해야 성과를 올릴 수 있다. …… 실패의 두 번째 유형은 그 성격상 훨씬 더 치명적이었다. 스탈린주의 관료 집단은 당의 독자성을 희생시키고 공동전선에 참여한 조직들의 꽁무니를 쫓아갔다.[6]

노동자 봉기를 진압한 바이마르 공화국 국방장관이다. 봉기를 진압하면서 로자 룩셈부르크와 칼 리프크네히트 같은 혁명가들을 살해한 장본인이기도 하다. 그레진스키는 베를린 경찰청장이었다.

공동전선의 형태들

공동전선은 대체로 두 가지 형태로 나눌 수 있다. 첫째는 비교적 제한된 쟁점을 둘러싸고 단결을 꾀하는 것이다. 트로츠키가 스탈린주의 때문에 타락한 코민테른과 독일 공산당을 비판하며 제시한 반파시즘 공동전선이 대표적이다. 파시즘에 맞서 싸운다는 제한된 목표 아래 공산당이 사민당과 공동 투쟁을 조직하라는 호소였다.

이런 공동전선은 오늘날에도 매우 다양한 운동에서 경험할 수 있다. 예컨대, 여중생범대위, 파병반대국민행동, 한미FTA저지범국민운동본부, 등록금넷이 그렇다. 단일 주제를 내건 공동전선은 유용하다. 파병반대국민행동이 전쟁 반대나 파병 반대보다 더 포괄적 개념인 제국주의 반대를 내걸었다면, 물론 좌파들은 동의했겠지만, 평화주의 세력이나 NGO, 종교인들까지 광범하게 이 운동에 참가할 수는 없었을 것이다.

둘째 유형은 포괄적인 쟁점을 둘러싸고 단결하는 조직 형태다. 이것은 대중의 급진화가 일정 수준에 도달한 특정 상황과 조건에서 형성된다. 트로츠키는 "다음에는 무엇인가? 독일 노동계급의 운명이 걸린 문제들"에서 공동전선을 거부하고 추상적으로 소비에트만 주장하는 독일 공산당을 비판하며 이렇게 말했다.

대개의 경우 소비에트는 국가권력 쟁취 기관, 봉기 기관, 노동계급 독재 기관으로 규정되고 있다. 형식적으로는 이러한 규정들이 올바르다. 그러나 이 규정들이 소비에트의 역사적 역할을 전부 다 설명하는 것은 아니다. 우선 이 규정들은 국가권력 쟁취 투쟁에서 왜 소비에트가 필요한지를 설명하지 않는다. 노동조합이 경제투쟁의 기본적 공동전선 형태인 것과 똑같이 노동계급의 권력 장악 투쟁의 시기에 소비에트는 공동전선의 가장 수준 높은 형태이다. 이것이 올바른 설명이다.[7]

트로츠키는 노동조합처럼 다양한 성향의 노동자들을 단결시키는 조직이나 권력 쟁취를 위한 소비에트도 공동전선으로 규정한다.

그렇다면 오늘날 이론상 학생회도 공동전선으로 운영할 수 있을 것이다. 실천에서는 아쉽게도 기존 좌파들이 단독 운영을 고집하는 일이 일반적이 돼 있지만 말이다. 포괄적 공동전선은 단일 쟁점 공동전선보다 훨씬 더 다양한 쟁점을 다룬다. 특히 소비에트는 생산과 분배, 치안과 행정 등 대단히 다양한 쟁점과 권력 장악 임무까지 다룬다.

운동의 급진화는 때로 이러한 새로운 유형의 공동전선을 만들 수 있다. 포르투갈의 좌파블록이나, 비록 2007년 가을에 사실상 와해됐어도 그 전에 전도유망한 듯했던 영국의 리스펙트 연합이 그런 사례들이다.

운동의 고차원적 발전은 운동의 결합을 이룰 조건을 만든다. 공동전선은 운동과 투쟁에 조응하는 방식으로 건설해야 하므로 운동 상황을 정확히 반영해야 한다. 그런 면에서 보자면 광우병국민대책회의라는 단일 쟁점 공동전선은 이명박 정부 자체에 반대하는 저항이라는 운동의 본질적 성격을 정확히 반영하지는 못했다. 6월 10일 정점의 여파 속에서 포괄적 공동전선으로 전환해야 했다. 촛불시위라는 거대한 저항의 퇴적물이 남아 있는 지금도 이명박 정부에 맞선 포괄적 공동전선은 여전히 유용할 수 있다.

트로츠키가 강조한 공동전선이 두 노동계급 정당 — 공산당과 사회민주당 — 의 공동전선이었다면, 오늘날은 그 모양새가 다를 수 있다. 예컨대, 당시와 비교해 몇 가지 상황이 변했다. 우선 국제 좌파의 지형이 변했다.

블레어의 영국 노동당 정부는 미국의 패권 전쟁을 적극적으로 지원했다.

첫째, 1989년 동유럽의 격변과 1991년 소련의 몰락은 스탈린주의 정당, 즉 공산당의 붕괴와 현저한 세력 약화를 가져왔다. 둘째, 전통적 사회민주주의 정당들이 '사회적 자유주의'로 변신했다. 예컨대, 영국의 노동당은 "제3의 길"을 부르짖으며 신자유주의 정책을 펼치고 미국의 패권 전쟁을 지원한다. 독일 사민당과 프랑스 사회당도 집권해 신자유주의 정책을 추진했다.

물론 한국의 주요 개혁주의 정당인 민주노동당과 진보신당은 신자유주의와 제국주의 전쟁에 반대한다. 또, 한국에서는 1980년대 말 이후 좌파의 혼란과 공백 상태에서 "준정당"인 주요 NGO들이 주요한 개혁주의 정치단체 구실을 했다.(NGO의 등장과 약진은 좌파의 혼란과 공백의 반영이기도 했다. NGO 지도자들은 대부분 1980년대까지 극좌파였다.)

따라서 오늘날 개혁주의 세력과의 공동전선은 트로츠키가 강조한 개혁주의 정당과의 공동전선만이 아니다. 한국에서는 민주노동당이나 진보신

또 다른 저항을 위하여 **233**

당뿐 아니라 NGO도 중요한 개혁주의 정치 세력이다. 게다가, 한국의 중요한 운동 세력인 좌파민족주의(한국진보연대로 대표되는) 세력도 존재한다.

또 다른 특징은 좌파의 공백 때문에 개인 — 옛 좌파 출신이나 그렇지 않더라도 새롭게 급진화하고 운동을 지지하는 — 들이 운동에서 중요한 구실을 할 수 있다. 미국 반전운동의 신디 시핸, 영국 반전 국회의원인 조지 갤러웨이, 1968년 운동의 지도자였던 타리크 알리 등이 그렇다. 한국에서도 일부 저널리스트 · 교수 · 전문가 · 지식인이 그런 구실을 하고 있다.

이런 차이점이 있지만, 트로츠키가 강조한 노동계급의 공동전선 참가가 매우 중요하다. 이윤 체제에 타격을 가할 결정적 힘이 이들에게 있기 때문이다.

물론 노동자들의 참가를 공동전선 성립의 전제 조건으로 동맹자들에게 강요해서는 안 된다. 2008년 촛불시위에서 봤듯이 오늘날 전쟁과 신자유주의에 맞선 저항에 청년과 대학생, 청소년도 중요한 구실을 한다. 변혁 운동가들의 과제는 이런 거리의 저항과 분위기를 최대로 키워, 조직된 노동계급의 항쟁으로 연결하는 것이다.

공동전선에 관한 논쟁

공동전선의 개념을 체계화하고 더욱 다양화하는 것은 순조로운 과정이 아니었다. 투쟁과 논쟁의 과정이었다. 공동전선에 관한 몇 가지 논쟁을 살펴보겠다.

- '아래로부터 공동전선'

'아래로부터 공동전선'은 스탈린주의 관료들이 코민테른을 장악하고 나서 내놓은 전술이다. 1921년과 1922년에 열린 제3차 대회와 제4차 대회에서 내놓은 공동전선과는 다른 것이었다. 오랜 내전으로 노동계급이 파괴되고 결정적으로 혁명의 국제적 확산이 좌절하자 소련에서 관료가 부상했다. 스탈린의 권력 장악은 관료의 부상을 반영한 것이다. 1924년 처음으로 마르크스주의의 국제주의 정신을 내던진 '일국사회주의' 이론이 고개를 들고 1928년 그 주창자 스탈린이 권력을 장악하면서, 코민테른은 국제 혁명 지도부에서 사실상 소련을 방어하는 국경 수비대로 전락한다.

1925~1928년에 코민테른은 우경적 태도를 취했고, 이것이 영국 총파업과 중국 혁명에서 재앙을 불렀다. 1928년 6차 코민테른 대회는 이런 재앙과 1928년 스탈린 반혁명에 대한 비판을 '좌파적' 포장으로 덮으려고 '아래로부터 공동전선' 전술을 채택한다. 그 유명한 '사회파시즘론'을 바탕으로 한 것인데, 사회민주주의 정당도 파시즘의 일종인 '사회파시즘'이라는 것이다. 이 전술 아닌 전술은 사회민주주의 정당을 주적으로 삼고 타협과 공동전선을 일절 거부해, 반파시즘 투쟁에 재앙을 가져왔다. 예를 들면, 1931년 독일 공산당 중앙위원회는 '적색 공동전선'이라는 공식을 만들어 내면서 그 의미를 이렇게 정리했다. "먼저 사민당을 패배시키지 않고는 파시즘을 패배시킬 수 없다."[8]

스탈린에 의해 소련에서 쫓겨난 트로츠키는 망명지에서 코민테른과 독일 공산당의 종파적 전술에 반대하며 공동전선을 옹호하는 투쟁을 했다. 독일 공산당은 사민당 지도부가 공산당의 요구를 받아들이지 않으면 공동전선을 할 수 없다고 주장했다. 트로츠키는 이를 '최후통첩주의'라고 비판했다. 게다가 독일 공산당은 자신이 '사회파시즘'으로 규정한 사민당의 지도부를 배제하고 평당원만을 대상으로 '아래로부터 공동전선'을 하겠다는 입장이었는데, 사민당 지도부가 여전히 평당원에게 지지받고 있었다는 점에서 완전히 비현실적인 전술이었다. 사민당을 지지하는 노동자들에게 당장 지도부를 버리고 공산당에 가입하라고 말하는 것과 다름없었다. 공산당의 이런 태도는 사실상 공동전선을 거부하는 것이었다. 코민테른과 독일 공산당의 초좌파적 종파주의는 재앙으로 끝났다. 세계에서 가장 강력한 노동계급을 조직해 온 독일에서 제대로 된 저항 없이 파시즘이 승리한 것이다.

• 민중전선과 공동전선

'사회파시즘론'은 1935년 8월 제7차 코민테른 대회에서 디미트로프 주도로 '만국민의 광범위 전선'으로 대체됐다. 파시즘의 승리로 독일의 소련 공격이 더욱 위협적이었기 때문에 각국의 부르주아지 일부와 연합해 공산당들을 소련의 방패막이로 사용한 것이다. 공통의 선거 강령을 갖고 부르주아 정부 수립을 지지하기 위한 민중전선 전술을 채택한 것이다.

민중전선은 계급 문제에서 공동전선과 근본적 차이가 있다. 공동전선은 노동계급의 단결을 추구하지만, 민중전선은 계급 연합을 뜻한다. 계급 연합은 계급투쟁의 일정 단계에서 오히려 피억압자들과 노동계급 투쟁의 발목을 잡는다.

공동전선의 전제 조건이 완전한 이데올로기적 독립성과 비판의 자유인 반면, 민중전선에서는 공산당이 동맹 관계의 다른 정당들을 비판하지 않는다(더 정확히 말하면, '못한다'). 그리고 공동전선은 혁명가들이 다른 활동을 계속하면서 수행하는, 당 활동의 한 갈래에 지나지 않는 반면, 민중전선은 스탈린주의 정당에게 총체적 집권 전략이다.

민중전선은 혁명으로 나아가는 길을 가로막는 장애물일 뿐 아니라 반파시즘 투쟁의 발목을 잡는 것이었다. 정치적 동맹들이 서로 반대 방향으로 나아가려고 한다면 두 힘의 합성력은 '0'이 되기 때문이다.

민중전선의 가장 비극적인 결과는 1936년 스페인 혁명에서 나타났다. 파시스트 군 장성인 프랑코의 쿠데타에 반대하는 투쟁이 혁명으로 번졌을 때, 코민테른과 스페인 공산당은 부르주아지와의 연합을 위해 혁명을 억눌렀다. 결국 스페인 혁명은 패배했고 프랑코가 승리했다.

• 공동전선과 정당

또 다른 논쟁은 바로 최근 반란의 물결에서 제기된 것이다. 공동전선과 정당의 관계, 즉 운동과 정당의 관계다. 자율주의와 '운동이면 충분하다'는 생각은 운동에서 정치조직을 배제하려 한다. 이것은 앞서 살펴본 운동과 리더십에 관한 문제이기도 하다. 예를 들면, 세계사회포럼은 정당 배제를 원칙으로 한다. 이는 완전히 모순이다. 세계사회포럼을 주도하는 세력 중 하나가 브라질 노동자당PT이기 때문이다.

정치조직과 정당은 운동의 확대와 성장에 매우 중요한 구실을 할 수 있고, 또 그래 왔다. 영국 반전운동이 성장하는 데 영국 사회주의노동자당 SWP이 매우 중요한 구실을 했고, 2001~2003년 이탈리아 반전·반신자유주의 운동에서 이탈리아 재건공산당이 뛰어난 활약을 했다. 프랑스 반신자유주의 투쟁에서는 혁명적공산주의자동맹LCR이 중요한 구실을 했다. 한국에서도 한미FTA 반대 투쟁에서 민주노동당이, 반전운동을 조직하는 데서 다함께가 중요한 구실을 했다.

공동전선에서 정당을 배제해야 한다는 주장은 투쟁을 강조하고 급진적 대안을 내놓는 정치 세력을 겨냥하는 경우가 흔하다. 이런 주장은 운동의 힘을 약화, 분열시키며 온건화 압력을 키울 뿐이다.

지금까지 공동전선에 관해 살펴봤다. 중요한 점은 공동전선과 전략·전술이 현실에서 저절로 작동하지 않는다는 점이다. 예컨대, 2008년 촛불시위에서 PD좌파는 사실상 공동전선을 간과하고 기피했다.

공동전선은 매우 의식적으로 추구해야 할 전략·전술이다. 이는 국제 노동계급 투쟁과 저항운동 역사의 희망과 비극 모두에서 얻는 교훈이다. 앞으로 벌어질 저항에서도 공동전선 문제는 매우 중요한 전략·전술이 될 것이다. 지배자들이 경제 위기의 대가를 노동계급과 피억압자들이 치르도록 강요하려는 상황에서 공동의 행동과 투쟁이 더욱 중요해졌고, 공동 투쟁에 대한 염원도 커질 것이기 때문이다.

무엇을 위해 싸울 것인가?

저항에서 투쟁의 그릇, 즉 투쟁의 조직 형태에 관한 전략·전술인 공동전선의 중요성을 살펴봤다. 그렇다면 무엇을 위해 공동 투쟁할 것인지가 남는다. 요컨대, 공동 투쟁의 강령에 관한 문제다. 이는 현재 상황에서 투쟁의 과제가 무엇이어야 하는지와 관계있다. 2008년 촛불시위 이후 정세의 핵심은 바로 경제 위기다. 2008년 7월 미국 지배자들 자신이 경제 위기를 인정했고 9월에는 국제 금융시장이 추락했다. 이 위기는 단순한 금융시장의 위기가 아니라 실물경제의 위기다. 마르크스주의 경제학자 정성진 교수는 2008년 9월에 이렇게 말했다.

이제 서브프라임 위기는 단지 유동성의 위기가 아니라 연이은 투자은행의 부도 위기에서 보듯이, 지급불능의 위기이며, 또 단지 금융 위기에 그치는 것이 아니라, 고용 감소와 민간 소비 감소에서 입증되듯이 실물경제의 불황으로 번지고 있고, 지난 2사분기 EU·독일·프랑스와 일본이 전분기 대비 GDP 증가율이 마이너스를 기록한 데서 보듯이, 미국 경제 위기를 넘어 세계 경제 위기로 확산되고 있다.[9]

그리고 신자유주의 정책만의 위기가 아니라 자본주의 체제 자체의 위기다. 1970년대 말~1980년대 초에 본격화한 신자유주의 정책이 현재 경제 위기 상황을 키운 것은 사실이다. 그러나 위기의 근본적 원인은 바로 1960년대 말 이후 세계 자본주의를 괴롭혀 온 장기 이윤율 하락이다. 구조조정과 착취율 증가 덕분에 1980년대 말~1990년대 초에 이윤율이 회복됐지만 이는 부분적인 것이었다.

오늘의 세계경제 위기는 자본주의의 특정한 정책 체제(신자유주의)가 아니라, 자본주의 자체의 근본 모순에서 비롯된 위기이므로, 케인스주의라는 또 다른 정책 체제로 회귀한다고 해서 해결할 수 있는 것이 아니다.[10]

한국 경제 상황도 심각하다. 2008년 하반기에 GDP 성장률이 IMF 경제 공황 이후 10년 만에 가장 큰 폭으로 하락했고 제조업 평균 가동률, 광공업 생산 등 모든 경제지표가 최악의 상황을 가리켰다. 따라서 다음번 저항은 바로 이 경제 위기와 맞물려 분출할 가능성이 크다. 자본주의 체제가 생겨난 이후 지배계급은 언제나 경제 위기의 참혹한 대가를 노동계급에게 떠넘기려 했다. 지금도 마찬가지다. 이명박과 자본가들은 노동자들을 해고하고 임금을 삭감하고, 복지를 축소해 위기에서 탈출하려 몸부림을 친다. 이를 위해 비정규직, 여성, 이주 노동자 등에 대한 차별을 통해 노동자들을 서로 이간질시켜 분열하게 만들려 한다.

그렇지만 경제 위기의 심화는 지배계급 내 아귀다툼도 부추긴다. 경제 위기의 처방을 두고 지배계급 내부의 쟁투가 심화하는 것이다. 즉, 정치 위기가 심화한다. 국제적 차원으로 보면, 이 문제는 제국주의 체제의 불안정으로 연결된다. 경제가 추락하는 상황을 모면하고 자신의 지위를 유지하는 방편으로 각국 지배계급은 군사력과 무력에 의존하려는 경향이 커진다. 2008년 러시아와 그루지야 전쟁의 근저에는 러시아와 미국의 경쟁과 갈등

2008년 벌어진 러시아·그루지야 전쟁.

이라는 요인이 깔려 있었다. 경제 위기 상황은 한반도를 둘러싸고 미국과 그 잠재적 경쟁 상대인 중국 사이의 갈등을 키울 수 있다. 경제 위기는 자본주의의 총체적 위기를 만들어 낸다.

그러나 이런 위기 상황이 자동으로 노동자들과 피억압자들을 투쟁에 나서게 하는 것은 아니다. 오히려 경제 위기에 따른 해고와 임금 삭감 때문에 일시적 사기 저하와 위축감이 생길 수도 있다. 트로츠키는 1930년대 경제 위기가 노동계급에게 미친 즉각적 영향을 이렇게 지적했다.

> 자본주의가 상승하던 시대에는 격심한 경제 위기하에서도 자본가와 노동자는 다음에 있을 호황을 기대했다. 그러나 지금의 위기는 예외가 아니라 일상적인 현상이다. 순전히 경제적 차원에서 보자면, 노동계급은 경제 붕괴의 엄청난 압력 때문에 무질서하게 후퇴한 상태에 있다(강조는 원문).[11]

그러나 지배계급의 가혹한 공세와 정치 위기는 조만간 아래로부터의 저항을 촉발할 가능성이 크다. 이 저항은, 지배계급이 양보할 여지가 커 자본주의 체제가 안정적일 때보다 훨씬 격렬한 계급 전투로 비화할 수 있다. 그래서 트로츠키는 경제 위기가 "이행기적" 특징을 갖는다고 말했다.

> 쇠퇴하는 자본주의 시기에서 가장 뚜렷한 특징은 **중간적이며 이행기적인 특징들**이다. 즉, 비혁명적 상황과 준혁명적 상황 사이의 상황들, 준혁명적 상황과 혁명적 상황 또는 …… 반혁명적 상황 사이의 상황들이 있다. 정치 전략의 관점에서 결정적으로 중요한 것은 바로 이러한 이행기적 단계들이다(강조는 원문).[12]

"중간적이며 이행기적인" 상황의 핵심은 우리 측의 투쟁과 저항이다. 역사는 객관적 상황에서 인간이 벌이는 구체적 투쟁과 행동으로 발전해 왔다. 노동계급과 피억압자들이 지배계급의 공세에 맞서 함께 싸우는 것이 매우 중요하다. 이를 위해 공동의 투쟁 강령이 필요하다.

현재 경제 위기에 맞서 노동계급과 피억압자들에게 공동의 투쟁 강령으로 호소할 수 있는 요구들은 다음과 같다.

- 물가통제, 실질임금 삭감 반대

고물가가 낳은 노동자·서민의 고통을 덜기 위해 물가를 통제해야 하고, 공공요금 인상을 억제해야 한다. 금리 인상은 진정한 대안이 아니다.

고통 분담이라는 미명 아래 경제 위기의 책임을 노동자들에게 떠넘기는 임금 동결과 삭감에 반대한다. 회사가 임금 지급 능력이 없을 때는 국가가 기존 임금을 보존해야 한다.

- 모든 형태의 해고 반대와 고용 안정

모든 사람에게 노동권을 보장해야 한다. 비정규직·여성·이주 노동자 우선 해고를 포함해 해고를 일절 금지하고 정년 단축을 반대해야 한다.

- 임금 등 노동조건 후퇴 없는 주35시간 노동제로 일자리 창출

임금 삭감과 노동강도 강화 없는 주35시간 노동으로 일자리를 만들고 삶의 질을 개선해야 한다. 시급제는 잔업·특근 수당을 포함하는, 기존의 월급을 보장하는 월급제로 바꾸어야 한다. 공공서비스 확대와 재생 가능 에너지 개발·보급으로 수많은 양질의 일자리를 만들어 내야 한다.

- 청년 실업자에게 실업수당 지급

제대로 된 일자리를 한 번도 가져 본 적 없는 청년 실업자들은 고용보험 혜택도 받지 못한다. 이들에게 제대로 된 일자리를 제공해야 하는 것은 물론 일자리를 가질 때까지 정부가 실업수당을 지급해야 한다.

• 부도 기업의 국유화

부도·파산 위협에 있는 기업을 국유화해 노동자들의 고용과 임금을 보장해야 한다. 국민의 세금으로 운영되는 국유 기업은 이윤이 아니라 사회 전체의 이익을 위해 운영해야 한다.

• 비정규직 차별 폐지와 정규직화

전체 노동자의 무려 55퍼센트 정도가 저임금 무권리의 비정규직이다. 비정규직 차별을 폐지하고 정규직화해야 한다.

• 최저임금, 최저생계비 대폭 인상

현행 최저임금은 최저생계비에도 못 미칠 정도로 형편없이 낮다. 적어도 노동자 평균임금의 절반 이상으로 최저임금을 인상해야 한다. 최저생계비는 평균 가구 소득의 절반 이상으로 인상해야 한다.

• 복지 제도의 대폭 확대

무상 의료, 무상 보육, 무상 임대주택, 국민연금 급여 확대와 사각지대 해소, 저소득층 체납 보험료 탕감, 기초노령연금 적용 대상과 급여 확대, 실업 급여 인상과 급여 기간 연장, 적용 대상 확대가 필요하다. 복지 확대를 위한 비용은, 기업주와 정부가 보험료를 전액 부담하게 하고 대기업과 부유층에 대한 누진세 확대, 재벌 잉여금 환수 등으로 마련한다.

• 부자들을 위한 교육 반대

입시 경쟁은 사교육비 폭등을 부채질하고, 국제중·자사고·특목고 등으로 서열화와 교육 불평등을 심화시킨다. 대학 서열을 없애고 입시 제도를 폐지해야 한다.

교육 재정을 대폭 증액해 중등교육까지 완전한 무상교육을 실시해야 한다. 대학 등록금 상한제(전체 노동자의 월평균 임금 이하)를 실시해야 한다. 대학 시장화와 기업의 대학 지배도 없어져야 한다.

● 부동산 규제와 공공 주택 확대

부동산 투기와 투자를 강력히 규제하고, 저렴하고 질 좋은 영구 임대주택과 국민주택을 충분히 보급해야 한다.

● 모든 노동자에게 온전한 노동기본권 보장

교사, 공무원, 비정규직, 특수고용직, 이주 노동자 등을 포함한 모든 노동자에게 정치 활동 자유와 단체행동권을 포함해 온전한 노동기본권을 보장해야 한다.

또, 필수유지업무제도와 주요 시설 점거 금지, 정치 파업 금지 등 노동기본권을 제약하는 모든 노동 악법을 폐지해야 한다.

● FTA 반대

FTA는 단지 무역에 대한 것이 아니라 상품화와 시장화를 경제 전체에 강요하려는 것이다. 대량 실업, 비정규직 증대, 식품 안전 위협, 환경 파괴, 공공서비스 후퇴 등으로 대중의 삶을 위협하는 모든 FTA 추진을 중단해야 한다.

● 공공 부문 민영화 반대와 재국유화

공공서비스는 상품이 돼선 안 된다. 교육·의료·물·전기·가스·철도·금융·지하철·정유·통신·언론·우편 등은 이윤이 아니라 평범한 대중의 삶을 위해 운영돼야 한다.

공공 부문 민영화와 구조조정을 중단하고, 이미 민영화한 부분은 다시 국유화해야 한다.

● 투기 자본 규제

투기 자본의 활동은 노동자의 희생을 강요하고 금융 위기를 부채질한다. 투기적 수익에 중과세하고 그 세수입을 복지로 돌려야 한다. 투기 자본의 기업 인수 합병과 금융 투기를 규제하고, 투기 자본을 양성하는 관련법을 모두 폐지해야 한다.

● 정치적·시민적 권리 보장

국가보안법, 집시법, 경찰력 강화, 인터넷·언론 통제 등 민주적 기본권을 가로막는 온갖 법과 제도를 폐지하고 부당하게 구속된 사람들을 석방해야 한다. 사형제도 폐지해야 한다. 각종 보안 수사기관을 해체해야 한다. 진정한 배심원제의 도입 등 사법제도의 민주적 개혁이 필요하다.

● 여성과 소수자 차별 반대

여성·이주자·장애인·동성애자 차별 등 부당하며 운동을 분열시키는 온갖 차별에 반대해야 한다. 여성은 동일 노동, 동일 임금을 받아야 한다. 성폭력·성희롱·낙태금지법·간통죄 등 여성의 성적 자기 결정권을 침해하는 것을 일절 반대해야 한다. 이주 노동자 단속과 추방을 중단하고 출입국과 취업의 자유를 보장해야 한다. 이주자에게 내국인과 동등한 정치적·사회적 권리를 보장해야 한다.

● 제국주의 전쟁 반대

미국과 강대국들의 패권 전쟁은 중단돼야 한다. 미국은 이라크 점령을 당장 중단하고 모든 미군을 즉각 철수해야 한다. 또한, 미국과 한국 정부 등의 아프가니스탄 등지에 대한 점령은 당장 중단돼야 하고, 모든 점령군은 즉각 철수해야 한다. 북한의 핵무기 개발을 지지해선 안 되지만, 이를 빌미로 세계 최대 핵무기 보유국인 미국이 북한을 위협하는 데는 분명하게 반대해야 한다.

- 한국 정부의 친제국주의와 군국주의 반대

미국의 제국주의적 세계 전략에 협력하려는 전략적 한미 동맹 추진을 중단해야 한다. 미국이 중동에서 벌이는 전쟁과 잠재적 경쟁자인 중국을 견제하는 데 한국이 파트너가 된다면 한반도 평화도 크게 위협받을 것이다. 영구 주둔을 획책하는 주한미군은 철수해야 한다.

이미 남한은 세계에서 가장 중무장한 국가 가운데 하나다. 징병제를 폐지하고, '북한의 위협'과 자주국방을 명분으로 한 군비 증강도 중단해야 한다. 군비 증강 예산을 복지 확충으로 돌려야 한다.

- 온실가스 배출 감축과 재생 가능 에너지로 전환

화석연료에 의존하는 경제체제는 지구온난화와 기후변화에 의한 재난을 일으키고 있고, 이는 더욱 엄청난 재앙을 부를 것이다. 핵에너지는 진정한 대안이 아니다. 이산화탄소 배출을 규제하고 재생 가능 에너지에 대규모 투자를 해야 한다.

이 강령들은 특별히 혁명적인 것이 아니다. 대체로 개혁주의자들도 동의하는 것이다. 그래서 광범한 공동전선이 가능하다. 이 강령과 요구가 문서로 그치지 않고 역사의 "이행"에 징검다리 구실을 하려면 바로 그 수단이 핵심적으로 중요하다. 바로 대중투쟁이다. 트로츠키도 그 수단의 중요성을 강조했다.

무게중심은 특별한 강령에 있지 않다. 중간계급은 많은 강령을 보아 왔다. 이들에게 필요한 것은 강령이 실현될 것이라는 자신감이다. "이번에는 노동계급 정당들이 뒤로 물러설 것 같지 않군"이라고 농민들이 말하는 순간 사회주의의 대의는 승리한 것이다. 그러나 이렇게 되기 위해서 모든 장애물을 분쇄할 준비가 확실히 되어 있음을 행동으로 보여 줄 필요가 있다. 투쟁의 수단들은 발명될 필요가 없다. 세계 노동계급 운동의 전체 역사가 이것들을 제공하고 있기 때문이다.[13]

이 대중투쟁은 자본가계급 재산권의 토대를 약화시킬 것이다. 자본가계급과 우파들은 필연적으로 이에 맞서 전투를 벌일 것이다. 이것은 우리가 자본주의 체제 자체에 맞서야 하는 상황을 만들어 낼 수 있다. 그래서 경제위기 상황은 "중간적이며 이행기적인" 특징을 갖는 것이다. 그리고 이런 이행에 성공하느냐 마느냐는 전적으로 강력한 저항과 투쟁에 달려 있다.

쟁취해야 할 세계 — 근본적 사회변혁을 위하여

위대한 저항은 그 퇴적물을 남긴다. 저항 참가자의 의식을 높이고, 또 다른 저항의 지렛대 구실을 하면서 그 위용을 과시한다. 그러나 저항이 인간의 의식적 투쟁과 노력 없이 스스로 진화하지는 않는다. 그래서 우리는 저항의 역사를 탐구하고 일반화하려 노력하는 것이다.

앞으로 벌어질 투쟁과 저항을 위해 사회의 근본적 변혁이라는 이상과 원칙이 중요하다. 이것은 단순한 추상적 원칙이 아니다. 현실에 대한 일반적 분석과 전망, 구체적 투쟁의 전술에도 중요한 영향을 미친다. 이 점은 2008년 촛불시위 과정의 여러 논쟁에서도 분명하게 드러났다. 개혁을 위한 투쟁에서도, 근본적 변혁 원칙이 효과적 대안을 내놓을 수 있다.

게다가 경제 위기 시기의 저항과 투쟁이라는 것을 고려한다면, 근본적 변혁이라는 이상과 원칙이 더욱 중요하다. 더 첨예하고 격렬해지는 투쟁에서 우리는 자본주의 체제의 원리를 받아들일 것인지 아니면 이에 도전할 것인지 하는 양자택일 상황에 이를 것이다. 그래서 로자 룩셈부르크가 던진 "사회개혁이냐 혁명이냐" 하는 질문은 여전히 유효하고, 저항을 위해 필수적이다.

최근 경제 위기가 심화하면서 마르크스에 대한 관심이 커지고 있다. 독일을 비롯한 유럽에서 마르크스의 《자본론》이 큰 인기를 끌고 있다. 한국에서도 마르크스 경제학 서적들의 판매가 늘었다. 더구나 세계 지배계급이, 이전에는 좌파적 정책으로 여기던 국유화에 나서고 있다. "월스트리트를 위한 사회주의"라는 용어는 저들의 혼란상을 여실히 보여 주는 역사적 희극이다. 경제 위기에 책임이 있는 무능한 지배계급에게 우리의 삶과 미래를 맡길 수 없다. 우리 자신의 분명한 대안을 가져야 한다.

2008년 촛불시위는 지배계급의 공세에 맞선 우리의 저항이었다. 그러나 우리의 저항은 완전하지 않았다. 따라서 우리가 쓰지 못한 무기들을 갈고 닦아 다음번 저항에 써야 한다.

위대한 노예 반란 지도자 스파르타쿠스는 "자유인이 죽으면 삶의 즐거

움을 잃는 것이지만, 노예는 죽으면 고통을 잃는다. 죽음이 노예에겐 유일한 자유다"* 하고 절규했다. 노예제 사회에서 스파르타쿠스와 노예들의 반란은 당시 체제를 근본적으로 변혁할 수 없었다. 그래서 스파르타쿠스와 반란 노예들에게는 "죽음이 자유였다."

그러나 오늘날 우리가 사는 자본주의 체제는 야만과 억압, 착취로 점철돼 있지만 변혁의 희망도 존재한다. 그래서 마르크스는 ≪공산당 선언≫ 마지막에 "프롤레타리아트가 혁명에서 잃을 것은 억압과 착취의 쇠사슬이고, 그들에게는 쟁취해야 할 세계가 있다"고 말했다. 그렇다. 우리에겐 "쟁취해야 할 세계"가 있다. 그 세계는 소수 자본가들과 지배자들이 국가권력을 통제하는 것이 아니라 다수 피억압자들과 노동계급이 민주적으로 통제하는 평등한 세계여야 한다. 억압과 착취, 빈곤과 굶주림, 전쟁과 학살이 사라진 세계를 쟁취해야 한다. 그것이 2008년 그 새벽에 불굴의 용기, 연대와 우애, 열정과 지혜를 보여 준 촛불이 염원한 미래일 것이다.

인간보다 이윤을 우선하는 이명박의 주요 정책에 온몸으로 저항하며 더 나은 세계를 꿈꿨던 2008년 촛불시위는 우리에게 여전한 과제를 남겼다. 미완의 과제는 우리가 근본적 사회변혁의 관점으로 도전할 때 해결할 수 있을 것이다. 따라서 우리에게는 절망하거나 좌절할 권리가 없다. 우리에게는 오로지 "쟁취해야 할 세계"를 위한, 근본적 변혁을 위한 저항의 의무만이 있을 뿐이다.

---

* 스탠리 큐브릭 감독의 위대한 영화 〈스파르타쿠스〉(1960)에서 스파르타쿠스(커크 더글러스 분)의 대사.

후주

1장 2008년 이전의 촛불시위와 그 특징

1 http://en.wikipedia.org/wiki/Candlelight_vigil.
2 박주민(민주사회를위한변호사모임), "촛불집회, 야간집회", ≪2008 한국인권보고대회 자료집≫, 235쪽.
3 권두섭(민주사회를위한변호사모임 노동위원회), "2008년 노동자의 인권", ≪2008 한국인권보고대회 자료집≫, 17쪽.
4 김유선(한국노동사회연구소 소장), "비정규직 규모와 실태 — 통계청, '경제활동인구조사 부가조사'(2008. 8) 결과", 8쪽.
5 권두섭, 앞의 글, 16~17쪽.
6 김유선, 앞의 글, 15쪽.
7 권두섭, 앞의 글, 9쪽.
8 같은 글, 18쪽.
9 같은 글, 10쪽.
10 〈경향신문〉 2008년 8월 14일치.
11 강영만, "교육 시장화 — 입시지옥·사교육 천국", ≪다 팔아치우겠다고? — 이명박의 미친 민영화·시장화 OUT≫(다함께), 50쪽.
12 크리스 하먼, ≪세계를 뒤흔든 1968≫, 책갈피, 66쪽.
13 〈경향신문〉 2009년 2월 6일치.

14 현대리서치연구소에서 인용.
15 같은 곳에서 인용.
16 칼 맑스, "철학의 빈곤", ≪칼 맑스 프리드리히 엥겔스 저작 선집≫(박종철출판사) 1권, 294~295쪽.
17 유재건, "서구의 68혁명을 떠올리며 촛불을 본다", ≪촛불이 민주주의다≫(해피스토리), 140쪽.
18 홍성태, "촛불집회와 민주주의", ≪촛불집회와 한국사회≫(문화과학사) 17쪽.
19 크리스 하먼, "반자본주의 — 이론과 실천", ≪저항의 세계화≫(북막스), 135~136쪽.

2장 2008 촛불시위의 성격

1 레온 트로츠키, ≪러시아혁명사≫(풀무질), 상권, 486쪽.
2 레온 트로츠키, ≪러시아혁명사≫(풀무질), 중권, 98~99쪽.
3 김상곤, "촛불 정국의 역사적 성격과 위상", ≪촛불이 민주주의다≫(해피스토리, 97~99쪽.
4 크리스 하먼, ≪세계를 뒤흔든 1968≫(책갈피), 162쪽.
5 프리드리히 엥겔스, "루이 보나빠르뜨의 브뤼메르 18일" 제3판 서문, ≪칼 맑스 프리드리히 엥겔스 저작 선집≫(박종철출판사), 2권, 285쪽.
6 프리드리히 엥겔스, "독일농민전쟁" 제2판과 3판 서문, ≪칼 맑스 프리드리히 엥겔스 저작 선집≫(박종철출판사), 3권, 168쪽.
7 허영구, "노동자와 촛불시위", ≪진보평론≫(메이데이), 37호(2008년 가을), 89쪽.
8 박성인, "'상상력'에 '계급'을! : '2008년 촛불항쟁'과 좌파의 정치", ≪진보평론≫(메이데이), 37호(2008년 가을), 100쪽.
9 〈연합뉴스〉 6월 10일치.
10 김필헌 외, ≪촛불시위의 사회적 비용≫(한국경제연구원), 43~44쪽.
11 칼 맑스, "독일 이데올로기", ≪칼 맑스 프리드리히 엥겔스 저작 선집≫(박종

철출판사), 1권, 217쪽.
12 박원석, "촛불은 혁명을 닮았습니다", ≪촛불이 민주주의다≫(해피스토리), 6쪽.
13 김상곤, 앞의 글, 110쪽.
14 박성인, 앞의 글, 101쪽.
15 강동훈, "이명박 정부의 민영화 정책", ≪다 팔아치우겠다고? — 이명박의 미친 민영화·시장화 OUT≫(다함께), 13쪽.
16 장호종, "이명박의 민영화 정책과 연금 개악", ≪다 팔아치우겠다고? — 이명박의 미친 민영화·시장화 OUT≫(다함께), 29쪽, 33~34쪽.
17 변혜진, "의료 민영화 — 돈 없으면 아프지도 마라?", ≪다 팔아치우겠다고? — 이명박의 미친 민영화·시장화 OUT≫(다함께), 37쪽.
18 강영만, "교육 시장화 — 입시지옥·사교육 천국", ≪다 팔아치우겠다고? — 이명박의 미친 민영화·시장화 OUT≫(다함께), 45쪽.
19 최미선, "물 민영화 — 수도꼭지를 바라보며 한숨지어야 하는가?", ≪다 팔아치우겠다고? — 이명박의 미친 민영화·시장화 OUT≫(다함께), 56쪽.
20 최용찬, "에너지 민영화 — 재앙을 낳을 전기, 가스, 난방 민영화", ≪다 팔아치우겠다고? — 이명박의 미친 민영화·시장화 OUT≫(다함께), 63~64쪽.
21 강동훈, "철도 민영화 — 대형 사고, 요금 인상, 대량 해고를 향한 질주", ≪다 팔아치우겠다고? — 이명박의 미친 민영화·시장화 OUT≫(다함께), 77~78쪽.
22 강영만, "언론 민영화 — '형님 뉴스'를 만들 조중동의 방송 장악", ≪다 팔아치우겠다고? — 이명박의 미친 민영화·시장화 OUT≫(다함께), 79쪽.
23 우석균, "누가 괴담을 퍼뜨리는가?", 〈맞불〉 86호(2008년 5월 12일자, 실제 발행일은 5월 8일이다).
24 조희연·서영표, "이명박 정부 1년의 평가와 향후 과제들 — 신자유주의 체제의 공고화와 이명박 정부", '이명박 정부 1년 평가와 2년 전망 대토론회' 자료집 ≪이명박 정부와 한국 민주주의의 위기≫, 7쪽.
25 국역 : ≪권력으로 세상을 바꿀 수 있는가≫(갈무리).
26 Callinicos, Alex, "Alternatives to Neo-liberalism", *Socialist Review*, July 2006, 〈맞불〉 40호(2007년 4월 21일자)에서 재인용.

27 최일붕, "17대 대선 평가 — 이명박 당선의 모순과 정권의 불확실한 앞날", 〈맞불〉 70호(2007년 12월 24일자).
28 한길 리서치가 2002년 3월 17일에 발표한 "발전소 민영화에 대한 전 국민 여론조사 보고서."
29 박원석, 앞의 글, 5쪽.
30 칼 맑스, "공산주의자당 선언", ≪칼 맑스 프리드리히 엥겔스 저작 선집≫(박종철출판사), 1권, 404쪽.
31 이병천, "이명박 정부와 촛불집회", ≪촛불이 민주주의다≫(해피스토리), 122~123쪽.
32 오건호, "촛불이 만든 이중권력, 어떻게 확장해야 할까", ≪촛불이 민주주의다≫(해피스토리), 226쪽.
33 같은 글, 226쪽.
34 레온 트로츠키, ≪러시아혁명사≫(풀무질), 상권, 301~302쪽.
35 조정환, "2008년 촛불봉기 : 다중이 그려내는 새로운 유형의 혁명", ≪자율평론≫ 25호.
36 레온 트로츠키, ≪러시아혁명사≫(풀무질), 하권, 213쪽.
37 Klein, Naomi, *The Nation*, ≪저항의 세계화≫(북막스)에서 재인용.
38 레온 트로츠키, 앞의 책, 217쪽.
39 프리드리히 엥겔스, "독일에서의 혁명과 반혁명", ≪칼 맑스 프리드리히 엥겔스 저작 선집≫(박종철출판사), 2권, 263~264쪽.

3장 이명박 정부의 등장과 사회운동의 대응

1 최일붕, 앞의 글.
2 정대화, "촛불항쟁과 현단계 한국민주주의 과제", ≪촛불이 민주주의다≫(해피스토리), 152쪽.
3 이태호, "시민운동의 위기와 새로운 혁신의 과제", ≪시민과 세계≫(참여사회), 13호(2008년 상반기), 110~111쪽.

4　김형수, "2008년 6월, 아고라 폐인의 기록", ≪대한민국 상식사전 아고라≫(여우와두루미), 10쪽.
5　우석훈 인터뷰, 〈프레시안〉 2008년 12월 17일.
6　홍성태 인터뷰, 〈프레시안〉 2008년 12월 17일.
7　구갑우(북한대학원대학교 교수), "18대 총선 평가와 진보의 새 길 찾기", ≪시민과 세계≫(참여사회), 13호(2008년 상반기), 167쪽.
8　같은 글, 204쪽.
9　마르셀 리브만, ≪레닌의 혁명적 사회주의≫(풀무질), 229쪽.
10　레온 트로츠키, ≪러시아혁명사≫(풀무질), 상권, 185쪽.

4장 폭풍의 나날들 — 2008년 촛불의 궤적
1　이재영, "지금은 계속 운동이다", ≪촛불이 민주주의다≫(해피스토리), 70쪽.
2　최일붕, ≪개량인가 변혁인가?≫(다함께), 10쪽.
3　조정환, 앞의 글.
4　토니 클리프, ≪당 건설을 향하여 : 레닌 1893~1914≫(북막스), 358쪽, 359쪽, 361쪽.
5　같은 책, 363쪽.
6　같은 책, 365쪽.
7　김철규·김선업·이철, "촛불집회와 10대 참여자들의 사회적 특성", ≪촛불집회와 한국사회≫(문화과학사), 135쪽.
8　같은 글, 152쪽.
9　같은 글, 153쪽. 2008년 6월 14일 서울시청 광장 촛불집회에 참가한 청소년 333명을 설문 조사한 것이다.
10　신재성, "촛불정국, 대학생들이 욕망하는 것", ≪진보평론≫(메이데이) 37호(2008년 가을), 81쪽.
11　〈경향신문〉 2008년 11월 24일치.
12　〈맞불〉 85호(광우병 쇠고기 반대 특별호, 2판, 2008년 5월 5일자).

13 레온 트로츠키, 앞의 책, 250쪽.
14 〈맞불〉 86호(2008년 5월 12일자, 실제 출간일은 5월 8일이다).
15 〈시민사회신문〉 2008년 5월 7일, http://www.ingopress.com/ArticleRead.aspx?idx =2694.
16 조정환, 앞의 글.
17 ≪대한민국 상식사전 아고라≫(여우와두루미), 78쪽.
18 "서울구치소 수감 중인 박원석 광우병국민대책회의 상황실장의 첫 번째 편지", 〈오마이뉴스〉, 2008년 11월 28일.
19 조정환, 앞의 글.
20 "특집 좌담 : 좌파, 2008년 촛불집회를 말하다", ≪문화과학≫(문화과학사), 2008년 가을호, 37쪽. 흥미롭게도 ≪문화과학≫은 좌파들의 대담인데도 다함께를 초청하지 않았다.
21 레온 트로츠키, ≪트로츠키의 프랑스 인민전선 비판≫(풀무질), 146쪽.
22 〈문화일보〉 2008년 5월 30일치.
23 〈맞불〉 91호(2008년 6월 16일자, 실제 출간일은 6월 12일이다.).
24 〈경향신문〉 2008년 6월 3일치.
25 〈경향신문〉 2008년 6월 3일치.
26 〈경향신문〉 2008년 6월 11일치.
27 카를 폰 클라우제비츠, ≪전쟁론≫(책세상), 225쪽.
28 〈맞불〉 91호(2008년 6월 16일자, 실제 출간일은 6월 12일이다).
29 〈내일신문〉과 한길리서치가 2008년 6월 14~15일 실시한 6월 정례 여론조사 결과.
30 〈조선일보〉 2008년 6월 14일치 사설.
31 크리스 하먼, "반자본주의 — 이론과 실천", ≪저항의 세계화≫(북막스), 128~129쪽. 크리스 하먼의 이 글('Anti-capitalism : theory and practice', *ISJ*, NO.88)은 1999년 11월 시애틀 WTO 반대 시위 이후 시작된 전 세계적 운동에 관한 것으로 2000년 9월에 발표됐다.
32 최장집, "촛불집회가 제기하는 한국 민주주의의 과제"(2008년 6월 〈경향신문〉

주최 시국대토론회 발표 글), ≪한국 민주주의 무엇이 문제인가≫(생각의 나무), 144~146쪽.
33 〈경향신문〉 2008년 6월 18일치.
34 이재영, 앞의 글, 65~66쪽.
35 크리스 하먼, ≪민중의 세계사≫(책갈피), 613쪽.
36 〈연합뉴스〉, 2008년 6월 15일치.
37 김하영, "촛불은 어디로? ― 기회를 놓쳐서는 안 된다", 〈맞불〉 92호(2008년 6월 23일자, 실제 출간일은 6월 19일이다.).
38 최일붕, "현 촛불시위의 잠재력과 과제", 〈맞불〉 90호(2008년 6월 9일자, 실제 출간일은 6월 5일이다.).
39 〈오마이뉴스〉 2008년 6월 29일.
40 "촛불, 내년 봄 다시 거리에 나올 것"에서 촛불 참가자와의 인터뷰, 〈위클리 경향〉 803호(2008년 12월 9일자).
41 〈연합뉴스〉 2008년 6월 24일치.
42 칼 맑스, "헤겔 법철학의 비판을 위하여", ≪칼 맑스 프리드리히 엥겔스 저작선집≫(박종철출판사), 1권, 2쪽.
43 〈오마이뉴스〉 2008년 7월 2일.
44 〈오마이뉴스〉 여당 핵심 관계자 인터뷰(2008년 6월 30일).
45 〈한겨레〉 2008년 7월 17일치.
46 〈한겨레〉 2008년 7월 17일치.
47 〈레디앙〉 2008년 9월 18일, http://www.redian.org/news/articleView.html?idxno =11010.
48 김동성(공공운수연맹 수석부위원장), "촛불과 함께, 공공부문 사유화 저지와 사회화 투쟁을", ≪대한민국은 민주공화국이다?≫(메이데이), 230~231쪽.
49 〈경향신문〉 2009년 1월 7일치.
50 1871년 파리코뮌에 마르크스가 보낸 찬사다. 크리스 하먼, ≪민중의 세계사≫(책갈피), 481쪽에서 재인용.

5장 2008년 촛불시위를 둘러싼 논쟁

1 "인간 전두환", 〈조선일보〉 1980년 8월 23일치.
2 레온 트로츠키, ≪러시아혁명사≫(풀무질), 상권, 15쪽.
3 베르톨트 브레히트, "어떤 책 읽는 노동자의 의문", ≪살아남은 자의 슬픔≫ (한마당), 104~105쪽.
4 강내희, "촛불정국과 신자유주의 — 한국 좌파의 과제와 선택", ≪문화과학≫ (문화과학사), 2008년 가을호, 85쪽.
5 레닌, ≪무엇을 할 것인가?≫(박종철 출판사), 51쪽, 52쪽, 104쪽.
6 토니 클리프, 앞의 책, 124~125쪽.
7 같은 책, 236쪽.
8 마르셀 리브만, 앞의 책, 237쪽.
9 칼 맑스, "공산주의자당 선언", ≪칼 맑스 프리드리히 엥겔스 저작 선집≫(박종철출판사), 1권, 408쪽.
10 목수정, "촛불소녀와 배운녀자, 문화적 상상력을 운동에 풀어놓다", ≪대한민국은 민주공화국이다?≫(메이데이), 128쪽.
11 최일붕, 앞의 글.
12 레온 트로츠키, 앞의 책, 225쪽.
13 〈경향신문〉 2008년 6월 11일치 사설.
14 김상곤, 앞의 글, 109쪽.
15 박성인, 앞의 글, 96쪽.
16 강내희, "특집 좌담 : 좌파, 2008년 촛불집회를 말하다", ≪문화과학≫(문화과학사), 2008년 가을호, 29쪽.
17 김형수, 앞의 글, 12쪽.
18 조정환, 앞의 글.
19 1936년 스페인 혁명에 관해서는 조지 오웰이 쓴 ≪카탈로니아 찬가≫(민음사)를 참조하시오.
20 목수정, 앞의 글, 161쪽.
21 마이크 곤잘레스, ≪벽을 그린 남자 — 디에고 리베라≫(책갈피), 11~12쪽.

22 피에르 레비, ≪집단지성≫(문학과지성사), 38쪽.
23 같은 책, 15쪽, 19쪽.
24 조정환, 앞의 글.
25 박영균, "촛불의 정치경제학적 배경과 정치학적 미래", ≪진보평론≫(메이데이), 2008년 가을호, 53쪽. 박영균은 "현재의 촛불집회는 다중지성의 형성 과정일 수는 있어도 다중지성이라고 할 수는 없다"("특집 좌담 : 좌파, 2008년 촛불집회를 말하다", ≪문화과학≫, 문화과학사, 2008년 가을호, 27쪽)고 말한다. 그리고 집단적 지성에 대한 일면적 찬양에 대해 경계해야 한다고 주장하기도 한다. "이런 대중에 대한 일면적 찬양은 곧바로 '혐오'로 뒤집어질 수 있다. 문제는 대중의 두 얼굴을 보는 것이며 …… 자본주의를 보는 것이며 그 속에서 대중의 역동성이 생산하는 잠재적 힘과 그 힘을 조직하는 '정치'를 창안하는 것이다"(박영균, "촛불의 이념, '민주공화국'은 우리에게 무엇을 보여주는가?", ≪대한민국은 민주공화국이다?≫, 메이데이, 111~112쪽).
26 칼 맑스, 앞의 글, 418~419쪽.
27 같은 글, 419쪽.
28 레온 트로츠키, 앞의 책, 14~15쪽.
29 피에르 레비, 앞의 책, 89쪽.
30 같은 책, 87쪽. 재밌게도 이 책은 15년 전인 1994년에 쓰인 것으로, 피에르 레비는 인터넷 신화의 '예언자'라고 할 수 있다.
31 강내희, "촛불정국과 신자유주의 ― 한국 좌파의 과제와 선택", ≪촛불집회와 한국사회≫(문화과학사), 110쪽.
32 조정환, 앞의 글.
33 박영균, "특집 좌담 : 좌파, 2008년 촛불집회를 말하다", ≪문화과학≫(문화과학사), 2008년 가을호, 27쪽.
34 "신인류 아고리언, 한국 사회를 변화시키다", 〈위클리경향〉 806호(2008년 12월 30일자).
35 같은 글에서 재인용.
36 "30~40대 장년층, 아고리언 이끈다", 〈위클리경향〉 806호(2008년 12월 30일자).

37 같은 글.
38 진중권, "개인방송의 현상학", ≪문화과학≫(문화과학사), 2008년 가을호, 172~173쪽.
39 존 몰리뉴, ≪마르크스주의와 당≫(북막스), 43쪽.
40 프리드리히 엥겔스, "권위에 관하여", ≪칼 맑스 프리드리히 엥겔스 저작 선집≫(박종철출판사), 4권, 276쪽, 278쪽.
41 크리스 하먼, ≪세계를 뒤흔든 1968≫(책갈피), 72쪽.
42 ≪대한민국 상식사전 아고라≫(여우와두루미), 62쪽.
43 강내희, "특집 좌담 : 좌파, 2008년 촛불집회를 말하다", ≪문화과학≫(문화과학사), 2008년 가을호, 33쪽.
44 이철호, "차별과 서열을 태워라, 촛불!", ≪대한민국은 민주공화국이다?≫(메이데이), 182쪽.
45 홍성태, "촛불집회와 민주주의", ≪촛불집회와 한국사회≫(문화과학사), 23쪽.
46 같은 글, 23쪽.
47 조정환, 앞의 글.
48 "촛불, 내년 봄 다시 거리에 나올 것", 〈위클리경향〉 803호(2008년 12월 9일자).
49 강내희, "촛불정국과 신자유주의 ― 한국 좌파의 과제와 선택", ≪촛불집회와 한국사회≫(문화과학사), 115~116쪽.
50 박성인, 앞의 글, 37호(2008년 가을), 109쪽.
51 강내희, 앞의 글, 116~117쪽.
52 박하순, 기획좌담 "현 정세와 노동자운동", ≪사회운동≫, 2009년 3·4월호(통권 87호).
53 "정대연 민생민주국민회의 공동운영위원장 인터뷰", 〈위클리경향〉 803호(2008년 12월 9일자).
54 레온 트로츠키, 앞의 책, 486쪽.
55 포스트모더니즘은 "1968년의 운동이 1970년대 후반에 퇴조하면서 환멸을 느낀 그 운동 출신 지식인들의 이데올로기로서 등장했다. 그런 지식인의 대명사

라 할 수 있는 장 프랑수아 료타르는 '포스트모던(탈근대적 또는 탈현대적)'을 "거대 담론에 대한 불신"이라고 정의했다. …… 포스트모더니즘은 이성으로부터의 후퇴, 총체성으로부터의 후퇴, 계급으로부터의 후퇴 등을 의미한다. 포스트모더니즘을 받아들이게 되면 또한 사회 전체를 이해하려는 노력을 포기해야 한다. 이해할 수 없는 것은 변화시킬 수도 없으므로 사회변혁 운동도 부질없는 짓이 된다"(최일봉, ≪맑스주의를 옹호하며1≫, 다함께, 181~182쪽).
56 최일봉, "1987년 6월 항쟁과 2008년 촛불 항쟁, 무엇이 달라졌나", 〈저항의 촛불〉 4호(2008년 9월 8일자).
57 로자 룩셈부르크, ≪사회 개혁이냐 혁명이냐≫(책세상), 54~55쪽.
58 같은 책, 56쪽.
59 레닌, ≪국가와 혁명≫(논장), 18~19쪽.
60 이태호, "시민운동의 위기와 새로운 혁신의 과제", ≪시민과 세계≫(참여사회), 13호(2008년 상반기), 104쪽.
61 Roy, Arundhati, The Checkbook and the Cruise Missile : Conversations with Arundhati Roy, Boston 2004, p 82, 마이크 데이비스, ≪슬럼, 지구를 뒤덮다≫(돌베개), 109쪽에서 재인용.
62 하승창, ≪하승창의 NGO이야기≫(역사넷), 119쪽.
63 같은 책, 30~31쪽.
64 로자 룩셈부르크, 앞의 책, 116~117쪽.
65 최장집, ≪민주화 이후의 민주주의≫(후마니타스), 17쪽.
66 〈뉴시스〉 2008년 7월 18일.
67 이철호, 앞의 글, 185쪽.
68 정대화, 앞의 글, 156쪽.
69 조희연, "촛불시위, 제도정치와 직접행동정치", ≪촛불이 민주주의다≫(해피스토리), 257쪽.
70 최일봉, 앞의 글.
71 김하영, "촛불은 어디로? 중간 평가와 전망", 〈저항의 촛불〉 2호(2008년 8월 18일자).

72 칼 맑스, 앞의 글, 1권, 421쪽.

73 같은 글, 402쪽.

74 프리드리히 엥겔스, "공산주의의 원칙들", ≪칼 맑스 프리드리히 엥겔스 저작 선집≫ (박종철출판사), 1권, 331~332쪽.

75 칼 맑스, 앞의 글, 432~433쪽.

76 칼 맑스, "1850년 3월의 호소", ≪칼 맑스 프리드리히 엥겔스 저작 선집≫(박종철출판사), 2권, 126쪽.

77 토니 클리프, 앞의 책, 294쪽.

78 레온 트로츠키, "다음에는 무슨 행동을 할 것인가 : 독일 노동계급의 운명이 걸린 문제들"(1932년 1월 27일), ≪트로츠키의 반(反)파시즘 투쟁≫(풀무질), 160~161쪽.

79 최일붕, "1987년 6월 항쟁과 2008년 촛불 항쟁, 무엇이 달라졌나", 〈저항의 촛불〉 4호(2008년 9월 8일자).

80 같은 글.

81 같은 글.

82 칼 맑스, "공산주의자당 선언", ≪칼 맑스 프리드리히 엥겔스 저작 선집≫(박종철출판사), 1권, 406쪽.

83 국가통계포털, http://theme.kosis.kr.

84 칼 맑스, 앞의 글, 1권, 421쪽.

85 같은 글, 433쪽.

86 레닌, ≪무엇을 할 것인가?≫(박종철 출판사), 105쪽.

87 김하영·최일붕, ≪개량주의와 변혁전략≫(다함께), 21~23쪽.

88 로자 룩셈부르크, ≪대중파업론≫(풀무질), 57~58쪽.

89 이석행 위원장 인터뷰, 〈프레시안〉 2008년 1월 2일.

90 같은 글.

91 로자 룩셈부르크, 앞의 책, 17쪽.

92 최일붕, 앞의 글.

93 요한 갈퉁, ≪평화적 수단에 의한 평화≫(들녘), 84쪽.

94 임채진 검찰총장, 〈경향신문〉 2008년 7월 1일치.
95 대검찰청, "'법질서확립'을 위한 2009년도 공안부 운영방침"(2009년 1월 15일).
96 같은 글.
97 "평화시위 보장하지 않는 폭력 경찰이 불법이다", 2008년 6월 29일 광우병국민대책회의 성명.
98 〈민중의 소리〉 2008년 7월 1일.
99 박원석 공동상황실장의 〈경향신문〉 인터뷰에 대한 내 글은 내 블로그(http://hello-marx.tistory.com)에서 볼 수 있다.
100 ≪대한민국 상식사전 아고라≫(여우와 두루미), 178쪽.
101 프리드리히 엥겔스, 앞의 글, 1권, 330~331쪽.
102 프리드리히 엥겔스, "오이겐 뒤링 씨의 과학 변혁(반-뒤링)", ≪칼 맑스 프리드리히 엥겔스 저작 선집≫(박종철출판사), 5권, 201쪽.
103 레온 트로츠키, "테러리즘 비판", ≪맑스주의와 테러≫(다함께), 24쪽, 27쪽, 28쪽.
104 마르셀 리브만, 앞의 책, 386~387쪽. 원문에는 "카아(E. H. Carr)에 따르면, 임시정부의 모든 장관들이 석방되었다. 그러나 도이처와 샤피로에 따르면, 사회주의 장관들만이 관대한 처분을 받았다"는 저자 주(註)가 붙어 있다.

6장 또 다른 저항을 위하여

1 레온 트로츠키, ≪트로츠키의 반(反)파시즘 투쟁≫(풀무질), 127쪽.
2 코민테른의 역사에 관해서는 영국 마르크스주의자 던컨 핼러스가 쓴 ≪우리가 알아야 할 코민테른 역사≫(책갈피)를 참조하시오.
3 Trotsky, Leon, 'On the United Front', http://www.marxists.org/archive/trotsky/1924/ffyci-2/08.htm
4 "전술에 관한 테제"(1922년 12월 5일), ≪코민테른 자료선집3≫(동녘), 86~87쪽.
5 레온 트로츠키, 앞의 책, 132쪽.

6   같은 책, 190쪽.
7   같은 책, 204쪽.
8   같은 책, 127쪽에서 재인용.
9   정성진, "맑스주의 경제학자 정성진 교수에게 듣는 월스트리트 자본주의 모델의 종말", 〈저항의 촛불〉 5호(2008년 9월 22일자).
10 정성진, 〈한겨레〉 2008년 10월 25일치.
11 레온 트로츠키, ≪트로츠키의 프랑스 인민전선 비판≫(풀무질), 127~128쪽.
12 같은 책, 123쪽.
13 같은 책, 100~101쪽.

찾아보기

ㄱ

가풍 77
갈등, 요한 210, 211, 215
강기갑 51
강내희 102, 144, 156, 166, 169
개인주의 28, 30, 53
개혁주의 30, 75, 76, 96, 103, 122, 170, 171, 174~184, 202, 229, 230 : ― 경향 175, ― 단체 87, 96, 136, 169~171, 174, 175, 179, 180, 182, 206, ― 정당 183, 208, 233, ― 정치단체 233
개혁주의자(개량주의자) 178, 194, 202, 230, 246
갤러웨이, 조지 234
경실련 181
계급 연합 179, 182, 236
계급투쟁 42, 43, 77, 145, 165, 182, 198, 236 : 맹아적 ― 43
계급환원론 201
공동전선 91, 168, 170, 174, 183, 225~238, 246 : 단일 쟁점 ― 232, 반파시즘 ― 231, 아래로부터 ― 234, 235, 적색 ― 235, 포괄적 ― 232
공산당 227, 228, 230, 232, 233, 236 : 독일 ― 119, 196, 226, 231, 235, 236, 스페인 ― 237, 프랑스 ― 115
관보 게재 107, 125
광우병국민대책회의 52, 67, 87, 88, 90, 91, 93~96, 99~101, 103, 104, 108, 113, 114, 120, 122, 125, 129, 132, 133, 147, 156, 166~172, 212, 215, 232
광주 (무장) 항쟁 136, 151, 216, 222
교육 시장화 47, 81, 82
국가권력 40, 49, 53, 54, 190, 226, 231, 249
국가보안법 64, 132, 187, 197, 245
국가사회주의(나치)당 119
국가자본주의 49
국민건강을위한수의사연대 88, 121
국민을협박하지마라 147
국민주의 179, 209
국제노동기구(ILO) 23, 200
국제노동자협회(제1인터내셔널) 163
권위주의 30, 196, 197 : 반― 28, 29, 163~165

그레진스키 229
금융자본 45, 119
기회주의 185
김근태 63, 64
김기보 18
김대중 64, 170, 185, 189 : ― 정부 50, 63, 64, 182, 209
김동규 125
김석기 135
김선업 83
김선일 27
김세균 102
김영삼 정부 47, 182, 195
김종훈 90, 115, 120
김철규 83
김형수 63
김호기 82
깃발 논쟁 31

ㄴ

나눔문화 148, 168
나로드니키 218
나치즘 119
나폴레옹 79
남북공동선언실천연대 132
남윤인순 129
남호경 111
네그리, 안토니오 55, 76, 175, 200
네티즌 148, 160, 168
노동당(영국) 49, 194, 233
노동운동 31, 77, 177, 209

노동자 정당 118, 195
노동자 평의회 54
노동자의힘 43, 68, 169
노동자주의 202, 208, 209
노동전선 121
노동조합주의 207~209
노무현 19, 32, 62, 64, 103, 111, 112, 162, 170, 178 : ― 정권 61, 62, ― 정부 47, 50, 63~65, 182, 189, 209, ― 탄핵 20, 45, 64
노사모 162
노스케 229
녹색연합 129
뉴코아·이랜드 점거 투쟁 50

ㄷ

다국적기업 33, 45
다보스 포럼 162
다중 55, 76, 150, 169
다중지성 153, 155
다함께 31, 32, 61, 68, 86, 87, 90, 91, 94~103, 113, 121, 125, 133, 148, 162, 168, 170, 172, 195, 237
단일쟁점주의 179
당통 57
대안세계화 운동 27
대운하 41, 52, 83, 88, 107, 109, 112, 122, 135
대중파업 195, 202, 204, 207, 216
대중행동 86, 132
대처 정부 49

찾아보기 **265**

동맹휴업 17, 32, 107
두취케, 루디 165
드골 115
등록금넷 69, 231
디미트로프 236

ㄹ
러시아·그루지야 전쟁 240
레닌 37, 38, 67, 77~79, 86, 144, 145, 193, 194, 201, 202, 218, 225, 226 : ≪무엇을 할 것인가?≫ 144, 201, 202, ≪'좌파' 공산주의 — 어린애 같은 혼란≫ 226, 4월 테제 145, 194
레비, 피에르 152, 155, 156
레이건 정부 49
로이, 아룬다티 180
룩셈부르크, 로자 176, 177, 184, 202, 207, 208, 248 : ≪대중파업론≫ 202, ≪사회개혁이냐 혁명이냐≫ 176
리더십 31, 44, 96, 141, 143, 147, 149, 165, 166, 175, 176, 237
리스펙트 연합 232

ㅁ
마르크스, 칼 42~44, 52, 53, 76, 78, 123, 127, 145, 150, 163, 164, 176, 190, 191, 195, 198~201, 216, 217, 229, 248 : ≪공산당 선언≫ 52, 145, 154, 190, 191, 198, 201, 249, ≪독일 이데올로기≫ 44, ≪자본론≫ 217, 248
마르크스주의 37, 75, 78, 79, 119, 154, 176, 190, 216~219, 221, 226, 235, 238 : —자 57, 144, 145, 216, 217, 218, 고전 — 143, 174, 176, 183, 184, 190, 198, 201
마르토프 220
마야코프스키 152
멘셰비키 38, 67, 87, 183, 193
명박산성 124
목수정 151
무바라크 204
무장봉기 38, 57, 146, 219
무정부주의 153, 185 : —자 145
문국현 103
문화혁명 40, 152
미군장갑차 고 신효순·심미선 살인사건 범국민대책위(여중생범대위) 19, 231
미네르바 131
미친소닷넷 85, 86, 125
민생민주국민회의 133
민주노동당 51, 175, 180, 188, 196, 233, 237
민주노총 43, 69, 88, 104, 122, 123, 135, 147, 150, 168, 175, 180, 195, 196, 204, 206~208
민주당 51, 63, 111, 112, 120, 133, 179, 189
민주사회를위한변호사모임(민변) 128
민주주의 43~45, 63, 64, 116~118, 159, 164, 174, 178, 185~192, 197, 198 : — 독재 193, 194, 노동자 — 195, 대의 — 187, 188, 대의제 — 116, 118, 부르주아 — 20, 190, 194, 195, 197, 의회 — 134, 186, 인터넷 — 157, 자유— 189, 195,

197, 절차상 — 185, 186, 절차적 — 181, 182, 제도 대의 — 187, 197, 제도적 — 185, 준자유— 197, 직접 — 109, 156, 187, 197, 참여 — 63, 187

민중운동 181

민중전선 236, 237

민중주의 179, 202 : —자 202

밀류코프 38

ㅂ

바이마르 공화국 117, 196

바쿠닌 145, 163, 164

박권일 23

박노자 30

박상표 88, 148

박상훈 116

박석운 94, 95, 114, 129

박성인 43, 169

박순성 31

박영균 156

박원석 52, 94, 99, 100, 114, 125, 166, 214

박정희 142

박하순 170

반신자유주의 52 : — 운동 45, 51, 55, 237, — 저항 50, 216, — 정치투쟁 49, — 투쟁 50, 102, 237

반자본주의 33 : — 운동 52, 급진적 — 30

반자본주의신당(NPA) 102

반전시위 27, 147

반전운동 27, 31, 45, 210, 237 : 국제 — 27, 미국 — 234, 영국 — 237

반제국주의 180 : — 무장 저항 216, — 운동 19, 204

반파시즘 투쟁 235, 237

백군 219, 220

백성균 125

백은종 125

버냉키, 벤 130

벌떼식 운동 55

베르만, 세리 117

베른슈타인, 에두아르트 76, 176, 177

베를루스코니 66

베버, 막스 53

변증법 37, 75, 78, 92, 146, 230

보건의료단체연합 48, 88, 121, 133

보수당(영국) 194

볼셰비키 38, 39, 78, 87, 145, 150, 183, 193, 194, 219, 220, 228

부문주의 179

브라질 노동자당(PT) 162, 237

브레히트 143

비물질노동 200

비운동권 84 : — 총학생회 85, 정치적 — 85

비폭력 행동 33

ㅅ

사르코지 67

사비오 165

사파티스타 봉기 216

사회당(프랑스) 66, 233

사회민주당(독일 사민당) 118, 119, 176, 177, 196, 227, 229~233, 235, 236

사회민주주의 144, 228 : ─ 운동 184, ─ 정당 228, 233, 235, 독일 ─ 177
사회운동 74, 78, 182, 185, 188 : ─ 단체 21, 30, 31, 61, 66~68, 87, 96, 104, 105, 136, 161, 167, 171, 174, 시민─ 178, 신 ─ 182, 자율적 ─ 175, 한국 ─ 74
사회주의 30, 76, 176, 177, 194, 218, 247, 248 : ─ 정당 87, 220, ─ 혁명 193, 과학적 ─ 226
사회주의노동자당(SWP) 237
사회주의노동자연합 132
사회주의자 77 : 공상적 ─ 199
사회주의자단속법 177
사회진보연대 68, 170
사회파시즘 233 : ─론 235, 236
사회혁명당 38, 67, 87 : ─ 우파 183
산업혁명 199
생산관계 43, 154, 199, 200
생시몽 199
생태지평연구소 129
생활 정치 133
서브프라임 위기 239
서총련 114
세계사회포럼(WSF) 68, 162, 237
소비에트 38, 39, 54, 61, 145, 150, 172, 183, 193, 219, 231, 232
소외 25, 52, 182, 183, 201, 217
손학규 120
수정주의 76, 176, 177
수하노프 145
슈미트 177

스탈린 235 : ─ 반혁명 235, ─주의 230, 231, 233, 234, 236
스파르타쿠스 248, 249
시라크 67
시민 권력 53
시민단체 28, 29, 63, 170, 221
시민들과함께하는변호사모임 107
시민운동 63, 178, 181 : 종합형 ─ 181
시핸, 신디 234
신영철 43
신자유주의 45, 46, 48~51, 64~66, 118, 133, 142, 156, 162, 166, 170, 186, 189, 233, 234, 239 : ─ 세계화 46, ─ 지구화 46, ─자 62
신지호 64

ㅇ

아고라 92, 156~158, 165, 166, 214
아나키스트 145, 163, 218
아나키즘 155
아탁 162
안진걸 125
알리, 타리크 102, 234 : ≪1960년대 자서전 : 열정의 시대 희망을 쏘다≫ 102
양극화 41, 20 : 경제적 ─ 45
양비론 214, 221
엘리트주의 142, 174, 178 : ─ 역사관 143
엥겔스 42, 56, 78, 150, 163, 164, 190, 195, 199~201, 216~218 : ≪공산주의의 원칙들≫ 190
여중생 압사 항의(2002년) : ─ 시위 19, 31,

— 운동 17, 45, — 촛불시위 146
연방준비제도이사회(FRB) 130
연속혁명 192, 194
예수살기 168
오건호 53
오언, 로버트 199
용산 (철거민) 참사 17, 159, 213
우석균 48, 88, 148, 212
우석훈 23, 30, 65 : ≪88만원 세대≫ 23
우희종 88, 148
월스트리트 248
윤희숙 125
의제 확장 111, 118, 170, 175, 179, 182
의회정치 118
의회주의 111, 172, 176, 177
이데올로기 21, 25, 42, 49, 88, 89, 148, 180, 182, 210, 236
이명박탄핵을위한범국민운동본부 42, 68, 100
이문열 136
이병천 53
이석행 88, 123, 206, 207
이재영 75, 117
이중권력 53~55
이철 83
이철호 166
이태호 178
이회창 19
일국사회주의 235
임삼진 129
임시정부 38, 39, 54, 219, 220

ㅈ

자발성 55, 87, 96, 103~106, 142, 143, 146, 148~150, 161~163, 165, 169, 175, 176, 221 : 혁명적 — 145
자발성주의 76, 103, 149, 150, 152, 155, 160, 161, 163, 164, 166, 169, 206
자유주의 64, 111, 148, 187, 193 : — 야당 196, 197, —자 19, 사회적 — 66, 233,
자율성 150
자율주의 161, 175, 237 : — 경향 102, 200, — 관점 55, 101, — 사상 76, — 이데올로기 49, —자 155
장대현 133
재건공산당(이탈리아) 237
적위대 219
전국노동자연맹(CNT) 151
전국빈민연합(전빈련) 68
전두환 142, 204 : — 군사독재 45, 151, 222, — 독재정권 181
전략 37, 38, 74~79, 86, 120, 155, 161, 177, 179, 184, 193, 194, 197, 210, 226, 229, 238, 246 : 개혁주의 — 182, 정치 — 241, 집권 — 236, 혁명 — 77, 225
전술 37, 38, 42, 74~79, 86, 87, 92, 96, 120, 124, 155, 161, 177, 184, 215, 218, 225, 226, 229, 235, 236, 238, 248 : — 논쟁 116, 노동조합 — 77, 민중전선 — 236, 의회 — 77, 종파적 — 235, 혁명 — 77, 현실주의 — 80
전쟁반대평화실현공동실천 147
정대화 63, 187

정몽준 189
정보선 125
정성진 238
정체성 정치 175
정치단체 배제 162
정태인 116
제1인터내셔널 78, 163
제1차세계대전 228
제2인터내셔널 77, 228
제2차대전 181
제3의 길 233
제국주의 217, 221, 240, 246 : ― 군대 220, 221, ― 반대 231, ― 시대 217, ― 전쟁 142, 210, 217, 233, 246
제도 정치 116~118, 134, 178, 187, 188
조갑제 112
조정환 55, 76, 90, 91, 92, 101, 102, 156, 167, 169
조합주의자 118
조희연 48, 187, 188
종파주의 : 초좌파적 ― 119, 236
좌파 31, 32, 49, 62, 84, 86, 102, 103, 144, 153, 161, 168, 169, 182, 186, 187, 231~233, 234, 248 : 극― 68, 100, 102, 103, 170, 233, 급진― 162, 175, 조직 ― 26, 27, 중도― 66, 친북 ― 197, 혁명적 ― 197
좌파민족주의 182, 234
좌파블록(포르투갈) 232
주바토프 : ― 운동 77
지구온난화 246

지속가능사회를 위한 경제연구소(ERISS) 28
직접행동 정치 187
진보신당 100, 117, 133, 175, 180, 188, 196, 233
진보진영 63, 118
진중권 30, 160
집단지성 152~155

ㅊ

차별 22, 25, 183, 201, 202, 240, 245 : 동성애자 ― 183, 201, 245, 비정규직 ― 24, 183, 243, 여성 ― 183, 201, 245, 이주노동자 ― 183, 인종 ― 201
참여연대 65, 95, 103, 125, 126, 148, 168, 170, 175, 178, 181, 188
천주교정의구현사제단 19, 127, 128
체레텔리 67
체르노프 67
촛불 : ― 봉기 55, 90, 156, 167, ― 연대 53, ― 운동 110~112, 120, 122, 128, 175, 208, 221, ― 저항 107, 115, 132, ―문화제 21, 88, 93, 103, 109, 147, ―집회 18, 19, 32, 47, 68, 82, 83, 86, 87, 89, 94, 97, 107, 117, 121, 128, 149~151, 153, 156, 157, 166, 169, 188, ―항쟁 32, 110
최승국 129
최일봉 61, 195, 197
최장집 111, 116~118, 134, 178, 185, 197 : ≪민주화 이후의 민주주의≫ 185
최후통첩주의 235
친제국주의 246 : ― 정책 62, 204

ㅋ

케인스주의 239
코르닐로프 39
코뮌 54
코민테른(공산주의 인터내셔널) 78, 226,
　　228, 231, 234~237
콩방디, 다니엘 165
쿠데타 : 코르닐로프 — 39, 프랑코 — 237
크라스노프 장군 219
클라우제비츠 77, 110 : ≪전쟁론≫ 110
클라인, 나오미 55 : ≪No Logo≫ 55
클리프, 토니 77, 194

ㅌ

탄핵반대국민행동 147
테러 218, 219 : 9·11 — 26
테러리즘 210, 218
테러방지법 210
트로츠키 37, 38, 67, 79, 103, 148, 150,
　　155, 192, 194, 195, 218, 225, 226, 229~
　　235, 241, 247 : "테러리즘 비판" 218

ㅍ

파리코뮌 146, 150, 215
파병반대국민행동 68, 147, 231
파시스트 237
파시즘 116~119, 194, 196, 226, 231, 235~
　　237
페레스트로이카 181
평화주의 32 : — 세력 231, 비폭력 — 210,
　　221

포스트맑시즘 175
포스트모더니즘 83, 175
포퓰리스트 202, 209
포퓰리즘 209
폭력·비폭력 논쟁 209
푸리에 199
프랑코 237

ㅎ

하승창 181
하트, 마이클 55, 76, 200
학교 자율화 81, 88
학벌없는사회 148
학생 권력 165
학생운동 30, 165 : 프랑스 — 165
한국경제연구원 44
한국여성단체연합 129, 148, 168
한국작가회의 121
한국진보연대 94, 95, 100, 103, 114, 125,
　　126, 129, 133, 148, 162, 168~170, 175,
　　182, 234
한국청년단체협의회 125, 148, 168
한나라당 20, 64~66, 107, 111, 112, 123,
　　135
한미주둔군지위협정(SOFA) 19
한미FTA 47, 48, 50, 65, 112, 135
한미FTA 반대 : — 운동 48, 51, — 집회
　　189, — 투쟁 50, 237
한미FTA저지범국민운동본부 231
한살림 128
한승수 108, 109, 186

한용진 100, 113, 125
함께하는시민행동 129
행동주의 218
헌정 질서 존중론 178
혁명 38, 40, 54, 57, 67, 76, 77, 79, 80, 87, 142, 145, 146, 149, 150, 152, 155, 176, 183, 190, 191, 194, 195, 197, 199, 216~219, 225, 228, 229, 235, 237, 241, 246, 248, 249 : ―운동 201, 4·19― 105, 68 ― 32, 39, 40, 공산주의 ― 154, 국제 ― 235, 독일 ― 54, 56, 191, 러시아 ― 37, 38, 44, 54, 55, 77, 78, 145, 146, 148, 150, 152, 172, 183, 192~194, 202, 215, 219, 220, 226, 228, 문화― 40, 152, 부르주아 ― 189~191, 부르주아 민주주의 ― 193, 사회― 40, 54, 164, 사회주의 ― 193, 스페인 ― 54, 150, 237, 유럽 ― 191, 이란 ― 54, 정치― 40, 중국 ― 235, 프랑스 ― 215, 219, 프롤레타리아 ― 191, 헝가리 ― 54
혁명적공산주의자동맹(LCR) 102, 237
현장 권력 202
홀러웨이, 존 49, 175 : ≪권력을 잡지 않고 세계를 바꾸기≫ 49
홍성태 65, 166
홍준표 123
화물연대 27, 123 : ― 파업 122, 123, 205
확성기 97, 101~103, 147 : ― 논쟁 31, 100
환경재단 128
환경정의 129, 148, 168
황순원 125, 126

희망제작소 128
히틀러, 아돌프 119, 196

기타

1997년 체제 186
20대 보수화론 83
4·15 학원 자율화 47
4·15공교육포기정책반대연석회의 90
6월 항쟁 45, 87, 136, 181, 185, 204, 216
BBK 62
IMF 50, 56, 186 : ― 경제공황 64, 239
KGB 217
NGO 30, 32, 128, 129, 133, 162, 169, 170, 175, 178~182, 210, 231, 233, 234
NL 30, 170, 188
PD 102, 168, 169, 184, 187, 238